知识产权法
研究丛书

版权豁免与许可合同冲突

王渊 著

图书在版编目(CIP)数据

版权豁免与许可合同冲突/王渊著. —北京：商务印书馆,2021
(知识产权法研究丛书)
ISBN 978-7-100-19779-3

Ⅰ.①版… Ⅱ.①王… Ⅲ.①版权—著作权法—研究—中国 Ⅳ.①D923.414

中国版本图书馆 CIP 数据核字(2021)第 063128 号

权利保留,侵权必究。

本书受国家社会科学基金项目资助(项目年度:2015 年;项目名称:新媒体时代版权豁免与版权许可合同的冲突与协调研究;项目号:15BFX142)

知识产权法研究丛书
版权豁免与许可合同冲突
王渊 著

商 务 印 书 馆 出 版
(北京王府井大街 36 号 邮政编码 100710)
商 务 印 书 馆 发 行
北京新华印刷有限公司印刷
ISBN 978-7-100-19779-3

2021 年 8 月第 1 版	开本 880×1230	1/32
2021 年 8 月北京第 1 次印刷	印张 10⅜	

定价:88.00 元

目　录

绪论 …………………………………………………………… 1

第一章　版权豁免制度和新媒体时代的版权许可合同概述 ……… 23

　　第一节　版权豁免制度概述 ………………………………… 23

　　　　一、版权豁免概念 …………………………………… 23

　　　　二、版权豁免制度构建的历史 ……………………… 24

　　　　三、版权豁免制度的合理性 ………………………… 30

　　第二节　新媒体时代版权许可合同概述 …………………… 40

　　　　一、版权许可合同概念及其特征 …………………… 40

　　　　二、新媒体时代新型的版权许可模式产生背景及其运作 …………………………………………………… 42

　　　　三、新媒体时代版权许可合同的特点 ……………… 46

　　　　四、新媒体时代新型版权许可合同的合理性 ……… 49

第二章　新媒体时代版权豁免与版权许可合同冲突的表现及消极影响 …………………………………………… 54

　　第一节　新媒体时代版权豁免与版权许可合同冲突的表现 …………………………………………………… 54

　　　　一、版权扩张 ………………………………………… 54

　　　　二、版权许可合同限制或排除版权豁免 …………… 62

　　　　三、版权垄断加强与知识共享减弱的冲突 ………… 69

第二节 新媒体时代版权豁免与版权许可合同冲突的
消极影响…………………………………………… 72
一、破坏了版权法律制度………………………… 72
二、版权法的利益平衡原则失衡………………… 74
三、有碍教育权和个人发展权的实现…………… 76
四、不利于后续创新……………………………… 78

第三章 新媒体时代版权豁免与版权许可合同冲突的原因及
实质……………………………………………………… 83
第一节 新媒体时代版权豁免与版权许可合同冲突的
原因………………………………………………… 83
一、理论观念方面的原因………………………… 83
二、价值追求方面的原因………………………… 88
三、现有版权豁免制度制约了新媒体时代版权产业的
发展……………………………………………… 92
四、版权法规定的缺失与合同法的强势……… 110
第二节 新媒体时代版权豁免与版权许可合同冲突的
实质……………………………………………… 112
一、新型版权许可合同的许可方追逐利益…… 112
二、私权力构建的秩序与版权法维护的秩序的冲突…… 121

第四章 新媒体时代排除版权豁免的版权许可合同的效力…… 126
第一节 排除版权豁免许可合同效力的观点及评述…… 126
一、排除版权豁免许可合同效力的观点……… 127
二、对现有排除版权豁免许可合同效力观点的评述…… 138
第二节 新型版权许可合同效力的再认识…………… 142
一、版权交易中《民法典》中合同法与《著作权法》的

关系……………………………………………………142
      二、格式条款的规定能否适用于排除版权豁免的版权
         许可合同……………………………………………144
      三、版权豁免条款的强制属性………………………………145
      四、版权豁免制度中个人利益与公共利益的关系………149
第五章 一些国家和地区解决版权豁免与版权许可合同冲突的
    经验…………………………………………………………152
   第一节 英国的做法………………………………………152
      一、解决版权许可合同与版权豁免冲突的发展历程……152
      二、英国解决版权豁免与版权许可合同冲突的具体
         做法…………………………………………………155
   第二节 爱尔兰的做法……………………………………170
   第三节 美国的做法………………………………………171
      一、司法实践………………………………………………171
      二、立法动态………………………………………………177
   第四节 澳大利亚的做法…………………………………181
      一、完善版权豁免制度……………………………………182
      二、对排除版权豁免的版权许可协议适当限制…………184
   第五节 欧盟的做法………………………………………187
      一、修改版权"例外""限制"条款………………………190
      二、改进版权许可的条款…………………………………191
      三、强化网络平台服务商的责任…………………………191
      四、欧盟成员国法律的相关规定…………………………192
   第六节 日本修改版权法应对版权豁免与版权许可合同
      冲突………………………………………………193

第七节 香港关于解决版权豁免与版权许可合同冲突的
做法 ···195
一、修改、增加了版权豁免情形 ····································196
二、修改"传播权利" ···196
三、增加了安全港规则 ···197
四、是否禁止版权人通过版权许可合同限制或排除版权
豁免 ··197

第八节 一些国家和地区解决版权豁免与版权许可合同
冲突改革的启示 ···199
一、修改、增加版权豁免情形 ··199
二、在版权法中规定一些版权豁免情形不可排除 ········200
三、设置版权许可集成中心或规范版权许可合同 ········202

第六章 新媒体时代版权豁免与版权许可合同冲突的协调 ······204
第一节 可能约束排除版权豁免的版权许可合同的我国
法律规定 ···204
一、《民法典》中关于合同的相关规定 ·························205
二、《反垄断法》能否规制 ···209
三、《消费者权益保护法》能否适用 ·····························210

第二节 协调冲突的理论基础：马克思主义人权理论 ······212
一、马克思主义人权理论概述及其发展 ·························213
二、以马克思主义人权理论作为协调冲突理论基础的
理由 ··217
三、利益平衡–协调冲突的原则 ····································221

第三节 完善版权豁免制度 ··223
一、区分传统作品与数字作品，有针对性地完善版权豁免

    制度……223

   二、规定国家财政资助项目完成的作品版权属于国家，

    公众可以免费非商业使用……225

   三、完善合理使用制度……236

 第四节 构建数字作品发行权穷竭制度……268

   一、欧美在数字作品适用发行权穷竭方面的不同态度……268

   二、数字作品适用发行权穷竭的必要性……270

   三、构建数字作品适用发行权穷竭的具体操作……279

 第五节 区分限制排除版权豁免的版权许可合同……283

   一、是否限制排除版权豁免的版权许可合同的争议……284

   二、一些发达国家或地区对排除版权豁免的版权许可

    合同的限制模式……288

   三、不同的排除版权豁免的版权许可合同适用不同的

    限制……291

 第六节 规制版权许可合同及其使用……297

   一、规制版权许可合同……297

   二、构建个人用户型版权许可合同告知审查制度……299

 第七节 构建包括版权的知识产权公益诉讼制度……302

   一、版权公益诉讼制度的必要性……302

   二、现有法律、司法解释中公益诉讼范围与主体……303

   三、构建包括版权的知识产权公益诉讼制度的建议……307

结语……310

参考文献……312

绪　　论

一、研究背景与研究目的

(一)研究背景

相较于报刊、广播电视的传统媒体时代，如今信息交流的媒介如微博、微信、QQ等手机软件越来越多，我们正处于一个新媒体时代。新媒体是第三次科技革命的产物，是利用电子计算机技术、网络和数字技术等通过互联网、电信网、卫星网、广播电视网等网络，以及运用电脑、移动电话或移动显示装置等来提供信息服务的媒体形态。① 其核心是数字化，所以新媒体又叫数字化新媒体。新媒体时代传播媒介的增多使得作品传播范围更广、传播速度更快，社会公众获取新知识也更加便捷。正因为新媒介数字技术使得作品复制成本低、作品使用及传播方式增多，版权人控制作品的复制、改编等使用行为越来越难，版权人的权利面临着前所未有的挑战。为了打击海量的侵权行为，政府主管部门、司法系统加大了对版权侵权的打击力度，如国家版权局"剑网2016"专项行动将网络文学

---

① 段桂鉴：" 新媒体版权保护中的利益博弈与整合"，2010年8月23日，http://ip.people.com.cn/GB/136672/12520199.html。

侵权盗版列为治理重点,"剑网2017""剑网2018""剑网2019"专项行动又把巩固网络文学治理成果作为重点内容。① 司法机关通过提高侵权赔偿额加大对侵权人的惩罚。② 但是,这些手段只是对侵权行为的事后救济,况且法律手段还存在周期长、取证困难等缺点,不能及时有效保护版权人的利益。为了最大限度地维护版权人利益,版权人采用了新型版权许可合同和技术保护措施以实现对作品的控制和保护。

新媒体时代的版权许可合同,实践中一般表现为在线"用户服务协议",这类协议也被学者称为点击合同(click-wrap license)。这类合同一般由版权人或准版权人③事先拟定好合同内容,使用者只有在内容商或服务商提供的网站上注册,同意合同条款,才能接触或有限地使用作品。使用者在网站注册时,系统平台上会出现版权人或准版权人提供的"用户许可协议",有"同意"和"不同意"两个选项,使用者只有点击"同意"才能接触、阅读或使用作品。在传统媒体时代,已经有与在线用户服务协议功能相同的适用于约束

---

① 李杨芳:"网络文学版权保护,平台责无旁贷",2018年10月23日,http://www.cipnews.com.cn/cipnews/news_content.aspx?newsId=111709;国家版权局等四部委在京召开"剑网2019"专项行动通气会,2019年12月26日,http://www.ncac.gov.cn/chinacopyright/contents/11379/410138.html。

② 宿迟:"法院大幅提高侵权赔偿额 以后还会更高",2016年11月10日,http://finance.sina.com.cn/meeting/2016-11-10/doc-ifxxsmic5911451.shtml;最高人民法院:"关于充分发挥审判职能作用为企业家创新创业营造良好法治环境的通知",2018年1月3日,https://www.sohu.com/a/214314020_465968。

③ 版权人包括版权作者和作者以外的版权人。提供用户服务协议的主体有的是对所提供的内容中的版权作品享有版权,这类主体被称为内容商,也就是作者以外的版权人,有的对所提供的内容中的版权作品只享有使用权,这类主体被称为网络服务商,实际是作品的传播者,但由于他们通过各种协议获得了作品权利人的授权,大多能够不受限制地使用作品的所有的财产性权利,与版权所有者地位几乎无异,因此,本书有时也称之为"准版权人"。

软件使用人的拆封许可合同(shrink-wrap license)。拆封许可合同条款常常放置于所销售软件的包装里或者内置于软件之中,当使用者打开该包装则视为接受了拆封许可合同的所有条款,或者安装软件时在系统平台上出现许可协议文本,在文本最后有"本人已经阅读本协议各条款,'同意'和'不同意'",只有选择"同意",安装才能继续。这种拆封许可合同有效地保护了软件权利人的版权利益。到了新媒体时代,不但拆封许可合同继续存在或以在线的"软件许可及服务协议"这种安装协议方式存在,而且版权人或准版权人借鉴软件拆封许可合同的做法,在几乎所有的在线服务协议中都采用类似于软件拆封许可合同的方式。在这类版权许可协议中,版权人往往采用"用户……不能擅自复制、再造这些内容或创造与内容有关的派生产品"[1]"未经相关权利人书面同意,用户不得以任何方式使用该等信息或材料,……"[2]"禁止使用者公开评论产品或擅自公布对产品的检测数据"[3]等表述,限制或禁止包括版权法所许可的合理使用、法定许可、权利用尽使用等版权豁免使用,即排除版权豁免。版权法允许公众阅读作品、复制作品中表达的观点、撰写评论和使用作品中不受保护的内容等,用户复制版权人或准版权人提供的作品中的观点或对作品进行评论或进行版权豁免的使用,无需承担版权法意义上的侵权责任。但是,版权人认为依据合同法规范及《计算机软件保护条例》等,签订作品或软件许可协议是版权人的权利,若用户同意签订协议,则必须遵守合同法律规范及协议内容,

---

[1] 网易邮箱帐号服务条款,2018 年 11 月 18 日,http://cc.163.com/act/pc/2018/neato_service/index.html。
[2] 搜狐服务协议,2017 年 11 月 21 日,http://i.passport.sohu.com/agreement。
[3] 熊琦,"著作权法定与自由的悖论调和",《政法论坛》2017 年第 3 期;Bowers v. Baystate Technologies, Inc., 320F. 3d 1317(3rd Cir. 2003)。

违反协议就应该承担责任。事实上,用户点击"同意"才能阅读版权人或准版权人提供的作品或提供服务中涉及的作品,这样的合同剥夺了用户对合同内容协商的权利,用户不能提出自己对一些排除版权豁免条款的意见。用户选择了"同意"就表示接受了协议的全部内容,不同意则不能使用软件或服务中的作品。① 这种排除合理使用、法定许可等版权法所允许的使用行为的合同,严重压缩了版权法设置的公有领域。与此相反,在这类协议中,版权人或准版权人无限扩大自己的权利,将出现在服务平台中的用户享有版权的各类作品通过在线许可协议强行允许服务平台进行任何方式的使用,有的甚至规定平台可以无期限地使用,更甚者规定用户上传到平台的作品,版权自动归平台所有。② 新媒体时代,大多数人在使用网络时或多或少需要使用作品,受这样的在线许可协议影响者众多,如阅文集团旗下包括了起点中文网、QQ 阅读、红袖添香、懒人听书、创世中文网、小说阅读网、悦读网、言情小说吧、云起书院、榕树下、潇湘书院。起点中文网有的小说点击量 500 多万次,大多数小说点击量在十几万次。小说阅读网有的小说点击量在 460 多万次,许多小说点击量过百万。这说明使用这些小说网阅读小说的人超过百万。据微博用户数据分析,2018 上半年中国微博用户规模已达 3.37 亿。③ 以上这些数据说明,使用新媒体对各类作品进行利

---

① 见郭力诉微软案中微软的答辩,北京一中院民事判决书(2006)一中民初字第 14468 号。

② 见新浪《微博用户服务使用协议》《阿里文学用户服务协议》《爱奇艺 PPS 用户网络服务使用协议》等协议的相关规定。

③ 中商产业研究院:"2018 上半年中国微博用户数据分析:全国微博用户数达 3.37 亿",2018 年 8 月 21 日,http://www.askci.com/news/chanye/20180821/1706361129537.shtml?from=singlemessage。

用的人数众多,这些人都需要同提供作品、资料服务的版权人或准版权人签订在线许可协议,受到这些点击合同的约束。由此反观,权利人通过点击合同排除版权豁免影响的人数众多。这类排除版权豁免的合同在图书馆、大学等机构的运用也非常多。在众多图书馆中,大部分数字化的资料需要通过版权许可合同获得许可。当图书馆和大学等机构与电子出版商签订合同时,合同中往往有许多限制这些机构和他们的"最终用户"访问或合理使用版权法许可的材料的规定。这样的规定已经引起了广大图书馆工作者的强烈抗议,如"程焕文之问"①及许多图书馆工作人员对该问题的研究就能反映该类合同问题的严重性。②

　　这类合同引起的纠纷也逐渐增多,较为典型的是美国 1996 年普若克公司诉增登伯格案(*ProCD, Inc. v. Zeidenberg*)③、摩登森公司诉林线软件公司案(*M.A.Mortenson Company, Inc. v. Timberline Software Corp.*)④、科洛克诉网关公司案(*Klocek v. Gateway, Inc.*)⑤、

---

①　程焕文教授对长期以来数据库商在数据库的定价机制、销售模式、合同条款诸方面存在的不合理之处进行的质问。王筱雯:《程焕文之问——数据商凭什么如此狠?》,国家图书馆出版社 2016 年版。

②　黄国彬:"许可协议对我国可适用于图书馆的著作权例外的挤压研究",《情报理论与实践》2012 年第 4 期;秦珂:"图书馆在与数据库出版商博弈中的自我拯救",《图书馆论坛》2015 年第 8 期;屈华:"我国图书馆版权合理使用制度的重构",《图书馆理论与实践》2016 年第 9 期;张军华:"我国著作权法为图书馆赋权的制度模式选择",《图书情报工作》2018 年第 4 期。

③　*ProCD, Inc. v. Zeidenberg*, 908 F.Supp.640(WD Wis.1996)。

④　*M.A.Mortenson Company, Inc.v.Timberline Software Corp.*, 970 P.2d 803 (Wash.App.1999)。

⑤　*Klocek v. Gateway Gateway, Inc.*, 104 Supp.3d 1332(D. Kan., June 16, 2000),转引自梁斌"拆封合同的比较法分析(上)", 2018 年 3 月 3 日, http://biyelunwen.yjbys.com/fanwen/falv/141769.html。

可柔斯诉微软案(*Kloth v. Microsoft Corp.*)①、曼德公司诉暴雪公司案(*MDY Indus. v. Blizzard Entm't*)②和中国的郭力诉微软案③、"方正诉宝洁"案及张敏诉腾讯案④。这些纠纷的焦点大多在于版权人能否在合同中约定排除版权豁免的条款，扩张版权人权利压缩用户利益的合同效力如何以及能否强制执行。在1996年的普若克公司诉增登伯格案中，普若克公司对个人用户与商业用户按照价格区别的办法销售该公司制作的数据库选择电话（select phone）产品，该产品是关于电话号码的数据库软件。普若克公司在个人使用类光盘中设置了包括一些排除版权豁免在内的许可协议，软件一旦运行就会显示该软件只能个人使用。原告在1994年发现一家网站许可他人包括一些商业用户使用选择电话产品中的数据，该许可使用的使用人支付的费用低于商业用户从正规渠道购买该软件的价格。原告调查发现，增登伯格拥有该网站，网站上的选择电话产品中的数据来自于增登伯格从一个销售商那里购买的个人使用的选择电话产品软件。原告以被告的行为侵犯其版权和违反软件拆封合同条款两个理由向联邦地方法院提起诉讼，一审法院认为软件中的数据不受版权法保护，该类合同不具有可执行性。原告不服，向联邦第七巡回法院提起上诉。上诉法院强调联邦版权法不能优先于合同法得到适用，重点分析了拆封许可合同的可执行性问题，指出被告在安装软件时，屏幕上会显示该软件许可合同，而被告继续安装

---

① *Kloth v. Microsoft Corp.*, 444 F. 3d 312(4th Cir. 2006).
② *MDY Indus. v. Blizzard Entm't*, 629 F. 3d 928(9th Cir. 2010): 938.
③ 北京一中院民事判决书(2006)一中民初字第14468号。
④ 北京一中院民事判决书(2011)一中民终字第5969号；广东省深圳市中级人民法院民事判决书(2013)深中法知民终字1096号。

就表示其接受了这些协议条款,因此,软件中的许可协议具有可执行性。① 这是美国法院第一次确认拆封许可合同效力的判决。郭力于 2006 年 7 月在连邦公司购买了一套 Windows XP 软件,发现必须同意《Microsoft 软件最终用户许可协议》(简称《许可协议》)和《Microsoft 软件最终用户许可协议补充协议》(简称《补充协议》)后才能使用该软件,而这两个协议中的 28 个条款显失公平,对消费者明显不利,其中有"禁止反向工程"、软件只能绑定一台计算机使用、软件及其他附随的印刷资料只能备份一份副本等限制或禁止合理使用的条款。于是,郭力起诉到法院。法院依据意思自治原则判决认为,包含限制或禁止合理使用条款的许可协议已经原告'同意',不存在强迫和显示公平的情形。当事人是否可以在许可合同中约定被许可方不得对软件进行反向工程,我国法律没有明确的规定,据此,一审法院认为没有法律依据来确定被告限制或禁止合理使用条款以及禁止反向工程的条款排除了原告的基本权利,也没有法律依据判定这些条款无效。② 该案上诉后,北京高院维持一审判决。③ 这些案例中,法院大多确认排除版权豁免的许可合同的有效并具有可执行性。

版权人或准版权人通过拆封许可合同、在线许可协议排除社会公众的版权豁免使用,同时辅以版权技术保护措施和作品高额定价,④ 无限攫取用户对作品可以合法使用的利益,排除了社会公众

---

① ProCD, Inc.v Zeidenberg, 908 F.Supp.640(WD Wis.1996):656.
② 北京一中院民事判决书(2006)一中民初字第 14468 号。
③ 北京市高级人民法院民事判决书(2012)高民终字第 868 号。
④ 版权技术措施很多,如通过密码或付费才能访问某个网站阅读作品的措施;作品高额定价表现很多,如百度文库的许多文章需要支付至少 2 元以上才能阅读,其中笔者发现一篇"商标的合理使用研究"论文需要支付 99 元才能阅读。参见百度文库"商

7

对作品的阅读和接触，等于在版权法规定的权利之外创设了新的权利——阅读权和接触权。版权人或准版权人从自身利益出发，最大限度地维护自己的利益，这些合同已经成为其获取利益的工具，而用户的表达自由、受教育权、发展权以及公共利益则不在版权人的考虑范围之内。通过这类合同对作品的使用进行严格控制，创造了新的保护规则，版权人将自己的权利扩张到版权法所授予的权利之外，为自己的版权作品提供了超出版权法保护水平的保护，在一定程度上取代了版权法，从根本上挑战了版权法的基本制度和基本原则。版权法规定的合理使用、发行权穷竭、法定许可等制度，是保障公众表达自由、受教育权和发展权的，也是版权人、传播者和使用者之间利益的平衡器。但是，版权人或准版权人通过排除版权豁免的版权许可合同，排除了合理使用、法定许可、权利用尽等版权豁免的合法使用，挤占了公共领域，阻碍了公众获取信息的通道，不利于作品的创作和传播，严重地侵犯了社会公众的言论自由、受教育权和发展权，破坏了版权法中原有的利益平衡机制，阻碍了我国文化事业的发展。在新媒体时代，如何协调版权豁免与版权许可合同之间的冲突，如何使版权制度更好地应对数字技术带来的版权问题，真正激励创作，维护社会公众的表达自由、受教育权和发展权，如何使版权人、传播者和社会公众之间的利益重新达到相对平衡状态，这是一系列需要进行深入研究的问题。

（二）研究目的

通过研究，分析总结新媒体时代版权豁免与版权许可合同冲

标的合理使用研究"，2019年12月28日，https://wenku.baidu.com/view/03f1bafaf021dd36a32d7375a417866fb94ac04a.html?fr=search。

突的状况、负面影响及其原因，揭示冲突的实质，以马克思主义人权理论为理论基础，解决新媒体时代版权豁免与版权许可合同的冲突，应对数字技术带来的版权问题，保护社会公众的表达自由、受教育权和发展权，以促进我国版权产业健康发展，推动我国知识创新、文化繁荣和社会的整体进步。

二、国内外研究综述

新媒体时代版权人或准版权人通过版权许可合同和版权技术保护措施不断扩张自己的权利，排挤合理使用的问题已经引起了学者们的关注，尤其是滥用版权技术保护措施扩张版权人权利及其规制方面，研究者众多。国外学者对排除版权限制的版权许可合同问题有一定的研究，我国学者对利用版权许可合同限制用户使用方面的研究相对较少，而直接研究新媒体时代版权豁免与版权许可合同冲突问题的更少。

（一）国外研究综述

国外较早出现利用版权许可合同排除版权法规定的用户合法使用的案件，如美国1996年普若克公司诉增登伯格案和2008年雅各布森诉卡策案（Jacobsen v. Katzer[①]），这类案件引起了美国学者们对版权许可合同的关注，尤其在排除版权豁免的版权许可合同是否具有效力方面争议较大。英国、澳大利亚、爱尔兰等国家的学者对这类合同也进行了研究。

一部分学者从经济效益、公共利益等角度出发对排除版权豁

---

① Jacobsen v. Katzer, 535 F.3d 1373 (Court of Appeals, Federal Circuit, 2008).

免的版权许可合同条款进行分析，认为这类合同是无效的，应该进行限制，代表性的学者如美国大卫·尼默（David Nimmer）、伯恩特·胡根霍兹（Bernt Hugenholtz）、丽萨·迪瓦伦蒂诺（Lisa Di Valentino）等，① 英国的菲利浦·戴维斯（Philippa Davies）、克里斯蒂娜·波汉南（Christina Bohannan）、詹姆斯·格里芬（James Griffin）等。② 这些学者所持的理由为：(1)版权许可合同排除版权豁免违背了版权法，是非法行为；(2)这种版权许可合同是利用合同法吞噬版权法；(3)版权人处于强势的交易地位，通过格式许可合同把版权豁免内容排除，用户不能对合同条款进行谈判，极大地缩小了版权豁免制度的适用范围，扩张了版权人的权利，显失公平；(4)这种合同排除把公共利益置于危险之中，减少了社会公众对作品使用的可能性，阻碍了学习和研究，破坏了版权法的平衡。

另一部分人如弗兰克·伊斯特布鲁克（Frank H. Easterbrook）法官、威廉·费舍尔（William W. Fisher）、威廉·迈克格维兰（William McGeveran）、雷蒙德·尼默（Raymond T. Nimmer）、乔纳森·巴耐特（Jonathan M. Barnett）和洛萨·德特曼（Lothar

---

① David Nimmer, "The Metamorphosis of Contract into Expand", 87 *Cal. L. Rev.*, No.1 (January 1999), p.17 ; Bernt Hugenholtz, "COMMENTARY:Copyright, Contract and Code:What Will Remain of the Public Domain?",26 *Brooklyn Journal of International Law*,2000(1); Lisa Di Valentino, "Conflict between Contract Law and Copyright Law in Canada: Do Licence Agreements Trump Users' Rights?" 2014-01-04, https://ssrn.com/abstract=2396028.

② Philippa Davies, "Access v Contract Competing Freedoms in the Context of Copyright Limitations and Exceptions for Libraries", *35 European Intellectual Property Review,* No.7(2013), p.482; Christina Bohannan, "Copyright Preemption of Contracts", 67 *Maryland Law Review*, 2008, p.616; James Griffin, "The Interface between Copyright and Contract: Suggestions for the Future", *European Journal of Law and Technology*, Vol.2, Issue 1, 2011, pp.1-13.

Determann)等教授及版权人坚持排除版权豁免的版权许可合同是有效的,反对对排除版权豁免的许可合同进行限制,并从产业发展、经济效益等角度辩论:(1)没有法律规定版权豁免优先于许可合同;(2)这样的合同是公平的,是在考虑整个合同用户利益的基础上,允许版权使用人以低价甚至免费使用一些版权,版权使用人可以通过合同获得相应的版权利益,作为公平对待,版权使用人放弃版权豁免是应该的;(3)合同只是发生在当事人之间,对其他人没有任何影响,对公共利益没有伤害;(4)这种限制挑战了合同自由,订立合同是私人事务,合同条款对版权用户怎样处置和运用他们的权利规定得很明确,用户可以自由决定接受或不接受;(5)如果对合同排除版权豁免进行限制,扩大版权豁免,会导致版权人收入减少,伤害创作的积极性;(6)版权是财产权,这是版权法中的观念,财产权是可以流通的,这是贸易的基础。①

对于如何限制及解决冲突,持限制论的学者大多认为,首先应修改版权豁免制度,然后在版权法中规定任何排除版权豁免的合同条款无效或者不予强制执行,另外还需要建立版权交易平台。② 反

---

① Frank H. Easterbrook,"Contract and Copyright",42 *Hous. L. Rev.*, 2005, p. 953; William McGeveran & William W. Fisher, "The Digital Learning Challenge: Obstacles to Educational Uses of Copyrighted Material in the Digital Age (A Foundational White Paper)", 2006-08-10, https://papers.ssrn.com/sol3/papers.cfm?abstract_id=923465 ; Raymond T. Nimmer, "Copyright First Sale and the Overriding Role of Contract",51 *Santa Clara L.Rev.* No.4(2011),p.1311,http://digitalcommons.law.scu.edu/lawreview/vol51/iss4/8; Jonathan M. Barnett, "Why Is Everyone Afraid of IP Licensing?"30 *Harv. J. L. &Tech.*, 2017, p.123 ; Lothar Determann, "Digital Exhaustion: New Law from the Old World", 33 *Berkeley Tech. L. J.*, 2018, p.177.

② David Nimmer, "The Metamorphosis of Contract into Expand", p.17 ; George R. Barker, "Agreed Use and Fair Use:The Economic Effects of Fair Use and Other Copyright Exceptions in the Digital Age", *2013 Annual Congress of the Society*

对限制的学者中如费舍尔第三（Fisher III）教授，承认合同完全排除版权豁免不利于公共事业的发展，提出了判断合理使用的效率最优模式及价格歧视制度，但认为不能通过版权立法限制这类许可合同。

2014年2月13日，澳大利亚法律改革委员会发布了《版权和数字经济报告》，报告对版权豁免情况进行了分析，在第二十章专门分析了授权许可合同排除版权豁免问题，并建议采用明确的禁令来应对排除版权豁免的协议条款。① 最终，澳大利亚在2017年6月23日修订了《澳大利亚版权法》，该次修改保留了2002年修订时的第47H条关于排除计算机程序版权豁免的合同无效的规定，但没有对排除其他版权豁免的合同是否有效作出规定。② 英国对于这类合同的认识集中体现在几份报告中。2011年5月，伊恩·哈格里夫斯（Ian Hargreaves）教授在其《数字机遇——知识产权和经济增长方面的报告》中指出，英国政府应该在欧盟范围内积极扩大版权例外，更新版权许可模式，通过立法明确规定许可合同不得限制版权例外。③ 为回应哈格里夫斯教授的报告，2012年12月英国政府公

---

for Economic Research on Copyright Issues（SERCI）held in Mines ParisTech, Paris（France）；Peter K. Yu, "Customizing Fair Use Transplants", *Texas A&M University School of Law Legal Studies Research Paper* vol. 7,（1）, 2018, 2018-10-20, https://papers.ssrn.com/sol3/papers.cfm?abstract_id=3052158.

① Australian Law Reform Commission（ALRC）, "Copyright and the Digital Economy, ALRC report 122, 2014", pp.161-167, 2014-02-13, https://www.alrc.gov.au/sites/default/files/pdfs/publications/final_report_alrc_122_2nd_december_2013_.pdf.

② 版权法1968（2017年6月23日修订），2017年6月23日，https://wipolex.wipo.int/zh/text/448317.

③ Ian Hargreaves, "Digital Opportunity—A review of Intellectual Property and Growth", 2011-05-28, https://assets.publishing.service.gov.uk/government/uploads/system/uploads/attachment_data/file/32563/ipreview-finalreport.pdf.

布了《版权现代化——一个现代的、健康的、灵活的版权框架》的最终版权法修正方案报告。报告称要综合考虑，修订相关版权例外条款，适当限制排除版权例外的版权许可合同。[①] 最终，英国修改了其版权法并于 2014 年 6 月 1 日正式实施。英国版权法修正案重构了版权豁免制度，强调了任何意图阻止或限制版权法许可的版权豁免的合同条款都不能被执行。但是，该限制性规定引起了一些英国学者的质疑，认为可能会导致版权人采取更细化的在线协议来界定怎样才是公平合理的使用，特别是在版权例外情况下，这将使版权人耗费大量的精力，同时，还侵蚀了版权。[②] 爱尔兰版权评论委员会在 2013 年 11 月发布的《版权现代化》中建议，任何排除版权豁免的合同条款应该是无效的。[③] 该报告引起版权人和使用人之间的激烈争议。一批代表权利人的学者认为，保护版权例外免受版权合同的约束是对合同自由的过度限制，用户可能需要这样的合同换取他们希望得到的利益；而代表用户利益的学者们认为不正确处理合同排除将使版权例外毫无意义，合同自由虽然重要，但是这种合同是在用户不自由的情况下签订的。为解决此冲突问题，爱尔兰政府在 2018 年 3 月公布的《版权法和其他知识产权法条例草案 2018》中扩大了版权例外，规定权利人不得通过合同条款阻止或不合理地

[①] HM Government, "Modernizing Copyright: A Modern, Robust and Flexible Framework", 2014-06-03,http://webarchive.nationalarchives.gov.uk/20140603094128/http://www.ipo.gov.uk/response-2011-copyright-final.pdf.

[②] 李明："英国废止私人复制豁免条例 拷贝音乐犯法", 2015 年 11 月 27 日，https://tech.sina.com.cn/i/2015-11-27/doc-ifxmcnkr7639014.shtml。

[③] Copyright Review Committee (Ireland), "Modernising Copyright",2013-11-28,https://dbei.gov.ie/en/Publications/Publication-files/CRC-Report.pdf.

限制受益人（用户）实施版权法所允许的行为。① 该草案在2019年12月通过后开始实施。美国为了利用授权许可合同保护信息交易版权，在1999年颁布了《统一计算机信息交易法》。但由于该法对许可合同排除版权豁免的限制不力及其他限制公共利益问题而遭到公众反对，于2002年停止实施。自1996年普若克公司诉增登伯格案确认排除版权豁免的版权许可合同可以执行之后，许多法院以此为例判决此类合同可以执行，如第五、第七、第九、第十一和联邦巡回法院。只有第六巡回法院认定这类合同不可执行，第二、四、八等巡回法院态度较为模糊。② 目前美国大多数法院认可排除版权豁免合同条款的效力，但学者的争议较大。

国外持限制论的学者与反对限制的人对于版权豁免与版权许可合同冲突的问题正争论不休，美国国会对于是否限制排除版权豁免的合同处于观望之中，英国和澳大利亚的版权法修改以及爱尔兰、欧盟和日本公布的版权法案草案，引起了很多人的抗议。

（二）国内研究综述

我国对于版权许可合同排除合理使用、法定许可等进而与版权豁免发生冲突方面的研究较少，仅有几位学者对此进行研究，认为版权人通过网络授权合同规避版权限制，从而两者发生了冲突。他们分析了冲突的表现、原因及解决冲突的措施。冲突表现为：合同条款寻求超越版权内容和期限的权利，以及违反合理使用的规定。冲突的原因为：(1)版权限制制度的立法模式存在问题；(2)版权法

---

① Irish Government, "Copyright and Other Intellectual Property Law Provisions Bill 2018", 2018-03-20, https://data.oireachtas.ie/ie/oireachtas/bill/2018/31/eng/initiated/b3118d.pdf.

② Guy A. Rub, "Copyright Survives: Rethinking the Copyright-Contract Conflict", 103 *Virginia Law Review*, 2017, pp.1141-1233.

中关于版权合同方面的规定存在一些问题；(3)网络时代下契约规则的发展与版权政策的发展之间缺少沟通。对于冲突的解决，学者们提出以下对策：(1)在版权法中确立禁止版权滥用原则；(2)引入一些强制性的版权限制条款；(3)在合同法中增加有关版权授权合同的规定，并明确规定合同中不得出现限制或禁止版权限制的具体情形；(4)相关立法或是行政规则中对非对等谈判合同引入一个"黑名单"以规制不公平的条款，如果版权授权合同中出现"黑名单"中的条款即推定其因剥夺消费者权利而无效。③

比较相关的研究有四类：第一类是对软件许可合同、网络授权合同与合理使用冲突的研究，比如熊琦教授认为由于软件合同、网络授权合同限制合理使用而导致冲突发生，授权使用制度具有一定的合法性，虽然创设了新的版权规则，但能够形成新的版权交易模式，应该给予肯定，建议重构版权合理使用制度。④ 第二类是对限制使用人合理使用的拆封许可合同、网络版权合同效力的分析，一些学者从合同法角度认为合同只有在遵守版权法的原则时才是合法有效的。⑤ 有学者从公共领域角度分析认为，有的限制合理使用

---

③ 杨斌、刘智鹏："论网络授权合同与著作权限制的冲突与协调"，《湖北社会科学》2012年第5期；赵力、罗晓萌："公共图书馆视角下版权限制与许可协议协调发展研究"，《图书馆建设》2017年第2期；邹宇婷："限制合理使用的版权协议研究"，《法治论坛》2016年第1期；潘双："论网络点击合同与著作权限制的冲突与协调"，《法制与社会》2015年第10期。

④ 熊琦："网络授权使用与合理使用的冲突与竞合"，《科技与法律》2006年第5期；熊琦："网络时代著作权法与合同法的冲突与协调"，《法商研究》2008年第2期；熊琦："软件著作权许可合同的合法性研究"，《法商研究》2011年第6期；熊琦："互联网产业驱动下的著作权规则变革"，《中国法学》2013年第6期。

⑤ 林在志、钟奇："网络时代的格式合同——论拆封合同与点击合同"，《国际贸易问题》2001年第2期；张平："知识产权政策的合同法分析（下）美国对拆封许可法律效力的论证"，《WTO经济导刊》2007年第4期。

的版权许可合同是有效的,有的由于侵害了公共领域而无效。① 有的学者认为排除某一类合理使用的版权许可协议由于违反强行法而无效,如认为禁止反向工程的软件许可协议与强行法冲突的部分无效。② 第三类是对版权许可协议排除发行权穷竭的研究。对于新媒体时代软件许可协议或数字作品版权许可协议中是否可以限制转售,即发行权穷竭是否适用,以前学界的共识是不适用,认为将作品复制件传送给他人是通过网络进行的,在作品传送过程中,承载作品的有形载体并没有转移,况且合同优先于发行权穷竭,所以在网络环境下发行权穷竭是不能适用的。我国《著作权法》需要依据在线作品转让的商业模式是否影响了版权人的经济利益来决定是否设置"数字首次销售原则"。③ 但随着技术的逐渐发展,数字作品的传输逐渐成为了主要的传播形式,尤其是2012年7月欧盟法院判决的"甲骨文(Oracle)国际公司诉UsedSoft德国公司"案,使学者们的认识发生了变化。学者们认为,为了保障数字作品购买者作为消费者的利益,同时为了使数字作品二手交易市场能够合法运转,促使作品传播,版权许可协议不能完全排除发行权穷竭,要视数字化作品的不同类型以及移转、传播的不同方式来具体判断;对发行权穷竭原则做适当修改,如重新界定发行权的概念、通过技术使转让者不再保留作品复制件情况下就可以适用发行权穷竭原则。④ 第四类是对通过版权许可合同滥用版权的行为从反垄断法规

---

① 苟正金:"软件拆封许可研究",西南政法大学民商法学院博士论文,2010年。
② 阚紫鹏:"论软件许可协议中禁止反向工程条款的效力——以美国法为视角",华东政法大学知识产权学院硕士论文,2012年。
③ 王迁:"论网络环境中的'首次销售原则'",《法学杂志》2006年第3期;王迁:《知识产权法教程》,中国人民大学出版社2016年版,第136页。
④ 梁志文、蔡英:"数字环境下的发行权穷竭原则——兼评欧盟法院审理的

制的角度的研究。①

此外对新媒体时代版权人权利扩张和使用者利益缩小的关注日渐增多。新媒体时代数字技术的发展，对版权法提出了巨大的挑战，特别是版权人权利的不断扩张，我国学者也逐步意识到这个问题。有的学者从宏观方面对数字时代我国版权法的变革进行研究，如吴伟光教授认为，由于新媒体时代的媒体多样、消费者多重角色以及作品传播的无国界化，导致现有的版权法律制度与新媒体之间产生了矛盾。他总结了三种解决办法：改变新媒体、创新版权法和建立新的版税征收制度为主的新的商业模式，但这三种模式都不能很好地解决现有的矛盾。② 对版权人滥用版权技术措施扩张版权、限制用户使用的研究较多，从同方知网检索到近十年关于此方面的研究近百篇，这些研究大多对版权技术措施滥用情况及其危害进行了分析，都提出要限制版权技术措施，修改我国的版权法。③ 对合理使用、发行权穷竭及其他版权限制方面的研究也不少，例如胡开

Oracle 公司诉 UsedSoft 公司案"，《政治与法律》2013 年第 11 期；唐艳："数字化作品与首次销售原则——以《著作权法》修改为背景"，《知识产权》2012 年第 1 期；何炼红、邓欣欣："数字作品转售行为的著作权法规制——兼论数字发行权有限用尽原则的确立"，《法商研究》2014 年第 5 期；何怀文："网络环境下的发行权"，《浙江大学学报（人文社会科学版）》2013 年第 5 期。

① 罗静："知识产权许可的反垄断立法规制"，湖南大学法学院博士论文，2008 年；刘龙："反垄断法对版权滥用行为的规制研究——以欧盟微软垄断案为视角"，山东大学法学院硕士论文，2014 年。

② 吴伟光："版权制度与新媒体技术之间的裂痕与弥补"，《现代法学》2011 年第 5 期。

③ 王迁："论版权法对滥用技术措施行为的规制"，《现代法学》2018 年第 4 期；王煜："构建我国版权合理使用制度与技术措施协调机制"，《出版发行研究》2018 年第 8 期；梅术文："论技术措施版权保护中的使用者权"，《知识产权》2015 年第 1 期；王东君："数字版权管理的法律限制问题研究"，武汉大学法学院博士论文，2011 年。

忠、黄玉烨、梁志文、熊琦等教授。[1]大多数学者认为，我国《著作权法》应规定合理使用的一般条款，并规定判断"合理使用"的四项要素；有些学者主张以 TRIPS 协议第 13 条为蓝本，将《著作权法实施条例》第 21 条规定的"三步测试法"提升到法律中来。[2]此外，还有学者对我国合理使用的一些情形的修改、合理使用范围限定及增加包括滑稽模仿在内的转换性使用等新的情形做了研究。[3]我国全国人民代表大会常务委员会于 2020 年 4 月 30 日公布的《中华人民共和国著作权法（修正案草案）》及 2020 年 8 月 17 日公布的《中华人民共和国著作权法修正案（草案二次审议稿）》对一些合理使用

---

[1] 胡开忠："广播电台电视台播放作品法定许可问题研究——兼论我国《著作权法》的修改"，《知识产权》2013 年第 3 期；胡开忠、赵加兵："英国版权例外制度的最新修订及启示"，《知识产权》2014 年第 8 期；黄玉烨："著作权合理使用具体情形立法完善之探讨"，《法商研究》2012 年第 4 期；梁志文："论版权法上使用者利益的保护"，《法律科学》2013 年第 6 期；熊琦："著作权合理使用司法认定标准释疑"，《法学》2018 年第 1 期；王迁："论著作权法中的权利限制条款对外国作品的适用——兼论播放作品法定许可条款的修改"，《比较法研究》2015 年第 4 期；王迁："论网络环境中的'首次销售原则'"，《法学杂志》2006 年第 3 期；熊琦："著作权法定许可的正当性解构与制度替代"，《知识产权》2011 年第 6 期；管育鹰："我国著作权法定许可制度的反思与重构"，《华东政法大学学报》2015 年第 2 期。

[2] 吴汉东：《著作权合理使用制度研究》，中国人民大学出版社 2013 年版；梁志文："著作权合理使用的类型化"，《华东政法大学学报》2012 年第 3 期；张陈果："解读'三步检验法'与'合理使用'——《著作权法（修订送审稿）》第 43 条研究"，《环球法律评论》2016 年第 5 期；张曼："TRIPS 协议第 13 条'三步检验法'对著作权限制制度的影响——兼评欧共体诉美国'版权法 110（5）节'案"，《现代法学》2012 年第 3 期；林楠："三步检验法的司法适用新思路"，《西南政法大学学报》2016 年第 6 期。

[3] 熊琦："论著作权合理使用制度的适用范围"，《法学家》2011 年第 1 期；孙昊亮："表达自由权在版权制度中的实现——以网络戏仿作品版权纠纷为视角"，《社会科学家》2015 年第 12 期；李钢："'转换性使用'研究——以著作权合理使用判断的司法实践为基础"，中南财经政法大学法学院博士论文，2017 年；阮开欣："从'谷阿莫'案看戏仿的版权限制"，《中国知识产权报》2017 年 5 月 12 日。

情形只做了很少的修改。①2020年11月11日公布的《著作权法》对合理使用的修改较少。

(三)评价

综上，从国外的争论及相关研究中可以发现，研究大多是从产业角度或经济效益的角度进行，强调版权业、网络产业的重要性，通过合同法优先于版权法的理由认定排除版权豁免的在线许可协议和软件许可协议具有法律效力，并建议只需要对这类协议加强规范就能解决冲突问题。少数学者研究论证并否认排除版权豁免的版权许可协议的效力，建议在版权法修改时规定哪些版权例外不能被排除或者排除无效。这两类建议都有可取之处。但是从作者和用户人权角度研究冲突并以马克思主义人权理论为理论基础，指导冲突解决的研究较少。

国内与本主题直接相关的研究较少，但是已有的研究分析了冲突的原因，提出了解决办法，为本项目研究提供了思路借鉴，只是研究不够系统、深入，原因分析不够全面，解决的办法也有一定的局限性。因为这类版权许可协议与版权豁免的冲突的解决是一项系统工程，仅在版权法中加入权利不得滥用原则、增加强制性的版权限制条款，在合同法中增加不得排除的限制性条款和建立"黑名单"制度等是不够的，况且对于具体哪些版权限制情形不得通过合同排除也没有进一步的研究。还有一些比较相关的研究是关于软件授权许可与合理使用冲突方面的，对于冲突的解决侧重于完善合理使用制度以及建议创新许可合同交易模式，对授权许可合同排除包括合理使用在内的版权豁免的条款是否应该禁止或者限制的研

---

① 著作权法修正案(草案二次审议稿)征求意见 | 附对比稿，2020年8月17日，https://www.sohu.com/a/413606314_120054912。

究也较少，更多的研究集中在版权技术措施滥用及其规制方面。在规制建议上，许多学者主张坚持利益平衡原则修改我国《著作权法》并进行综合治理。现有的这些研究及我国《著作权法修正案（草案二次审议稿）》大多强调版权人（不完全包括作者）和准版权人的利益，不仅忽视了作者的人权，还忽视了社会公众的人权。只有少数研究关注了使用者的利益，强调了社会公共利益的重要性。

当然，现有国内外的研究及版权法修改实践为本研究提供了前沿资料及思考基础。

三、本书内容

本书研究了新媒体时代版权豁免与版权许可合同的冲突及协调问题，主要内容如下：

第一章为版权豁免和新媒体时代新型版权许可合同概述。介绍了版权豁免概念、范围及其发展的历史，分析了版权豁免制度存在的合理性。同时也介绍了新媒体时代新型版权许可合同模式产生的背景、运作方式及其特点，分析了其存在的合理性。

第二章为新媒体时代版权豁免与版权许可合同冲突的表现及消极影响。分析了版权豁免与版权许可合同的冲突的主要表现形式，指出版权人或准版权人通过版权许可合同扩张其权利、排除版权豁免、垄断作品会导致破坏版权法律制度、利益失衡、阻碍知识后续创新以及妨碍公民受教育权、个人发展权实现的不利后果。

第三章为新媒体时代版权豁免与版权许可合同冲突的原因及实质。分析了新媒体时代版版权豁免与版权许可合同冲突的理论观念、价值追求、制度等方面的原因，指出了版权人或准版权人利用版权法和新型版权许可合同追逐利益的冲突的经济实质，以及国家立法不能及时跟进新媒体时代而出现的私权利构建的秩序与版权法维护的秩序之间冲突的法治实质。

第四章为排除版权豁免的版权许可合同的效力。分析了排除版权豁免的版权许可合同效力的无效说、有效说和折中说三种观点，认为依据现行《著作权法》，难以认定此类合同无效。今后修改的《著作权法》中应增加对有些豁免情形作出强制性规定，从而便于认定排除版权豁免的许可合同的效力。

第五章为一些国家和地区对冲突的解决经验。介绍了英国、爱尔兰、澳大利亚、美国、欧盟、日本、香港等国家和地区解决版权豁免与版权许可合同冲突的措施，并总结相关经验。

第六章讨论新媒体时代版权豁免与版权许可合同冲突的协调。通过对可能约束利用版权许可合同排除版权豁免行为的我国法律规定的考察，提出应该在借鉴其他国家和地区做法的基础上，以马克思主义人权理论为理论基础，坚持利益平衡原则，完善版权豁免制度，规范版权许可合同及其使用，从而解决两者之间的冲突。

四、研究思路

本书采用社会实证、社会调查、案例分析、逻辑分析等方法，运用权利冲突理论对版权豁免与版权许可合同的冲突问题进行综合性研究，力求在吸收国内外相关研究成果的基础上，拓展对新媒体时代版权豁免与版权许可合同冲突研究的视野和深度，深化对版权运行规律的认识，推动我国版权豁免制度的完善，设置合理使用权、数字作品权利穷竭制度，规范和限制排除版权豁免的版权许可合同，保护作者、公众的人权，调和产业之间的冲突。

对于如何认识及解决新媒体时代版权豁免与版权许可合同的冲突，以往的研究多从经济、公共利益的角度进行，本书试图从马克思主义人权的角度深入分析，提出完善我国版权豁免制度及规范版权许可合同的建议。本书分析指出，广义的传播者基于作者的作品借助版权法保护获得了丰厚的利益，而实际的作者却获益较少。合理的版权豁免制度有利于作者人权、社会公众人权的实现，而规范的许可合同有利于保护作者利益，有利于版权产业和新媒体产业的健康发展。因此，冲突的解决应围绕如何规制版权人或准版权人通过版权许可合同滥用权利的行为和如何扩展公共领域以充分实现作者、社会公众人权两方面展开。为此，需要在版权法中规定国家财政资助项目完成的作品版权属于国家，公众可以免费非商业使用；规定社会公众的合理使用权，以形成与版权人或准版权人强势的版权或准版权相抗衡的力量；在版权法内对版权许可合同排除版权豁免进行区分限制，规范版权许可合同。

第一章 版权豁免制度和新媒体时代的版权许可合同概述

第一节 版权豁免制度概述

一、版权豁免概念

豁免,即免除。版权豁免,即版权限制,是国家基于对公共利益的考虑,从立法上规定某些特定的使用版权作品的行为是允许的,不需要承担法律责任。郑成思教授指出:"知识产权限制是指有的行为本应属于侵犯知识产权人权利的行为,但由于法律把这部分行为作为侵权的例外,从而不再属于侵权。在一些国家的法律中,把权利限制称为权利人专有权所能控制的行为之例外"。[①] 版权豁免实际就是版权法律制度上的版权限制性制度,是对版权人版权的限制,由于对于版权限制方面的作品使用行为,公众不承担版权侵权责任,故可以称之为版权豁免。另外,在国际版权公约或条约、国内外版权法立法或者关于版权的研究中,有关版权豁免制度往往

---

① 郑成思:"私权、知识产权与物权的权利限制",《法学》2004 年第 9 期。

被表述为版权限制（limitation to copyright）或版权例外（copyright exception）或版权豁免（copyright exemption）。一般来说，版权豁免主要是版权法规定的在一些特殊情形下，行为人依法或未经权利人授权许可可以对版权或邻接权客体进行使用而不构成对权利的侵犯也无版权法上责任的一种制度，包括发行权穷竭、合理使用、法定许可、强制许可以及保护期等制度。

二、版权豁免制度构建的历史

（一）版权应该设定保护期及思想与表达二分的确定

现代版权豁免制度的形成，有其历史过程。任何时代的版权豁免制度都是版权制度的一部分，都是伴随着版权制度的发展而发展的。人类最早的版权法律制度，产生于17世纪英国出版商的出版特许权制度。这种特许权制度随着资产阶级革命胜利受到许多批评，最终由1709年的保护作者利益的《安娜女王法》代替。1709年的《安娜女王法》规定了印刷和重印图书的权利只能为十四年，由于作者的权利往往转让给了出版商，出版商不满足于十四年的限制，提出作者应该享有永久性文学财产复制权，但是上议院反对永久性文学财产复制权，于是围绕永久性文学财产出现了持久的争论。这场争论的焦点集中于文学财产正当性方面。"在文学财产争论所提出的全部问题中，最有意思的讨论在于这样的问题——它所包含的思想、情感、文字、字母和风格——是否可以被认为是一个独特的财产种类，如果是，那么是在何种情况下。"[①] 支持者认为应

[①] 〔澳〕布拉德·谢尔曼、〔英〕莱昂内尔·本特利：《现代知识产权法的演进——英国的历程（1760—1911）》，金海军译，北京大学出版社2006年版，第21页。

该承认为财产,反对者认为智力劳动不能被当作一种财产形式,因为在当时的几种财产权取得方式都不适合智力劳动。支持者们提出"先占"取得,但被反对者驳斥,最后,无论在小册子上还是在王座法院中,所给出的答案都把关注的焦点从先占转移到劳动上;都是引用洛克的占有式个人主义,洛克认为,每个人通过自己的身体和双手进行的劳动天然地属于他自己,因为他对他自己的人身享有财产权,这是符合自然法则的。由此所发生的结果事实上就是,劳动之后有了财产,那么,劳动财产权理论自然就成了坚持永久文学财产复制权的正当理由,原来的坚持者便放弃了"先占"作为永久文学财产复制权的理论基础。[①] 至此,支持者找到了给予智力劳动永久性保护的理论根据。但是,反对者提出三点进行反对:(1)图书一经发表,其内容不可撤销地给予公众了,因为图书并不是孤立存在的,它是一个复杂的交流网络的组成部分,比如说连接着读者与作者。反对者认为图书的产生来源于社会公众,任何创作者一般是通过学习他人提供的知识从而进行知识的创作的,同时图书公布以后,读者对图书的阅读、评论都会对图书传播起到作用,在后的图书作者与被其学习利用的图书作者之间也有着割不断的关联。(2)对发表后的图书给予永久性复制权将会影响公共效用。反对者认为如果对于发表后的图书仍给予作者与发表之前所享有的相同权利,将是不合理的、荒谬和不现实的,并且与任何有关公共效用的思想相对立。公共效用就是要求思想的产物应当尽可能广泛地得到传播。如果给予已经发表的作品的权利人赋予永久复制权,那么就会导致公共领域的知识资源减少,社会公众能够获得的知识便很

[①] 〔澳〕布拉德·谢尔曼、〔英〕莱昂内尔·本特利:《现代知识产权法的演进——英国的历程(1760—1911)》,第27页。

有限。(3)压制知识的创造。如果给予文学财产永久性复制权,则知识将会被作为个人财产永久受到保护,导致新作品的创作、翻译引用及图书的发行等受到限制,最终会阻碍知识的创新和社会进步。支持者们也承认允许作者或出版商控制作品中所包含的知识是不公平的,对思想和知识给予财产保护对社会是有害的。于是,支持者在作品中划分出私人领域和公共领域,其中,有关体裁、风格和表达属于私人领域,关于原理、知识和思想属于公共领域。私人领域不能被他人利用,而公共领域可以被读者自由使用。同时,基于公共领域的考虑,认为文学财产复制权可以不是永久性的,但仍应该存在一定期限。至此,这场争论暂时停歇。

这场永久性文学财产复制权的争议最终确定了对作品给予保护的范围即表达,也是思想表达二分法理论的来源,这实际上也是版权豁免的雏形,限制了版权的范围,仅限于作品表达方面,社会公众可以对作品的思想进行使用,而不被禁止;同时,也认同了作品版权不能得到永久性保护,在作品复制权保护期限届满时,社会公众可以对作品进行复制。

(二)合理使用制度立法历史

17世纪末18世纪初在英国的永久性文学财产复制权的争论中,人们已经意识到作品的公共领域,认为读者可以对作品的属于公共领域部分——思想进行使用,读者也可以在一些情况下为了创新作品未经作者同意而使用作品。这是合理使用制度的思想萌芽。在1740年的盖尔斯诉威尔考克斯(*Gyles v. Wilcox*)案中,英国正式在判例法中提出"合理节略"(fair abridgement)。该案中原告275页的作品中有35页被被告摘用,法官认为:(1)对版权作品进行真实而合理的节略、摘用,将不承担侵权责任;(2)由于对作品的节略、使用是进行具有创新、学习和评论意义的作品创作，所以这种节略和使用应该被允许。①

而"合理使用"概念第一次被使用是在1803年的卡里诉基尔斯利（Cary v. Kearsley）一案中。在该案中，原告因被告作品中使用的某些地名及其距离与原告的作品《道路指南》一书相同而起诉被告侵权。法官认为：道路、距离是客观事实，如果标注准确，两部作品必须是相同的。况且原告作品中存在的一些错误，被告已经进行了修改，错误之处并不相同，因此不能将被告对相同地名、距离的使用视为侵权。法官在该案中首次使用"合理使用"一词，并解释合理使用是将他人作品中一些材料用在自己的作品中，这种使用是完全崭新的创造性使用，这种创造性使用便会产生有益于社会公众的新作品。②后来由于被告在版权侵权诉讼中经常以合理使用作为抗辩理由，法院逐渐对合理使用是否影响原作品市场、作品使用数量等方面进行了一些限制。随着合理使用制度的不断发展，英国的《1911年版权法令》终于正式规定了允许个人研究、评论、报纸刊登等方面的使用的合理使用制度。

美国合理使用制度最早出现在1841年福尔瑟姆诉马什案（Folsom v. Marsh）中，是对英国的合理使用制度的借鉴及创新。该案原告写了12卷7000页的华盛顿总统传记，被告从原告作品中抄了353页来创作一个2卷的作品，并声称是"合理节略"。审理该案的斯托里（Story）法官拒绝被告的作品是"合理节略"的辩解。他给出的理由是：如果一个评论者为了合理的批评目的而真正诚实

---

① William F. Patry, *Fair Use Privilege in Copyright Law*, Arlington: Bureau of National Affairs, Inc., 1986, p.6.

② Ibid, p.10.

地使用了原作品的某些段落，那么他可以被允许适当的使用原作品的内容。相反，他使用作品的目的不是为了批评而是取代原作的，仅仅对原作进行简单性评论，并且用了原作品最重要部分，那么，这样的使用在法律意义上将被认定为剽窃。[①]斯托里法官进一步阐述了法官在审查"合理节略"时，需要看以下几方面：(1)被选择引用的原作品的内容；(2)被使用材料的数量和价值；(3)这种使用造成对原作品销售的可能损害、可能减少原作品的利润、取代原作品的程度。斯托里法官没有用到"合理使用"一词，"合理使用"在28年后的1869年劳瑞斯诉德纳案（*Lawrence v. Dana*）才在判例法中出现。在福尔瑟姆诉马什案后的几百年里，法官们在解决合理使用案件时继续沿用斯托里法官所认定的标准。[②]当然，也在原有标准上有了进一步的发展。如1842年康贝利诉斯科特案（*Compbell v. Scott*）明确了对原作品大量使用且不加注释、评价的，构成复制，不能视为合理节略。1867年斯科特诉斯坦福案（*Scott v. Stanford*）阐述了如果对原作品的使用有损原作价值或销售市场的，不是合理节略。1869年劳瑞斯诉德纳案认为对原作品提供的材料的使用是合理使用，而使用原作中的构思、风格和结构不是合理使用。[③]在之后的判例中，法官们认为对于未发表作品的合理使用判定要比已发表作品严格，对于虚构作品的合理使用标准要比纪实作品严格。[④]

[①] Julie E. Cohen & Lydia Pallas Loren & Ruth Gana Okediji & Maureen A. O'Rourke, *Copyright in a Global Information Economy*, New York: Aspen publisher, 2010, p.531.

[②] Ibid., pp.531-532.

[③] William F.Patry, *Fair Use Privilege in Copyright Law*, pp.28-35.

[④] Hany G. Henn, *Copyright Law: A Practitioner's Guide*, New York: Practising Law Institute, 1988, p.180.

法官们关于合理使用的思想最终在1976年美国版权法中得以规定。

（三）发行权穷竭立法历史

发行权穷竭原则是版权法上对版权人权利进行限制的一项重要原则。它是版权人向他人销售或赠与了版权作品的原件或复制件以后，无权再控制该原件或复制件的流转，他人可以将合法获得的原件或复制件再次销售或赠与的一项制度。由于该原则是针对版权人的发行权进行的限制，所以又叫"发行权一次用尽"或"权利用尽"。

发行权穷竭原则在1904年美国的博布-美瑞尔诉斯卓奥斯案（*Bobb-Merrill v. Straus*）中被创设。原告博布-美瑞尔是小说《荒岛余生》（*The Castaway*）的版权人，被告零售商斯卓奥斯（Straus）以低于书中声明的价格出售其在批发商处购买的一批《荒岛余生》。原告发现后认为被告侵犯其发行权，向法院提出诉讼，请求法院禁止被告再出售《荒岛余生》。初审法院及受理上诉的联邦最高法院认为版权人自己复制了版权作品，在版权人出售了自己复制的版权作品后，购买者能够自由处分该复制品，版权人只能控制的是他人复制其版权作品。如果限制购买者再次出售该复制品，将不利于作品的自由流通，也限制了购买者对其所购之物的处分。因此，初审法院裁定驳回了博布-美瑞尔关于对被告采用暂时禁止令的请求，联邦最高法院与初审法院的意见一致。[①]

这是发行权穷竭原则的雏形，之后经常被美国法院援引。美国1909年的版权法第27条规定合法取得的版权物再次转让不受限制或禁止。1976年美国《版权法》第109（a）条明确规定了第一次销

[①] Julie E. Cohen et al., *Copyright in a Global Information Economy*, pp.349-350.

售原则，具体内容为任何人对自己所有的依据《版权法》合法产生的复制品或者录音制品，有权销售或处分该复制品或录音制品，不需要经过版权人的同意。

在德国，关于发行权穷竭的原则最早出现在 1906 年 6 月 16 日帝国法院审判的一个案件中。发行权穷竭原则最终正式在 1965 年德国版权法中得以规定。该法第十七条第二项规定：只要作品的原件或复印件在本法律适用范围内经有权销售该原件或复制件的所有人同意，以转让所有权的方式进入了流通领域，则法律认可该原件或复制件的再次销售或转让。[①]

三、版权豁免制度的合理性

版权豁免制度从设立之初发展到现在，一直在追求利益平衡，维护公共利益，保障公众的表达自由、受教育权和发展权，并最终促进社会发展。

（一）追求利益平衡

利益平衡原则早在版权法产生初期就已经存在，可以说，它是版权法律制度乃至整个知识产权制度的指导性原则。版权法上的利益平衡原则的核心内容包括至少两方面的平衡：(1) 版权法制度要维护作品的创作者与传播者之间的利益平衡。因为作品创作出来以后需要进行流通、传播，如果不进入流通领域，不能传播，那么，这样的作品创作于社会没有任何意义。而要使作品传播，就需要在

---

① 《联邦德国著作权法（著作权及有关保护权的法律）》，转引自郑成思：《知识产权论（第 2 版）》，法律出版社 2003 年版，第 346 页。

赋予创作者权利的同时，适当激励传播者。（2）版权法制度要维护作品的创作者和社会公众之间的利益平衡。任何人的创作都是基于前人的知识，版权法为了激励创作者创作将原本属于公共领域的知识因创作者的使用而概括划归创作者，这样的分配如果不做任何限制，便是对社会公众十分不公平，况且，激励创作者创作只是手段，最终目的是为了国家文化的繁荣和社会的进步。因此，版权法不能只给创作者赋权，而不顾社会公众的利益。保护人权的《世界人权宣言》《经济、社会和文化权利国际公约》和保护版权的《保护文学和艺术作品的伯尔尼公约》（以下简称《伯尔尼公约》）、《与贸易有关的知识产权协议》（以下简称 TRIPS 协议）等国际公约都是明确规定给予作者赋权是为了人们能够获得知识和参与文化生活。一些国家与版权有关的法律更是清晰地规定了这种利益平衡：激励创作者创造和传播者传播，最终目的是促使有更多的作品出现，从而有利于文化繁荣和社会整体进步。例如《中华人民共和国著作权法》（以下简称《著作权法》）第一条的规定、美国宪法第一条第八款的规定和美国版权法的相关规定等。

各国的版权豁免制度是为了使社会公众能够接触到版权作品，并从中获取相关信息而在版权法律赋予版权人权利之后设置的一项法律制度。版权法律制度为维护版权人和社会公众之间的利益平衡，为了使作品得到传播，做出了相关的版权豁免的规定。

第一，在设置作品的专有领域的同时，划分出作品的公共领域。思想与表达的二分法原则就是作品专有领域和公共领域的表现之一。二分法即版权保护只涉及思想的表达，而不包括思想本身。思想如事实一样，是不能由任何人控制的处于公共领域的东西。也就是说，包含在作品中的思想和信息，在作品一旦问世后可以被所有人自由地使用，而作者仅对这些思想的特定表达形式享有权利。思想与表达的二分法在版权确立早期，还处于人们的争议之中，但最终以保护表达战胜。17世纪末到18世纪的关于永久性文学财产复制权争论就涉及思想与表达的二分问题。另外，版权法设置了保护期，超过保护期的作品、具有公务性的作品和其他不受版权法保护的作品都是属于公共领域的作品。根据版权法基本原理，专有领域的作品只能专属于版权人，而公共领域的作品，不能归属于版权人，社会公众可以进行任何方式的使用，当然，使用必须符合法律的规定。

第二，在确定了版权的专有性的同时，又对版权作了一些限制。版权是版权人依照法律规定对作品进行专有使用并取得利益的权利。版权是版权人的专有权，版权人对版权享有合法的垄断权，没有经过版权人同意，任何人不得享有或者使用该版权。与此同时，国际版权制度和各国版权法律制度在规定版权人的独占性权利时，为了维护利益平衡，设置了限制版权人权利的内容，即对社会公众使用版权作品的行为进行了一定的豁免。例如《著作权法》第一条的规定显示了版权立法目的是充分保护作者权利和维护公众利益，促进知识和信息的传播、使用、扩散。版权法在赋予作者权利的同时，又提供了许多保护制度以及追究侵权者责任的制度，这些都是对版权人权利的保护。作为精神产品的作品与其他产品不一样，它的价值只有通过转化为社会效益才能体现出来。作品具有可传播性、信息性，公民文化水平和素质的提高、公众文化娱乐等精神消费水平的提高与精神产品中的作品的传播有关，社会的发展及文化的进步更是离不开作品的广泛、及时的传播。况且，我国宪法规定，公民在享有权利的同时，也要承担义务，规定版权豁免就是规定了版权人的一种义务，即版权人对社会承担的义务。因此，版权法律制度通过时间、地域、发行权穷竭、合理使用和法定许可制度等形成版权豁免制度，从而限制版权人的版权，以实现版权人、传播者与社会公众利益的平衡。

第三，给予使用者一些版权豁免，但同时也规定使用的限定。版权法规定了使用者可以依照版权法使用一些版权作品而不承担侵权责任，但是这种使用不是绝对自由，而是有使用的界限。自由不是绝对的，"自由是做法律所许可的一切事情的权利，如果一个公民能够做法律所禁止的事情，他就不再有自由了，因为其他的人也同样会有这个权利"。① 因此，几乎所有的版权法在规定使用者使用作品的版权豁免制度时，对豁免的方式、程度、界限和标准都有较为细致的规定。例如许多国家版权法规定了发行权穷竭制度，该制度只能是发行权才能第一次行使后穷竭，其他权利不存在穷竭，并且该制度严格地规定了发行权穷竭的适用条件，即作品原件或复制件是合法制作的、该原件或复制件是合法销售的、使用者合法获得该原件或复制件，如果使用者转移作品原件或复制件不符合以上条件，版权人的发行权不穷竭。再如合理使用制度，国际版权法律制度对合理使用规定了严格的适用条件，如《伯尔尼公约》和TRIPS协议规定合理使用的三步检验法，即（1）各国版权法要规定一些特殊情形的使用；（2）使用没有与版权人对版权作品的正常使用相冲突；（3）没有不合理地损害到版权人的利益。而许多国家在遵循《伯尔尼公约》前提下对合理使用有其特殊的规定，如美国1976年《版权法》在第一百零七条"专有权的限制"中规定的合

---

① 〔法〕孟德斯鸠：《论法的精神》，许明龙译，商务印书馆2012年版，第184页。

理使用的四个条件：使用目的、被使用作品的性质、使用的数量与质量以及对版权作品市场的影响等。美国法院严格按照这四个要素判断使用者的使用是否是合理使用。我国版权法遵循《伯尔尼公约》和TRIPS协议，明确规定了合理使用的十二种情形，每种情形都有严格的限定条件。另外还在《著作权法实施条例》规定了合理使用不得影响作品的正常使用、不得不合理地损害到版权人的利益条件，这两个条件与合理使用情形一起确立了合理使用的边界。关于版权豁免范围、程度和标准等的规定，目的就是确保版权豁免中的使用不损害到版权人的利益，从而追求利益平衡。

（二）维护社会公共利益

人是社会关系的总和，人只有在社会中才有意义。社会的存在和发展是个人存在与发展的前提条件。社会公共利益是人类在处理各种关系时首先必须考虑的。在必要的时候，为了社会公共利益，需要放弃个人利益。社会公共利益是指(1)个人利益中共同部分，或与每个人相关的利益，特别是其中的根本利益。(2)有利于社会未来发展的利益。[①]洛克的劳动财产权理论常常被用来证明知识产权制度的合理性，该理论包含了维护社会公共利益的论证。在《政府论（下篇）》中，洛克认为，对资源施加了劳动的人就对他的劳动成果享有某种自然财产权，而且国家有义务对这种自然权利给予尊重并付诸实施。同时，他在论证劳动财产权时特别强调，"既然劳动是劳动者的无可争议的所有物，……，至少在还留有足够的同样好的东西给其他人所共有的情况下，事情就是如此。"[②] "至少在

---

① 严存生：《论法与正义》，陕西人民出版社1997年版，第192页。
② 〔英〕洛克：《政府论（下篇）》，叶启芳、瞿菊农译，商务印书馆1964年版，第19页。

还留有足够的同样好的东西给其他人所共有的情况下"表明，一个人通过将自身的劳动融入到资源"共有物"之中去就可以合法地取得财产权，当且仅当其在获得财产权之后"为他人留下了足够而良好的资源共有物"。该条件是洛克为财产权的取得设定的一个必须被满足的前提条件。这就说明了每个人在通过自己的劳动获得财产的时候，不应该无限制地获取，而是由于每个人都是生活在社会之中，都依存于他人而生活，缺乏他人自己也便会很难存活或者活的非常痛苦，所以要考虑他人，给他人留有一定的资源以便他人存活和发展。在知识产权制度领域也是一样，版权人由于付出智力劳动而创造了作品，但是这个作品的创造是在前人基础之上进行的创作，是占领了一部分公共领域。在文化创造领域，不能将公共空间交由版权人专门控制，而是需要留有一部分公共空间给社会公众，以利于公众的创作，这便是为了社会公共利益的目的，需要在版权制度中设置版权豁免制度，以便留有足够的空间给予社会公众，让社会公众在这个公共空间自由汲取知识的营养，从而进行进一步的创作，为社会带来更多的文化产品。

产生于17世纪末到18世纪的关于永久性文学财产复制权争论最后在洛克的财产权理论影响下结束，支持者找到了给予智力劳动永久性保护的理论根据，但由于反对者对给予智力劳动永久性保护的反对，普通法最终否认了文学财产的永久性复制权，确定了一定期限的复制权，而反对者的理由就是要维护社会公共利益。

现代版权法从立法目的到版权豁免制度的设置，都集中体现社会公共利益。版权法的立法目的是通过激励创作者创作，给社会带来更多的文化产品，促使文化传播，以实现社会的进步。这个立法目的在维护创作者私益的同时，更多的是关注社会公共利益。赋予作者版权是手段目的，社会进步才是最终目的。美国《宪法》第一条第八款规定，国会有权因为作者和发明人由于自己的创作和发明创造而赋予其专有权，但是这个专有权有一定的期限，目的是为了促进科学和艺术的进步与发展。美国宪法中对于作者的专有权利明确规定了一定期限，而不是无限制的保护，目的是为了科学艺术的进步，即维护社会公共利益。在1988年《伯尔尼公约》实施法令发布时美国众议院作报告称版权立法必须考量社会公共利益，在版权法中除了规定作品版权和版权的保护期限，国会还需要权衡因保护个别权益公众所付出的代价和能够获得多少利益。[1]我国《著作权法》第一条规定了给予作者所创作的作品版权保护，鼓励更多的人参与到作品的创作中来，以使社会的作品总量不断增加，从而有利于社会主义文化和科学事业的发展与繁荣。版权法中设置的版权豁免制度，就是对于社会公共利益的立法考虑。曾经的国际唱片、音像制作联盟副主席和首席法律顾问吉利恩·达维斯认为，版权法制度的创设即是基于社会公共利益的目的："版权给创作者提供了手段，鼓励了他们的文化活动，满足了公共利益。"[2]

版权豁免中最为典型的维护社会公共利益的制度是合理使用制度。版权的客体对象是作品，而作品中包含着有关社会、经济、教育和艺术等各个方面的思想、知识和信息，而思想、知识和信息按常理应该是公共的，是自由流通的，是文化的一部分。因此，版权法律制度不能只给创作者予以权利以保护他们的利益，而无视社

---

[1] "Berne Convention Implementation of 1988", *H.R.Pop*, No.60, p.100, Cong, 2d sess, 23(1988).

[2] 吉利恩·达维斯：“权利集体管理中的公共利益”，马晓东译，《版权参考资料》1990年第2期。

会公共利益。合理使用制度以不经过作者同意、不用支付报酬的方式允许公众使用版权作品，主要目的就是维护社会公共利益。《伯尔尼公约》(1971年修订)第九条第二款、TRIPS协议第十三条以及后来的国际版权公约条约设置了三步检验法的合理使用制度，以确保社会公共利益得到实现。各国也以符合本国国情的方式制定了合理使用制度。无论以什么方式规定合理使用制度，都是为了在赋予版权人独占权利的同时，维护社会公共利益。

（三）确保表达自由

版权豁免制度的设置在一定程度上也是为了实现公民的宪法性权利——表达自由。作为言论自由一部分的表达自由是一个人幸福和发展、社会进步所必需的人权，因此，许多国家在宪法中都规定了言论自由。而任何宪法性权利都需要通过具体的部门法进行细化和给予保障。表达自由是言论自由在版权法上的一种体现，是版权法为保障言论自由而进行的规定。版权法赋予作者垄断性权利，这是保障作者的创作与表达自由，同时版权法也规定这种权利不能限制其他公民的思想交流、传播信息资料、利用资料进行创作等表达自由。版权法规定版权豁免制度的目的就在于通过均衡保护的途径，促进其他公众对作品进行学习，在学习的基础上进行创作、表达，从而最终促使科学、文化事业的发展。可见，表达自由既是版权法所保障的对象，也是作者版权利益得以实现的基础，是促使版权法不断发展的理论基础。因此为了使表达自由得以实现，各国版权法都对版权进行适当的限制，设置了版权豁免制度，从而有益于作者和社会公众的表达自由。

（四）保护社会公众的受教育权和发展权

1948年12月由联合国大会通过的《世界人权宣言》第二十七

条第一次历史性地明确规定赋予作者权利的目的是为了保护社会公众的自由参与社会文化生活、共享科学进步及其利益,即保护公众的受教育权和个人发展权。《世界人权宣言》第二十七条起草的历史背景说明了国际社会重视通过保护文学、艺术及科学作品创作者利益而最终保护社会公众的受教育权和文化发展权。宣言的第一稿是由联合国秘书处起草,其中规定:人人均有权参与社会文化生活,享受艺术及分享科学之利益。在随后的各宣言草案修改过程中,对二十七条的表述进行了多次的修改:人人均有权参与社会文化生活,欣赏艺术及共享科学发现所带来的利益。人权委员会组织又进行了第三次会议修改,最终的文本首先规定社会公众的文化获取和分享科学利益,然后规定了赋予作者和发明创造者一定权利。在随后的《经济、社会和文化权利公约》第十五条,也作了与《世界人权宣言》第二十七条极为相似的规定。但是,对于是否在公约中规定知识产权条款,该公约的起草者争论较为激烈。法国代表团及联合国教科文组织都曾向公约起草委员会提交建议性文化权利条款的草案,将保护知识产权的条款包含在内,但是以埃利诺·罗斯福为团长的美国代表团认为,公约中是否包含保护知识产权条款的问题比较复杂,暂时不需要处置。联合国教科文组织代表再一次发表了与美国代表团不同的意见,认为应该将知识产权条款纳入公约中。澳大利亚代表认为,公约如果只对创作者提供保护而忽视公众权利是不可取的。乌拉圭和哥斯达黎加代表基于以下理由共同提出了应当加入知识产权权利条款的修正案:一是这一权利已经被《世界人权宣言》承认;二是公众的权利和创作者的权利不是互相排斥的,而是相互依赖;更为重要的是,尊重创作者的权利有利于激励创作者的创作,从而使公众获得大量且有价值的作品。① 最后,代表们同意了在公约中保护创作者权利,这一条款最终表决通过。从这一历史过程可以看出,作者的权利本身并没有什么道义上的强大支撑,但它们是分享和获得科学进步利益的基本前提和保障。保护作者的权利最终目的是要保护社会公众的获得知识权和发展权。《世界人权宣言》第二十七条和《经济、社会和文化权利公约》第十五条提出的三项权利从制定背景、排列顺序以及公约制定目的均可以看出,设计作者对创作作品享有权利主要是基于其是实现其他两项人权的基础,没有大量作者的大量创作,社会公众获取文化知识和从科学进步中获得利益而不断发展就无法实现。可见,社会公众的文化自由以及从科学进步中获益是国际人权公约都承认的人权。这两项人权内容实质就是公众的受教育权和发展权。受教育权和发展权是公民重要的人权,任何人的发展与进步离不开对知识的获取,离不开教育。知识获取是人进步的基础,限制公众对知识的获取无疑窒息了知识的传播,阻碍了社会的发展。国家有义务给公众提供获取知识的机会和便利的文化环境,而不是一味地保护包含知识的作品权利人的利益。各国都非常重视知识的传播与获取,重视文化活动的自由,重视个人的发展,并在宪法中给予明确规定。所以各国包括版权制度在内的知识产权制度在保护创造者的知识产权的同时,还要设置具体的制度以使知识产权能够促进而不是约束社会公众参与文化生活和分享科学进步的利益,并且应该设置确保社会公众获取知识以不断发展的制度。美国宪法第一条第八款

---

① 〔美〕奥德丽·R.查普曼:"将知识产权视为人权:与第 15 条第 1 款第 3 项有关义务",《版权公报》2004 年第 1 期。

的规定表明其最终目的是促进科学技术的进步。美国版权法立法目的是促进公众获得知识，维护公众的受教育权和发展权。我国《著作权法》第一条的规定也暗含了保护公众的受教育权和发展权。为了使社会公众的受教育权和发展权得以实现，各国都在版权法中规定了版权豁免制度。该制度允许社会公众在法律许可范围内对版权作品进行使用，以获取知识、信息，从而将获得的知识加以利用，创作出更多的新作品，一方面发展了个人，另一方面也丰富了社会文化。

版权豁免制度是在工业革命进程中发展起来的制度，它限制版权人的权利，维护社会公共利益，追求表达自由，为人们的受教育权和发展权提供了保障，在传统媒体时代发挥了极大的作用。到了新媒体时代，互联网、数字技术等的发展，出现了与实体社会并存的虚拟社会，面对虚拟社会，版权豁免难免出现了许多困境。但是，新媒体时代，实体社会仍然存在，版权豁免在实体社会调整的关系依然存在，所以，其有必要继续存续。

第二节　新媒体时代版权许可合同概述

一、版权许可合同概念及其特征

版权许可合同是版权人利用作品获取财产性利益的一种重要方式，是版权人与使用人之间就使用人使用版权中某一项或某几项权利而达成的协议。版权人往往是许可他人使用版权的一方当事人,被称为许可人,被许可使用合同的当事人另一方为被许可人。版权许可合同是民事合同的一种,通常情况下,版权人与许可人平等地进行洽谈,最终通过版权许可使用合同来约定版权许可使用的具体内容,如被许可人使用版权的权限、权利范围、期限以及向许可人支付的版权使用费等。

版权许可合同具有以下法律特征:

(1)版权许可使用只是版权人将版权中某项或某几项权利的使用权允许使用人使用,并没有转移版权。由于版权仍然属于版权人,使用人只能依据版权许可合同在约定的期限内对某项或某几项权利进行使用。对于版权人在合同中没有许可的其他权项,使用人不得使用。合同约定的期限届满,使用人不能继续使用版权人所许可的权利。

(2)版权许可合同受合同法调整,属于民事合同。版权许可合同的双方当事人地位是平等的,双方可以就许可使用版权的内容进行商谈,一方没有凌驾于另外一方之上的权力。订立版权许可合同时遵循的原则、订立过程、合同效力等都严格按照合同法的相关规定执行。

(3)版权许可合同实质上是约定版权使用方面的协议,协议内容要遵循版权法。例如,版权许可合同中被许可使用的权项必须是版权人享有版权的权利,该权利必须符合版权法的规定,不能存在权利瑕疵;版权许可合同一般不应该违背版权法的豁免规定,例如约定超过版权保护期的使用期限。使用人依据版权许可合同获得的对版权的使用权受版权法保护和约束。

(4)从合同的角度看,版权许可使用合同是双务合同、诺成合同和有偿合同。版权许可合同约定了许可人和被许可人的权利义务,作为许可人的版权人的权利是使用者的义务，需要使用者积极的履行才能实现，同样，作为被许可人的使用者的权利也是许可人需要承担的义务，任何一方违反义务就要承担相应的责任。当许可人和被许可人双方意思表示一致，版权许可合同也就成立。被许可人作为使用者使用他人作品往往需要按合同约定支付一定的使用费。

（5）版权许可合同是版权交易行为的核心。版权法为了鼓励创作人积极地进行创作以及促使文化的传播，不仅仅赋予创作人版权权利，而且还规定了对作品的多种利用方式，如版权转让、许可、质押、入股等。版权许可是版权利用中一种极为富有弹性的使用方式，使用人支付版权许可费用，获取对版权作品的使用，通过使用获得更大的利益，而版权人通过许可合同充分地实现自己的经济利益，这也是常说的版权许可贸易。

二、新媒体时代新型的版权许可模式产生背景及其运作

（一）新媒体时代新型的版权许可模式产生背景

传统的版权许可合同中涉及的作品往往附载一定的物质载体之上或通过一定的有形空间进行传播，离开这些物质载体和有形空间作品一般无法存在。因此，使用人为了对作品进行出版、发表、表演、播放等有形利用，需要通过版权许可合同才能进行，"著作物虽然在形式上以书籍、唱盘等有体物为化身进行交易，实际上是从价值的观点来看处于主体地位的著作物内涵的交易，在法律形式上利用了处于从属地位的有体物交易形态。"[①] 但随着传播作品的媒体

[①]〔日〕北川善太郎："网上信息、著作权与契约"，渠涛译，《外国法译评》1998年第3期。

形式越来越多,新媒体作为中介传播的作品不需要传统的载体就能广泛地进行传播,这种传播已经不受版权人控制,同时新媒体时代也出现了多种多样及批量的对作品使用的需要,尤其是侵权行为增多且形式多样。在新媒体时代,只要一个人拥有数字化作品,他可能与朋友在朋友圈分享,而他朋友圈有限的朋友又可能都在自己的朋友圈进行分享,这样,作品就如细菌繁殖一样,成倍传播,作品的版权人的销售市场可能逐渐萎缩,其利益就在这种传播中受到损害。版权人可以维权,但是,这种网络传播中的维权成本是极其高昂的。同时,对于借助新媒体对作品的利用,仅仅依靠传统的一对一的许可洽谈方式也已经解决不了新媒体时代遇到的新问题。因此,版权人为了实现自己在新媒体空间对作品利益的最大化,便运用了包括版权技术保护措施和新型的版权许可协议在内的一些新的措施。技术保护措施是由版权人采用的在作品上设置一些技术,没有经过版权人许可,使用人无法使用作品。这种技术保护措施最初是欧美一些国家应对新媒体时代版权问题所采取的主要措施,由于这种措施对保护版权人作品不被未经许可的利用非常有效,后来我国的版权人也采用此种措施。技术保护措施不仅不允许公众使用作品中受保护的部分,而且连那些应该处于公共领域不应该受版权法保护的内容公众也接触不到,这打破了版权法中应有的平衡,对版权进行了过度的保护,阻碍了作品中信息、知识的交流和传播,遭到许多人的反对。为缓和这种矛盾,版权人创设了新型的版权许可合同,即点击合同和软件拆封许可协议,点击合同也就是在线许可服务协议。

(二)新媒体时代新型的版权许可模式运作

在线版权许可交易模式中提供在线服务的主体身份比较复杂。

许多在线服务商也是版权作品内容商,同时也是新型媒介。他们自己不创作作品,但是可以通过以下两种方式获得版权,成为版权人:(1)通过购买的方式获得了作品的版权。这是许多内容商作品的获得方式,如乐视网、爱奇艺等视频网站,网易云阅读、起点中文网等文字作品网站。(2)通过在线许可合同方式规定用户在网络服务商提供的平台上创作的作品属于平台,或者平台拥有永久使用权,从而平台成为版权人或准版权人。还有的在线服务商通过版权许可合同从版权人那里获得了版权中某些财产性权利的使用权,原本他们不拥有作品的版权,但是,他们通过一系列合理和不合理的版权许可合同,取得了如同"版权人"一样的版权和地位,如同方知网数据库公司。同方知网中的期刊论文的版权不属于同方知网,同方知网以两种方式与期刊社合作:一是同期刊社签订了网络发表合作出版协议,一是同期刊社签订许可合同,获得对汇编权和信息网络传播权的许可使用,而期刊社往往在作者投稿时要求作者在线点击同意"版权转让协议"。这些版权转让协议明确规定作者同意将版权中的部分权利彻底授权给期刊社或者将版权全部转让给期刊社。而作者为了在核心期刊发表自己的作品,往往不得不接受这样的版权转让协议。① 通过以上两种合作方式,同方知网对期刊中的论文享有了如同版权人的权利。高校学生论文也以这样的方式被知网拥有。

---

① 目前我国许多期刊社都给投稿者提供"版权转让协议",约定稿件发表则表明作者同意将稿件的版权转让给期刊社。如《山东大学学报(医学版)》"下方签字的作者代表全体作者,自愿将论文整体以及附属于论文的图、表、摘要或其他可从论文中提取的部分的全部可转让的著作权——包括但不限于复制权、发行权、信息网络传播权、翻译权、改编权、汇编权、广播权、展览权独家转让给《山东大学学报(医学版)》的主办单位——山东大学。"见著作权转让合同,2018年10月19日, http://yxbwk.njournal.sdu.edu.cn/attached/file/20181019/20181019133422_475.pdf。

当用户在登入网络或进入某网站时出现的"用户许可协议"及其他类似协议，是版权人或经版权人许可的服务商通过网络发出要约，用户在"同意"栏内划勾并进行点击后意味着达成意思表示一致的协议。例如，当用户点击"用户许可协议"时，版权人或服务商预先拟定好的点击合同条款将以网络形式呈现给用户，并且用户将以轻击某按钮或者在写着"我同意"的标签上点击，或者以其他数字形式完成。如果在不同意选项上打钩，则意味着用户不能使用该作品，那么，用户要想使用该作品，只有唯一选项，在"同意"选项上打钩。无论使用协议上出现什么不合理的内容，只要用户想用，就必须在同意栏内打钩，用户没有机会与版权人或服务商进行协商。目前，点击合同已经成为版权电子商务交易的主要形式。这种新型的版权使用合同交易方式效率高，适用人数众多，能够应对新型媒体下海量使用者的需求，因而被众多版权人或服务商青睐。

拆封合同大多以软件最终许可协议方式被软件权利人或软件销售商印刷后放置在软件包装上或置于包装内的格式合同。许多软件公司为了维护自己在本行业领域的竞争优势及经济利益，纷纷采用拆封合同方式约束用户。如果用户购买软件后拆开封条、打开包装并且使用该软件，也就表明用户已经了解该合同条款的内容并同意接受，用户就必须遵守合同的规定。[①] 新媒体时代，由于网络技术的发展，网络下载成为了软件获取的途径之一，软件商于是将拆封合同转化为数字化网络软件使用协议置放在软件的首部。当用户在安装软件时，往往首先会出现软件使用协议，在协议结尾处显示"接受"和"不接受"两个选项，如果希望软件能继续安装，则

---

① 林在志、钟奇:"网络时代的格式合同——论拆封合同与点击合同"，《国际贸易问题》2001年第2期。

必须选择"接受",否则,软件就不能继续安装。

新媒体时代,使用作品的形式多种多样,侵权也是复杂多样,为了防范侵权行为,使作品在自己的控制之下,多数版权人或准版权人都会事先制定详尽而又冗长的条款。网络使用者需要获得某个平台中的包括作品在内的服务时,往往被要求注册平台账号,而在注册时都需要同意"注册使用协议"才能进入平台提供的服务界面,获得所需要的知识或其他服务。在问卷调研中,就"对于网络用户使用协议是否点击同意"的问题,收到的658份问卷中有583份回答"点击同意",占88.6%。在调研登录的网站中,98.9%的网站会出现使用者注册时往往会跳出"某某服务协议",然后在下方出现"□同意""□不同意",并在"□同意"中的方框内打钩后,点击注册才能注册成功。这些网站中的"服务协议"大致包括"服务内容及使用须知""所有权""承诺""知识产权""隐私保护""第三方产品和服务""免责声明"等等。这些服务协议往往强调网站是作品的网络存储空间,或者是为用户创作作品提供的存储空间。而这些作品是作者上传的,不是网站主动放置的。如果涉及他人上传作品侵权,网站不承担法律责任,同时,将与版权相关的权利人进行投诉的程序规定得很清楚,有的网站还标明了"通知删除"及"反通知"的避风港规则。同时,86.7%网站还注明用户在使用过程中创作的智力成果属于网站。

三、新媒体时代版权许可合同的特点

(一)格式性

新媒体时代的版权许可合同的新模式是版权人应对新媒体而

采用的事先拟定好协议条款的合同,这种合同是版权人单方决定的协议条款,欲与权利人订立合同的一方不能与权利人方协商某些条款,只能无条件地接受,否则合同就无法成立生效,用户也就不能获得相应的服务。合同内容具有稳定性,相当长一段时间内不修改,可以适用于想使用版权人作品的很多人,并且这类合同是向不特定的多数人发出的,所以这类版权许可合同实质就是格式合同,可以受到我国《民法典》中有关格式合同规定的约束。

(二)非处分性

在传统的版权许可合同中,有关版权发行权穷竭的制度是被遵守的。因为传统版权许可合同中往往针对的是有物质载体的作品版权,使用者被授权许可使用的是作品的版权,在版权使用方面要遵守版权许可合同的约定,使用人对作品载体的使用、收益及处分不受版权人约束,具有对作品载体的处分权。而作品与载体往往结合紧密,不可分离,行使载体处分权时使用人对作品的使用往往也随之消失,版权人能够很好地控制作品的使用。但是,新媒体时代作品与载体分离较为容易,作品不用完全依赖于载体而转移,使用人可以在不转移载体的情况下转移作品的使用权。此时,版权人很难控制作品的传播和使用。为防止这种情况大量出现而损害版权人的利益,版权人在版权许可合同中都规定了使用人不能对版权作品进行任何处分,包括合理使用中的各种情形。因此,即使使用者经过版权人同意使用作品,但是不能将数字作品转移给第三人使用,这实质上是使版权豁免中的发行权利穷竭制度不能适用于数字作品。

(三)不公平性

新媒体时代的版权许可合同的版权人不给使用人协商谈判的任何余地,完全由版权人单方面决定,这是合同制定程序方面体现的不公平性。更为不公平的是在合同内容方面，新型版权许可合同内容是版权人预先制定的，为维护版权人的利益，版权人很少考虑使用人的利益，往往设置一些限制使用人进行法律所许可的行为的条款或者是剥夺使用人正当利益的条款，这是实质的不公平。最后，新媒体时代的数字版权许可合同仅设置"同意"与"不同意"两个选项，同时与技术配合，使"不同意"的使用者完全不能接触数字作品。而版权法中没有规定版权人的"接触权"，这是违背版权法剥夺公众合法利益的做法，也是实质的不公平。

（四）技术性配合

版权人为了防范他人未经许可对版权作品进行复制、传播或接触等而在设置在线许可合同的同时采用技术保护措施。技术保护措施可以看作是版权许可使用得以实施的技术保证。由于大多数网络用户的网络技术和知识的欠缺，版权人一旦采用了技术保护措施，网络用户便对这样的作品无能为力，接受了版权许可合同就意味着没有任何办法违反合同。即使有一些掌握了较好的网络技术的用户可能规避技术措施，但是，一旦被版权人或准版权人发现后会有新的技术救济措施，如关闭用户的终端设备。

（五）操作性极强

传统的版权许可合同是一对一的合同谈判和签署，版权人需要被动地等待使用者提出使用请求后，决定是否许可以及和使用者商谈许可的条件。而在新媒体时代的新型版权许可是版权人预先制定好的，能够针对海量的使用人，能够满足海量的使用人需求，使用人只需要在同意栏内打钩就完成了合同的签署，简单易行，操作性极强。如果有用户规避技术措施，版权人可以通过反规避立法的规定追究用户的责任。通过版权许可合同、技术措施及反规避立法，版权人的权利全面地得到了保护。

四、新媒体时代新型版权许可合同的合理性

合理性是马克思·韦伯创造的具有方法论意义的范畴，包括形式合理性和实质合理性。形式合理性为手段和程序的可计算性，即某种规则具有可重复性，所指引的行为及结果具有可计算性和可预测性。从法律层面看，形式合理性就是按照法律规定进行行为。实质合理性不具有精确计算特点的合理性，而是与价值判断相关，是按照一定的价值标准判断是非曲直，而价值标准是多元的。当然，通常的实质合理性判断是按照社会主流价值观来评价是非曲直的。

按照韦伯的形式合理性和实质合理性分析可以发现，新型版权许可合同在新媒体时代是具有合理性的。

（一）新型版权许可合同体现了合同自由原则

合同是当事人双方意思表示一致的协议，意思表示一致意味着双方当事人是否洽谈、洽谈什么标的、具体内容及权利义务等都是根据自己的意志来确定，从来不受制于他人。当事人依照自己的意志自由地约定合同条款是合同自由的一方面内容，合同自由保证了合同在形式上的合理性。我国《民法典》关于合同的规定中有许多条文体现了合同自由原则，如第四百六十九条第一款"当事人订立合同，可以采用书面形式、口头形式或其他形式"。这些规定说明合同自由包括：(1)缔约自由，即某人享有决定是否与他人缔结合同的自由，任何人无权干预；(2)选择与谁缔约的自由，即某人在选择合同的相对人时，是按照自己的意志来选择的；(3)合同内容的自由，即选择合同类型的自由、选择合同条款的自由和选择合同

形式的自由等。一般来说，符合合同自由原则订立的合同，都会受到法律保护。新型版权许可合同涉及的合同双方是版权人或者准版权人与使用者，虽然新型版权许可合同是版权人或者准版权人预先设置好了合同条款，但是版权人或准版权人在使用者注册或使用之前设置了同意或不同意选项，这是尊重合同另一方当事人自由的做法，版权人或准版权人并没有强制使用者一定要同意版权合同条款，使用者有选择同意或不同意的自由。当用户在打开版权人或准版权人提供作品之前的使用协议时或者在注册时或者在打开软件包装时，都有选择的余地。这些使用协议都展现在用户眼前，用户可以阅读使用协议内容，如果觉得不能接受，可以选择不同意，如果能够接受协议条款，接受就行了，一切体现用户自由意志。所以，当用户点击"同意"时，就意味着用户按照自己的意愿选择了遵循版权许可协议而使用版权人或准版权人提供的作品。用户的点击行为表明他愿意与该版权人或准版权人订立合同，同意这些条款规定并接受相关约束，点击"同意"并进入之后意味着双方合同成立，双方将受到法律的约束。在这一合同订立的过程之中，不存在强制。虽然拆封许可合同用户在拆封前没有看到软件使用协议，但是用户在购买软件时，经销商往往会告知包装内有哪些资料或产品，会对软件的使用注意事项做大致说明，作为购买软件的用户应该大致清楚一般软件使用要求，仍然购买并拆开包装，这也是用户自由意志的体现。综上，新型版权许可合同的成立体现着双方当事人的自由意志，遵循了合同自由原则。

（二）新型版权许可合同能够实现版权人利益最大化并增加用户接触作品的机会

新型版权许可合同是版权人或准版权人事先拟定好协议条款，

用户点击"同意"以后才成立并发生效力的合同,这类合同中实行了"价格区别"。"价格区别"是一种商家对不同的顾客群体以不同价格销售同一商品的做法。往往采用"价格区别"的商家具备以下条件:(1)商家需要实力特别的雄厚以应对市场的各种变化;(2)商家根据个人消费者的消费偏爱来确定商品价格;(3)消费者无法规避此种价格的区分。①通过价格区别,版权人或准版权人的利益得到最大化的满足。版权人在授权使用合同中设计了针对不同消费群体及不同利用方式的产品,并对不同的产品采用不同的对价,针对普通用户有的可能采用免费的方式,有的可能采用让用户上传一篇文章或者其他方式来换取对版权人作品的使用,针对机构用户可能设定了一批作品的一次性价格;根据作品的情况,有的不需要付费就可以下载利用,有的需要付费但价格较低,有的需要付费并且价格较高。如百度文库中的作品就实行的区别定价。这种授权模式安排较为灵活、多样,能够最大限度地开发版权人的作品,同时又能在一定程度上防止侵权,从而获取最大利润。

这种价格区别制度,既能满足不同消费者的需要,又能增加用户接触作品的机会。通过支付规定的对价,换取接触、学习、利用作品中知识的机会,大多数用户是愿意的。虽然接触、学习作品本应该是作为社会公众的用户的合理使用,但是,在法律没有制止版权人通过合同排除公众对作品的学习、接触行为情况下,如果不支付对价,用户连接触、学习知识的机会也没有了。相对于不区分定价而采用高价格而言,区别定价,使接触、学习和利用版权作品的

---

① Jonathan B. Baker, "Product Differentiation through Space and Time: Some Antitrust Policy Issues", 42 *Antitrust Bull*, no.1,(March 1997), p.177.

用户更为广泛。与传统的商业模式相比,版权人或准版权人通过在线版权许可协议直接向用户提供作品,没有了中间商,从而减少交易成本,这样数字作品的价格也会比有物质载体的作品价格低许多,这有利于用户,从而也间接地使社会公众接触作品的机会增多。

(三)新型版权许可合同为版权人和使用者提供了便利,提高了作品利用效率

数字技术与网络的快速发展使人们对作品的利用更加便捷,获得知识的途径更加多样。面对网络上各种各样的作品,使用者如果想合法使用,寻找版权人却比较麻烦。同样,网络能够使作品快速传播,侵权使用也大量出现,版权人也无法控制作品不被他人侵权使用。而新媒体的时代,也是自媒体的时代,是一个人人都是创作者的时代,每天网络上会有海量的作品产生,也就涉及到这海量的作品的利用。传统的一对一的版权许可合同已经不能满足版权人对海量作品使用的授权,也不能满足使用者对海量作品的权利人的寻找。版权人或准版权人适应新媒体时代作品产生和传播的特点创设的在线许可这样新的交易模式,正好能解决版权人或准版权人和使用者面临的难题,方便了双方。

同时,这种版权许可模式也使版权人或准版权人的作品利用效率更高。在这种在线许可模式下,版权人或准版权人将自己的数字化作品展现在网站上供使用者查找,使用者搜寻到自己想要使用的作品后,只需要点击在线协议,支付相应对价,几秒就能获得自己想要的作品,版权人或准版权人也在短暂的几秒完成交易。这种在线版权许可约了成本,扩大了传播范围,提高了作品利用率。而不像传统的具有物质载体的作品销售那样,需要大量的物质成本,并且传播的范围也有限,作品的利用率不高。

(四)在线版权许可模式激励了人们的创作热情

在线版权许可模式建立了一套新的激励制度。在线版权许可提高作品的利用效率,使版权人或准版权人利益最大化地得到满足,这些使人们看到了作品能够快速地带来财富,从而激励更多人去进行创作。同时,这种在线许可协议往往同意用户在平台上进行自由创作,而每个人都可能在不定的时候有创作的欲望,每个用户都可能是创作者。平台在为人们创作提供机会的同时,也为创作后的作品提供了向他人展示的机会,创作者的作品被他人分享、被他人评价,创作者因作品被他人分享和评价而获得的满足感、荣誉感等精神利益能够得到实现,他人因对作品的学习而获得了知识,为创作打下了基础,也刺激了人们的创作热情。

第二章　新媒体时代版权豁免与版权许可合同冲突的表现及消极影响

第一节　新媒体时代版权豁免与版权许可合同冲突的表现

版权豁免与版权许可合同的冲突主要表现为版权许可人通过版权许可合同扩张自己权利，同时限制或禁止使用人按照版权豁免的方式使用版权作品。有的合同甚至对用户在版权许可人的平台上创作的作品也进行严格限制。这种通过合同限制或禁止使用人的使用，被称作版权许可合同排除。在新媒体时代，合同排除的条款多出现在"点击合同"或"在线协议"中，还有一些软件"开封许可协议"和传统的版权许可协议中也存在合同排除条款。

一、版权扩张

版权人或准版权人为了在版权交易活动中获得最大利益，往往通过版权许可合同不断地对自己的权利进行扩张，将原本不受版权法保护的内容纳入到合同之中，用合同条款限制或者禁止被许可方使用其拥有的版权作品，如许多在线许可协议中有"禁止对平台中所有文字、图片等内容进行复制、改编、传播……"的规定。版权人或准版权人平台中所提供的文字、图片等内容,有的属于思想范畴而不受版权法保护,有的已经过了保护期,有的不属于版权法保护范畴(如人民法院判决书)。但是版权人或准版权人通过协议将这些原本属于公有领域的作品进行控制,扩张自己的权利。

(一)对思想、事实等提供保护

版权法采用思想与表达二分法的方式,不保护属于思想范畴的信息,仅仅保护关于思想的表达。在版权法领域,思想的范畴较广,包括思想观念、事实、操作方法、工艺流程、创意,等等。版权法对思想与表达二分的众多原因中,最主要的是促使思想、方法等的传播,以维护言论自由,维护公众受教育权,促进社会进步和文化繁荣。但在新媒体时代,一些新型媒体中介(版权人或服务商)为了获得更多的利益或者出于便于管理的目的,将一些公共领域的属于思想范畴的信息通过在线许可合同约定为他们享有的权利,没有他们的同意,不允许合同的相对方使用。版权人或准版权人通过网络授权合同将非版权保护对象或者公共资讯纳入版权保护范围,要求点击授权合同或者网络浏览合同相对方接受其所声明的"版权"。这实际上是通过合同创设权利,将不受法律保护的内容通过版权许可合同加以保护。在调研收集到的326份在线服务协议和软件许可协议中,有278份明确规定版权人或准版权人在服务平台上提供的所有内容、信息的所有权和版权属于平台,占调研在线服务协议的85%。

目前,网络点击合同将思想范畴的事实、数据、创意等给予保护有三种表述:(1)在版权人或准版权人服务平台上的内容、信息都受版权、商标或其它财产所有权法律保护;(2)服务平台上的所有内容、数据等都是属于版权人或准版权人的服务平台所有;(3)服务平台提供的所有信息内容都属于提供服务的公司,都受知识产权法律的保护(如表1中的典型在线协议所示)。第一种表述意味着包括属于思想范畴的信息都会受到知识产权法的保护。第二种表述将服务平台上的所有内容、数据都约定为服务平台所有,但依据版权法的原理,数据属于事实范畴,不受版权法保护,各国都没有对数据提供法律保护,只有形成数据库后才有可能受到保护。这里的"所有内容"当然包括不受版权法保护的各种信息,这些信息应该属于公共领域,公众都可以使用,但是这些版权许可合同却将这些公有领域的信息纳入其保护范围,不允许用户使用。第三种表述是前两种表述的综合。无论哪一种表述,基本上都表达了相同的意思,即在版权人或准版权人服务平台上出现的所有数据、信息都为提供服务的平台享有,服务平台以此实现自己包括版权在内的权利的扩张。典型案例见下表。

表1:将平台上所有信息规定为平台所有的典型在线协议

协议名称	将包括事实、创意在内的所有信息纳入合同中予以版权法或其他法律保护的条款
《百度网盘服务协议》	百度保留对以下各项内容、信息完全的、不可分割的所有权及知识产权:除用户自行上载、传播的内容外,百度云服务及其所有元素,包括但不限于所有内容、数据、技术、软件、代码、用户界面以及与其相关的任何衍生作品。[1]
《360用户注册协议》	360提供的网络服务中包含的任何文本、图片、图形、音频和/或视频资料均受版权、商标和/或其它财产所有权法律的保护。[2]

---

[1] "百度网盘服务协议",2017年9月10日,https://pan.baidu.com/disk/duty/。
[2] "360用户注册协议",2018年11月20日,http://i.360.cn/reg/protocol。

续表

协议名称	将包括事实、创意在内的所有信息纳入合同中予以版权法或其他法律保护的条款
《网易邮箱账号服务条款》	网易公司提供的内容包括但不限于：非用户上传/提供的文字、软件、声音、相片、视频、图表等。所有这些内容均属于网易公司，并受版权、商标、专利和其它财产所有权法律的保护。①
《苹果开发者许可协议》	你不会以任何方式使用苹果的地图服务，支持或允许批量下载或提要的地图数据，或其任何部分，或以任何方式试图提取、擦伤或 reutilize 任何部分的地图数据。②

（二）将不具有独创性的信息纳入版权法保护

独创性是作品构成条件之一，是作者独立创作的作品才能成为版权法保护的对象。独创性的"独"就是独立创作，源于本人，包括从无到有的创作和在他人作品基础进行的区别于原作的新的创作。当然，如果是自己独立创作的作品，即使和他人作品一样，也是具备"独"的要求，受版权法保护。独创性中的"创"，在不同法系国家，标准不尽相同。大陆法系对独创性的标准要求比较高，作品必须是作者精神、人格的体现，如法国、德国要求作品是反映作者个性的标记、打上作者个性智力的烙印。英美法系对独创性要求不是特别高。如英国采用"额头出汗"标准；美国要求"最低限度的创造性"。虽然我国版权法没有规定独创性标准，但是司法实践中倾向采用"最低限度的创造性"标准。我国著作权法规定，只有具有

---

① "网易邮箱账号服务条款"，2017 年 11 月 27 日， https://reg.163.com/agreement_wap.shtml?v=20171127。

② "iOS 2015 年 3 月苹果新的审核标准：iOS 开发者计划许可协议"，2015 年 3 月 11 日，https://blog.csdn.net/jichunw/article/details/44202307。

独创性的作品才是著作权法意义上的作品,但在许多点击合同中,对不具有独创性的信息也进行保护。例如,对不具有独创性的数据库及不受著作权法保护的数据不允许用户使用。一般而言,在选择和编排上具有独创性的数据库受到著作权法保护,对于在数据库的数据选择上没有独特性,编排上也很常规的,则不受著作权法保护。欧盟考虑到数据选择和编排者付出了一定的劳动,所以用《欧盟数据保护指令》对其进行保护。我国《著作权法》对不具有独创性的数据库不提供保护,而对于数据库中的数据视情况而定,如果数据属于我国著作权法保护的对象,具有独创性则予以保护,反之则不给予保护。当前,一些数据库制作者通过版权许可合同对数据库进行保护,并且在许可协议中规定其所提供的服务平台中的任何数据都属于其所有,没有其许可,用户不得使用。这种版权许可协议实际上扩大了版权客体范围,创设了一个准版权,限制了使用者对不受著作权法保护的数据和数据库的使用。

(三)将许可方服务平台中所有的创作成果都规定为许可方所有

我国著作权法规定版权包括精神性权利和财产性权利。在这些权利中,精神性权利不能转让或放弃,因为这些精神性权利具有人格利益,具有人格权属性。新媒体时代,用户创造内容(UGC)非常常见,这些内容有的是用户从无到有的全新的创作,有的是在已有作品基础上进行的有别于原作的二次创作。无论用户采用哪一种创作方式所创作的成果,一旦符合著作权法的规定就应该受到我国著作权法保护,创作的用户就是该作品的版权人。但是,目前许多在线版权许可合同强行规定在其服务平台创作作品的权利人转让或放弃其版权,版权归合同的许可方享有,例如,在多人游戏的服务协议中,在线游戏协议允许被许可方作为参与者自行设计虚拟角色及其情节,这种虚拟角色和情节的设计所产生的版权作品,本应属于参与游戏设计者所有。但是在在线游戏协议中,其所有权利被约定为游戏的开发者。① "7.2 尽管本协议有其他规定,您在使用腾讯游戏服务中产生的游戏数据的所有权和知识产权归腾讯所有,腾讯有权保存、处置该游戏数据。"② 这种强行规定剥夺了创作者包括不能转让的精神性权利在内的所有版权,这些作品的版权归许可方所有,扩大了许可方的版权利益。

(四)将许可方服务平台中用户作品强行约定为用户授权许可方使用

用户的作品、信息等原本由用户享有相关权利,用户是否授权将自己的作品给他人使用以及授权的权项、许可费、期限等应该由用户自己表达真实的意思。但是,在调研收集到的 326 份在线服务协议和软件许可协议中,有 211 份协议直接约定用户上传或存在于服务平台的用户资料都视为用户同意服务平台在全球范围内使用,有的甚至约定为无期限的免费使用。合同中约定用户同意服务方使用的方式包括对用户作品的复制、修改、翻译、汇编等所有的作品使用方式,并且约定这样的授权使用是不可撤销的(如表 2)。前文已经说明,提供在线服务协议的一方身份复杂,也许是平台中拥有自主版权的版权人,也可能是通过许可合同成为了如版权人一样

---

① 梁志文:"论知识产权法的合同限制",《国家检察官学院学报》2008 年第 10 期。
② "腾讯游戏许可及服务协议",2017 年 2 月 20 日,http://game.qq.com/contract.shtml。

地位的准版权人，他们许可用户使用版权作品时是许可方，但在为用户提供服务时又是网络服务商。一般情况下，在在线服务协议中，提供在线服务的版权人或准版权人作为许可方主要通过以下几种方式对用户的作品进行控制：(1)将用户作品的权利内容全部控制。作品的每一种使用方式往往对应着一项权利，通常情况下，版权人或准版权人通过合同的方式将用户作品除署名权以外的所有版权都剥夺了。(2)可在全球范围内使用用户作品。(3)可以对用户作品无期限使用。版权作品往往是有保护期的，但是提供服务的版权人或准版权人以合同的方式排除了作品保护期。(4)可以免费使用用户作品。(5)用户作品许可在线服务的版权人或准版权人的使用是不可撤销的。通常情况下，作品的权利人在显失公平的情况下可以撤销作品中某项权利的许可，但在点击合同的约定中，无论是什么情况，用户都不能撤销对作品使用的许可。而对于这样的版权许可合同的规定，用户如果要使用服务平台就不得不接受这些不合理不公平的规定。

通过在线版权许可合同提供在线服务的版权人或准版权人作为许可方，在权利内容、空间、时间、费用等方面全方位地控制了用户的作品。在线服务协议是格式合同，用户作为被许可方只有两个选择："同意"或"不同意"。不同意则无法使用许可方提供的平台或者软件，如果同意，用户则必须接受将自己的作品授权给服务平台随意使用的霸王条款，并且没有商量的余地。在调研回收的问卷中，82.6%的参与者认为：没有办法，要使用其平台或其作品只得同意授权其使用。通过强迫用户授权，版权人或准版权人获得了更多的版权利益。

表2：将许可方服务平台中用户资料强行约定为用户授权许可方使用

协议名称	协议内容
《网易邮箱账号服务条款》	用户在提供内容时将授予网易公司一项全球性的免费许可，允许网易公司使用、传播、复制、修改、再许可、翻译、创建衍生作品、出版、表演及展示此等内容。①
新浪《微博用户服务使用协议》	4.9 用户知悉、理解并同意授权微博平台及其关联公司可在全球范围内、完全免费、可转授权地使用用户通过微博发布的内容，前述内容包括但不限于文字、图片、视频等。②
《阿里文学用户服务协议》	8.1 对于您在阿里文学发布的任何内容，您同意授予阿里文学在全世界范围内享有免费的、永久性的、不可撤销的、非独家的、可转让的，以及再许可第三方之权利和许可，使阿里文学得以使用、复制、修改、改编、出版、翻译、传播、表演和展示该等内容之整体或部分，并有权将该内容授权第三方进行使用。③
《搜狐通行证注册》	用户同意，对于其上传到本网站的任何内容，搜狐在全世界范围内不限形式和载体地享有永久的、不可撤销的、免费的、非独家的使用权和转授权的权利，包括但不限于修改、复制、发行、展览、改编、汇编、出版、翻译、信息网络传播、广播、表演和再创作及著作权法等法律法规确定的其他权利。④
《爱奇艺PPS用户网络服务使用协议》	4.2 用户使用爱奇艺和PPS服务将图片、文字、音频及通过PPS平台上传的视频等信息公开发布、传播、分享的行为代表了用户有权且同意在全世界范围内，永久性的、不可撤销的、免费的授予爱奇艺和PPS对该信息行使使用、发布、复制、修改、改编、出版、翻译、据以创作衍生作品、传播、表演和展示等权利；……⑤

---

① 网易通行证：网易邮箱账号服务条款，2017年11月27日，https://reg.163.com/agreement_wap.shtml?v=20171127。

② 微博服务使用协议，2017年9月30日，https://m.weibo.cn/c/regagreement?from=hissimilar_home&wm=3349&lang=zh_CN&siminfo=。

③ 阿里文学用户服务协议，2018年12月3日，http://www.aliwx.com.cn/about/yhfwxy。

④ 搜狐社区-搜狐通行证注册，2012年8月5日，http://blog.sina.com.cn/s/blog_a29e4c6d01011pbq.html。

⑤ 爱奇艺PPS用户网络服务使用协议，2016年9月12日，https://www.iqiyi.com/common/loginProtocol.html。

二、版权许可合同限制或排除版权豁免

版权人或准版权人在合同中限制或排除一些原本被版权法规定为合理使用的情形，如大多数在线数据库公司提供的协议往往包含如下条款：禁止图书馆、档案馆、美术馆对公司提供的作品进行再制作或通过馆际渠道传播作品内容，即使行为符合版权法关于图书馆、档案馆及美术馆等的合理使用的规定。这些公司提供的协议往往也会排除或限制其他许可性规定，这些许可性规定包括合理使用及法定许可中的教育及其他机构使用、以教育学习为目的对作品的再创作与传播行为。此外，协议禁止研究人员及学生利用合理使用制度对相关资料进行利用。调研收集的 326 份在线许可协议和软件许可协议，大多数协议中含有合同排除性条款。通过排除性规定，版权人不断地扩大自身权利，而使用者的合理使用、法定许可等使用被限制或禁止。

（一）限制或禁止被许可方的合理使用

合理使用和其他版权豁免情形一样，都是为了保障社会公共利益、满足公众对知识和信息的需要、促使作品的传播和新作品源源不断地出现、推动社会进步而设计的公众在某些情况下可以使用他人作品的制度。我国版权法为促使人们对知识进行学习、积累和传播，对非营利性的教育机构、图书馆、档案馆、文化娱乐和信息传播使用作品提供了相应的空间，为盲人等智障人员及少数民族的发展规定了相应的许可使用条款。在合理使用制度下，一般公众都可以从使用作品中获益，可以在学习作品的基础上进行创作。但是在新媒体时代，版权许可合同将合理使用进行了限制或禁止，而且这种

限制或禁止合理使用的现象大量存在。在笔者收集到的326份协议中，87.6%的协议有用户不得使用包括版权作品在内的服务商（版权人或准版权人）的任何资料的规定。限制或禁止的方式有：（1）不得以任何方式使用或创造相关衍生作品；（2）用户只能在公司或平台授权下才能使用；（3）不得擅自对平台上的内容进行修改、复制、拷贝、散布、传送、展示、发行、转移、销售或创造、制作与这些内容有关的派生产品或衍生品等。第一、二种概括式规定的方式把一切合理使用都予以排除，第三种采用列举的方式，列举的用户不能使用的行为几乎囊括了所有的合理使用情形。我国《著作权法》允许"为个人学习、研究或欣赏，使用他人已经发表的作品"，这里的使用包括复制、下载等，但网络许可合同却明确地将符合合理使用的复制、下载等都予以禁止。为了介绍、评论某一作品或说明某一问题而适当引用版权作品，这是我国《著作权法》规定的合理使用，如果用户对许可方提供的作品进行评论或者适当引用，是符合著作权法的使用。但是笔者收集到的网络服务协议中，89.1%的许可协议都禁止用户"创造、制作与这些内容有关的派生产品或衍生品。"合理使用的其他被限制或禁止的情形在此不一一分析了，具体的排除合理使用的表述可见表3中的代表性协议规定。

表3：排除合理使用的在线服务协议条款

协议名称	协议中关于限制或禁止合理使用的规定
《爱奇艺PPS用户网络服务使用协议》	3.20.4 爱奇艺和PPS提供的文学作品的内容的著作权、……或其他权利均为爱奇艺或PPS或其权利人所有，……用户不得擅自对上述内容进行修改、复制、拷贝、散布、传送、展示、发行、转移、销售或创造、制作与这些内容有关的派生产品或衍生品。[1]

---

[1] 爱奇艺PPS用户网络服务使用协议，2016年9月12日，https://www.iqiyi.com/common/loginProtocol.html。

续表

协议名称	协议中关于限制或禁止合理使用的规定
《网易邮箱账号服务条款》	"网易公司提供的内容包括但不限于：非用户上传/提供的文字、软件、声音、相片、视频、图表等。所有这些内容均属于网易公司，并受版权、……法律的保护。所以，用户只能在网易公司授权下才能使用这些内容，而不能擅自复制、再造这些内容或创造与内容有关的派生产品。"①
《书橱小说用户协议》	4.2 用户只有在获得书橱网或其他相关权利人的书面授权之后才能使用这些内容(指文字、软件、声音、图片、录像、图表等)，而不能擅自复制、再造这些内容或创造与内容有关的衍生产品。②
《搜狐服务协议》	搜狐服务中包含的任何文字、图表、音频、……等信息或材料均受著作权法、……用户不得以任何方式使用该等信息或材料，但出于使用搜狐服务目的而使用的除外。③
《阅文集团服务协议》	15.2 阅文集团所提供的服务与服务有关的全部信息、资料、文字、软件、……的著作权、……或其他权利，均为阅文集团或其权利人所有，……您不得对任何该信息、资料、文字、……进行修改、拷贝、散布、传送、展示、执行、复制、发行、授权、制作衍生著作、移转或销售。④
《乐视影视会员服务协议》	6.8 除非乐视新生代提前书面许可，禁止复制、下载、上传、修改、编目排序、翻译、发行、开发、转让、销售、展示、传播影视会员服务提供的视频；禁止合成、嵌套、链接影视会员服务提供的视频；禁止利用影视会员服务提供的视频及其片段进行创作衍生作品、制作贺卡、制作屏保或桌面、进行教学或研究、进行商业开发或推广。⑤

---

① 网易通行证，2017年11月27日，https://reg.163.com/agreement_wap.shtml?v=20171127。

② 书橱小说用户协议，2017年9月4日，http://www.shuchu.com/about/useragreement.aspx。

③ 搜狐服务协议，2017年11月21日，http://i.passport.sohu.com/agreement。

④ 阅文集团服务协议，2015年11月18日，https://passport.yuewen.com/pact.html?mobile=0。

⑤ 乐视影视会员服务协议，2018年6月8日，http://minisite.letv.com/zt2015/servicenew/index.shtml。

版权人或准版权人通过设定用户使用规则来防止用户对数字作品进行权利人授权之外的其他使用。通过这些规则,版权人或准版权人将他们认为有可能会对数字内容安全造成影响的包括合理使用在内的使用行为排除在外。为了最大化地维护版权人的利益,在线使用许可协议设定的使用规则有时可能细致到令人惊讶的程度。

(二)禁止发行权穷竭原则的适用

发行权穷竭的立法目的是促进作品传播,推动合法作品自由流转。但是一些软件服务协议或者作品使用协议往往不允许购买使用权的被许可方将购买的软件或作品再次转让,从而使软件商或版权商达到利益最大化的目的。如《苹果开发者许可协议》中规定:你证明预发布版本的苹果软件只会用于开发和测试目的,不会出租、出售、出租、再次许可、分配或转让。进一步,你保证你不会转移或出口任何产品、过程或服务,是一个直接的产品预发布的苹果软件。[1]亚马逊的《Kindle 商店使用条件》中规定"1. Kindle 内容:限制除非另行明确说明,您不得向任何第三方出售、出租、租赁、分发、传播、分许可或以其他方式转让对 Kindle 内容或其任何部分的任何权利。"[2]再如《搜狗通行证:用户服务协议》中规定:"用户您不得对任何该信息、资料、文字、软件……进行……移转或销售。"[3]这些规定中的"不会出售""不得转让"和"不得销售"等,都是对

---

[1] iOS2015 年 3 月苹果新的审核标准:iOS 开发者计划许可协议,2015 年 3 月 11 日,https://blog.csdn.net/jichunw/article/details/44202307。

[2] Kindle 商店使用条件,2010 年 4 月 18 日。https://www.amazon.cn/gp/help/customer/display.html?nodeId=201014950。

[3] 搜狗通行证,2000 年 8 月 5 日,https://account.sogou.com/static/agreement-2000.html。

用户购得的软件或其他作品不允许再行销售的规定。这样的规定使很多用户在购买软件或数字作品后，即使不想再使用该软件或作品也不能转让。这样的合同规定一方面使消费者不能通过转让减轻承担的经济压力，另一方面也意味着消费者不能传播这些作品。发行权穷竭不仅仅是为了使作品的载体所有权能够实现，更重要的是促进作品传播。虽然购买者购买作品后对作品载体享有所有权，对载体之上的作品享有阅读使用权，但是消费者购买作品载体的目的是为了阅读、学习作品。传统媒体时代允许发行权穷竭的根本目的是传播作品中的知识，因此，在网络环境下，发行权穷竭原则应该为实现版权法的促进作品传播的目的而继续适用，消费者购买数字作品后应该能够再次转售。当然，为了防止损害版权人利益，可以对发行权穷竭做适应新媒体时代的改进规定。

（三）对于法定许可使用的规避

我国《著作权法》第四十三条第二款和第四十四条分别规定了广播电台、电视台播放作品及录音制品的法定许可。这两种法定许可是对版权人的广播权的限制，限制的目的是为了在不影响权利人经济利益情况下，促进作品通过广播更广泛地传播。目前，许多版权人通过点击合同排除了这种法定许可，不允许广播版权作品，如新浪《微博服务使用协议》的"5.5.1 未经……同意，用户不得……同时，不得将上述内容或资料在任何媒体直接或间接发布、播放、出于播放或发布目的而改写或再发行，或者用于其他任何目的。"[1]《百度云用户服务协议》的"未经百度同意，上述资料均不得在任何

---

[1] 微博服务使用协议，2017年9月30日，https://m.weibo.cn/c/regagreement?from=hissimilar_home&wm=3349&lang=zh_CN&siminfo=。

媒体直接或间接发布、播放、出于播放或发布目的而改写或再发行，或者被用于其他任何商业目的。"[1] 类似的规定在笔者收集到的使用协议中都有。此类规定都以"不得播放"的表述排除了法定许可的使用。另外，我国《信息网络传播权保护条例》规定了通过信息网络实施九年制义务教育和国家教育规划，可以不经过著作权人许可使用其已经发表的作品片段或短小的文字作品、音乐作品或者单幅的美术作品、摄影作品制作课件，但要向著作权人支付报酬。此外，还规定了通过网络向农村提供特定作品的准法定许可。然而，绝大多数网络点击合同将这些法定许可排除了。

（四）禁止反向工程

反向工程是研发软件的逆过程，是从某程序产品的目标代码和手册中分析获取各种数据信息，了解软件的设计思路，例如，处理流程和组织结构的设计、数据结构算法的设计、用户界面设计、功能和性能规格等的过程。[2] 根据版权法思想与表达二分原则，对作品的思想、方法和程序等版权法不予保护。软件的竞争者为了学习、研究某软件的设计思路和算法而使用该软件，是在使用不受版权法保护的思想，属于版权法许可的行为。许多国家为了平衡软件版权人和社会公众利益，促进软件产业和经济发展而在版权法中规定了反向工程合理使用条款。例如在美国和欧盟，对软件的反向工程往往被认为是为了获取信息而兼容某一程序进行的研究，是一项软件创新，属于合理使用范畴。我国 2013 年修订的《计算机软件

---

[1] 百度云用户服务协议，2018 年 10 月 26 日，https://cloud.baidu.com/event/app/userServicesAgreement.html。

[2] 应明、孙彦：《计算机软件的知识产权保护》，知识产权出版社 2009 年版，第 417—418 页。

保护条例》第十七条①的规定表明通过反向工程方式使用软件，对软件的反向工程属于合理使用范畴。然而，在新媒体时代，几乎所有的软件许可协议都禁止了反向工程，例如《QQ软件许可及服务协议》中"8.3 除非法律允许或腾讯书面许可，您不得从事下列行为：对本软件进行反向工程、反向汇编、反向编译。"②《百度云用户服务协议》的"百度云服务为提供网络服务而使用的任何软件（……）的一切权利均属于该软件的著作权人，未经该软件的著作权人许可，用户不得对该软件进行反向工程（reverse engineer）、反向编译（decompile）或反汇编（disassemble）。"③《酷狗用户服务协议》的"5.1.5 用户不得从事下列行为：(2)对软件进行反向工程、反向汇编、反向编译或者以其他方式尝试发现软件的源代码；"④《苹果开发者许可协议》"你可能不会，你同意不，或使他人复制（本协议明文许可除外）、反编译、逆向工程、反汇编，试图获得的源代码，修改、解密或创造衍生作品的苹果软件。"⑤ 权利人利用在版权交易中的强势地位，在合同中约定的禁止反向工程条款，违背了版权法维护社会公共利益、促进科技创新的目的。

---

① 《计算机软件保护条例》第十七条：为了学习和研究软件内含的设计思想和原理，通过安装、显示、传输或者存储软件等方式使用软件的，可以不经软件著作权人许可，不向其支付报酬。

② QQ软件许可及服务协议，2016年8月9日，http://ti.qq.com/agreement/index.html。

③ 百度云用户服务协议，2018月10月26日，https://cloud.baidu.com/event/app/userServicesAgreement.html。

④ 酷狗用户服务协议，2016年8月20日，http://www.kugou.com/about/protocol.html。

⑤ 苹果开发者许可协议，2018年6月27日，https://wenku.baidu.com/view/5bafa40b02768e9950e7381e.html。

（五）对版权保护期的超越

许多版权许可合同规定的对于平台提供的作品或软件的保护期限远远超过版权法所规定的保护期，非常有名的雷瑟康（美国）诉雷诺兹案（*Lasercomb America, Inc. v. Reynolds*）中，原告超越美国版权法保护期的规定，在软件许可合同中规定了其软件保护期为99年。① 绝大多数网站在其服务协议中规定对于用户提供的资料享有永久性的使用权利，而不顾该资料是否受版权法规定的保护期的限制。这种延长保护期的许可合同扩大了版权人的权利，压缩了社会公众的使用空间。

（六）限制用户自行对自己作品的授权

作者对于自己创作的作品依法享有版权，当然也就有权处置自己的作品以及自由行使作品之上的版权。但是，有一些版权人或准版权人利用网络服务协议限制用户自行把自己的作品授权他人使用，如新浪《微博服务使用协议》"未经微博平台事先书面许可，用户不得自行授权任何第三方使用微博内容（微博内容即指用户在微博上已发布的信息，例如文字、图片、视频、音频等），……"②

三、版权垄断加强与知识共享减弱的冲突

依据我国《著作权法》第一条的规定，我国版权法律制度创设的目的有两方面：一是鼓励作品的创作，二是促进作品传播和利用，促进文化事业的发展。第一方面是手段目的，第二方面是社会

---

① *Lasercomb America, Inc. v. Reynolds*, 911 F.2d 970（4th Cir.1990）.
② 微博服务使用协议，2017年9月30日，https://m.weibo.cn/c/regagreement?from=hissimilar_home&wm=3349&lang=zh_CN&siminfo=。

目的,版权法通过手段目的实现社会目的。为了使手段目的得以实现,版权法赋予了创作者对其作品享有精神性权利和经济性权利,并且规定这些权利为创作者专有,以此调动创作者的积极性,激励更多的人参与创作,创造出更多作品,从而实现社会目的。为保障社会性目的的实现,版权法除了赋予创作者专有性的版权以外,还对版权人的权利做了必要限制,以维护知识信息的共享性,保障社会公众从作品中获取知识信息,推动社会不断创新、进步。

版权法之所以对版权进行限制,保障社会公众能够获得知识,促进社会进步,最主要的原因在于知识的共享性。知识是人类实践经验的积累,是人类社会共同的财富。加拿大斯特尔教授把知识分为三类:生产性知识、意义的知识和行为知识。生产性知识是指可以被转化成直接占用自然现象的方式的知识。意义的知识主要是指对社会公众的意识和意识形态在一定程度上有一定影响的知识。行为知识是指社会行为的一个直接形式,能够作为一种直接的生产力,这种知识是最先进的知识形式。[1]对于这种有意义的社会行为能力知识,它是人们在生活中逐渐积累起来的。美国路易斯·亨利·摩尔根教授指出:"人类从发展阶梯的底层开始迈步,通过经验知识的缓慢积累,才从蒙昧社会上升到文明社会的。"[2]由此可知,后人的知识来自前人的积累,没有前人的积累,任何人以一颗空白的大脑是发现不了也创造不了新的知识的。知识产品具有公共性,因为:(1)知识产品在使用和消费上具有一定的非竞争性。一个人

---

[1] 〔加〕尼科·斯特尔:《知识社会》,殷晓蓉译,上海译文出版社1998年版,第143—180页。
[2] 〔美〕路易斯·亨利·摩尔根:《古代社会(上)》,杨东莼译,商务印书馆1977年版,第3页。

对知识产品或信息产品的使用和消费不会妨碍他人的使用和消费,并不增加该知识产品的成本。(2)知识产品在使用与消费上具有一定的非排他性。(3)知识产品的创造具有历史传承性。任何人的知识创造都是在继承前人知识的基础上进行的,"知识遗产"一词也正说明了知识的传承性,知识产品是对已有知识的认知以及新贡献合作的产物。(4)知识产品具有扩散性。[①] 正是由于知识产品具有以上公共性特征,故对知识产品中公共部分应当予以公开,让社会公众共享,此举有利于人们增加知识,并在此基础上进行新的创作,从而推动社会的进步。

版权法赋予创作者专有性权利,除了版权人自己享用或者许可他人享用外,其他任何人都不得使用版权人的专有权利。这实际上使版权人的版权具有了合法的垄断性。但是,版权的这种垄断性并不意味着版权人行使权利没有限制,如果版权人超出必要的限度行使权利,那么将会影响社会公众获得信息,损害社会公众利益。在传统媒体时代,数字技术还没有出现,传统版权法中的作品还不能被权利人完全垄断,社会公众可以通过合理使用、法定许可等版权豁免的方式学习、使用版权作品。但是,在新媒体时代,版权人以点击合同或软件许可合同的方式完全垄断了作品及作品中的知识,该垄断主要体现在以下两方面:(1)用户使用许可方的包括作品在内的资料之前需要注册,注册过程中有一项使用协议,用户同意方可学习该许可方的资料,如果用户不同意该协议则完全不能学习、使用许可方的资料。协议中存在的不公平条款,用户无法与使用许可方协商改变,要么接受,要么放弃。(2)对于同意使用协议条款的

---

① 孙祥壮:"知识产权法治构造的理论逻辑",南京师范大学法学院博士论文,2007年,第86—88页。

用户，其学习和使用相关资料许可方又在使用协议上进行了诸多限制，包括前文所述的限制或禁止合理使用、法定许可、排除权利穷竭、延迟作品保护期等规定。许可方尽可能地对作品进行垄断，以期实现自身收益最大化。版权人通过版权许可合同不仅垄断了作品的访问途径，而且也垄断了思想、知识等公共领域，客观上切断了公共领域的思想、方法、程序、其他知识及保护期届满的作品被公众自由接触的途径。公众接触知识信息的途径逐渐被版权合同所控制，社会公众能够学习和使用的共享性知识越来越少，"未来信息将会成为数字的囚徒，公众必须为现有免费之物付费。"[①]

第二节　新媒体时代版权豁免与版权许可合同冲突的消极影响

新媒体时代版权许可合同与版权豁免的冲突产生了许多负面影响，尤其是版权人通过在线许可合同或软件许可协议排除版权豁免，单方面私定规则，扩张自己的权利，获得超版权法的权利，背离了版权法制度创设的初衷，打破了版权法的利益平衡，侵犯了公众的表达自由、受教育权和发展权。

一、破坏了版权法律制度

动摇了版权法律制度的理论基础。思想与表达的二分原则是

[①] Paul Goldstein, "Fair Use in a Change World", 50 *Journal of Copyright Society of the U.S.A.*, No.1(2003), p.133.

版权法的理论基础,版权法以此划分保护的范围。版权法不保护思想,只保护对思想情感的表达,将思想领域的内容留在公共领域,让社会公众自由免费使用。但是,版权人通过在线版权许可协议和软件许可合同将属于公共领域的思想限制用户使用,这就意味着版权人的思想受到了保护。这种限制完全无视版权法创设版权法律制度的理论基础。

扩张版权法的权利内容。版权法规定了版权人享有四种人身权、十二种财产权和一项兜底性的其他权利,这是版权法赋予版权人的法定权利。《著作权法》第十条的兜底条款仅为法官造法的授权规范,并未放弃法定主义的立场。法定主义要求著作权的种类规范和内容规范原则上应严格适用,唯有在例外情况下才能进行法官造法。[①]版权法没有规定版权人有控制他人阅读、收听和收看的权利。根据权利法定主义原则,版权人无权禁止或者限制他人对版权作品的阅读、收听和收看,即使在特定情况下,要使权利人享有"其他权利",也是由法官在个案中决定,而不是版权人自己扩大权利。但是,在新媒体时代,版权人通过在线许可合同或软件许可合同直接禁止或者限制用户对作品的阅读、收听和收看,用户只有在许可协议中选择了"同意"才可能接触到版权作品。版权人通过许可合同和技术措施禁止或者限制用户对作品的阅读、收听和收看,实际上给自己增加了一项"接触权"。另外,版权人通过排除版权豁免,将原本属于公有领域的空间占为己有,实际上是扩大了自己的权利范围。

[①] 杜志浩:"法定主义、兜底条款与法官造法——《著作权法》第十条第一款第(17)项的解释论",《财经法学》2018年第1期。

超越版权法，排除版权豁免。版权人通过在线版权许可协议或软件许可协议排除版权豁免，不断地自行扩展版权客体，扩大自己的权利，这种自我扩张形成的"准版权"突破了版权法，无视版权法的规定，侵占了版权法留给社会公众的公共空间。

通过动摇版权法理论基础，扩张版权法的权利内容，排除版权豁免，在线版权许可协议和软件许可合同正在全方位破坏版权法。正如金贝尔（Gimbel）所言，"与技术一起，这一动态系统能够创设一种超级合同——这种合同是不可违反的，这种合同事实上类似于一种能够自我执行的私人法律。"[①] 版权人通过排除版权豁免的版权许可合同构建了超越版权法的私人法则，版权人已经建立了能够替代或者强化已有的版权法保护的私力救济保护系统，凭借这种私力救济来保护版权人的数字内容。[②] 如果不对现有的版权法进行改革，版权许可合同就会一直突破版权法而不断排除版权豁免，扩张版权人或准版权人的权利，逐渐地，版权法就会形同虚设。

二、版权法的利益平衡原则失衡

利益平衡是版权法重要的原则之一。前文已经论述版权法设置了创作者与传播者之间的利益平衡以及创作者与社会公众之间的利益平衡，目的就在于确保信息资源与社会公共利益公正分配，

---

① Mark Gimbel, "Some Thoughts on the Implications of Trusted System for Intellectual Property Law", *Stanford Law Review* Vol.50, No.5, (May, 1998), pp.1671-1687.

② Niva Elkin-koren, "Copyright Policy and the Limits of Freedom of Contract", 12 *Berkeley Technology Law Journal*, No.1 (Feb.2014), pp.103-104.

协调信息独占和信息资源共享的冲突，满足社会公众对信息、知识资源的需求，从而使文化得到繁荣。版权法以赋予版权人权利的方式，并借助思想与表达二分法和版权豁免制度来实现版权法律关系中版权人、传播者和社会公众之间的利益平衡。版权法赋予版权人在作品之上享有人身权和财产权，以此激励作者们的创作，赋予邻接权人以邻接权来保障邻接权人对作品的传播。版权法在赋权的同时，也对权利人的权利予以限制，给社会公众留下获取知识的空间。这就是版权法不保护思想，只保护对思想的表达的内涵以及设置合理使用、发行权穷竭、法定许可和保护期等制度的初衷。

随着新媒体时代的到来，数字技术、网络技术快速发展，生产和传播作品的新方式不断出现，版权法维持的版权人、传播者和社会公众之间的利益平衡被打破。数字技术和网络技术大大降低了作品创作、复制和传播的成本，侵权变得非常容易。版权人依靠现有版权法难以控制作品，难以追究侵权，在这种情况下，版权人自寻出路，通过在线版权许可合同和技术措施建立了牢固的权利保护网。通过版权许可合同将思想纳入保护范围，以合同排除版权豁免，建立新的"接触权"。这些做法使社会公众能够使用作品的空间越来越小。自由阅读、收听和收看受限，社会公众创作的素材来源被阻断，创作的热情也逐渐减退，通过创作获得利益的可能性也变小。在调研所获得的658份问卷中，83.2%认为现在网络免费资源越来越少。可见，新媒体时代的版权许可合同不仅没有阻止数字和网络技术带来的侵权泛滥，纠正利益失衡，反而矫枉过正，使利益的天平倾向了版权人一方。数字技术的进步成果应该为版权人和社会公众所分享，法律既不能使权利人为新技术带来的市场买单，也不能让技术发展者成为权利人的守门人。应当使社会公众都能享受技术进步带来的好处,尤其是那些弱势群体。[1]但是,在新媒体时代,数字技术进步带来的好处绝大部分被大多数版权人获得。

三、有碍教育权和个人发展权的实现

　　社会生活中,每个人的社会化过程都是通过教育进行的。通过教育,人们获得了生存知识和相关技能,为今后的谋生和发展奠定了基础。教育的过程就是向个人传授各种文化知识和社会经验的过程,在教育的过程中,人逐渐思想丰富、生存能力变强,也才会进步和发展。因此,受教育权被公认为公民的基本人权,并被各国宪法所确认和保障。受教育权包含两方面内容:一是公民有获得教育的权利;二是国家有保障公民获得教育的义务。教育的核心是知识的获取,目的是人的发展。在国际社会中,发展权也被作为公民的人权内容之一。《发展权利宣言》明确规定发展权是一项人权,为了使这项权利得以实现,各国需要为人们提供参与文化生活和享受知识、科技带来的进步。公民只有通过接受教育,对蕴含在作品中的知识进行学习,才能不断地获得生存技能,不断发展。所以,对知识的获取与学习是发展权的应有内容,教育是发展的必需。为保障公民接受教育、获取知识、实现发展,国家有义务提供必要的教育设施和法律保障,版权法规定版权豁免的目的在于国家保障公民的受教育权和发展权。

---

[1] 梁志文:《数字著作权论——以〈信息网络传播权保护条例〉为中心》,知识产权出版社2007年版,第12页。

但是，新媒体时代的版权许可协议排除了版权豁免，禁止或者限制了用户对作品的接触、对法律所许可的知识进行使用，排除发行权穷竭，阻碍了知识信息的传播。这种排除版权豁免的做法妨碍公众受教育权和发展权的实现，在图书馆与版权人之间的协议中体现得格外明显。图书馆提供公共借阅服务，能够促进信息自由获取和保障公众受教育权。在传统媒体时代，图书馆可以将购买的图书、期刊等资源放置在图书馆供读者合理获取，但在新媒体时代，随着越来越多的数字作品和数据库的出现，出版商[①]通过版权许可协议限制图书馆对数字资源和数据库的利用。这种限制主要体现在：（1）版权许可合同中规定的数据库价格高且收费不合理。图书馆需要付费给数据库出版商，数据库的价格较高，如一些高校购买2017年度CNKI期刊论文、博硕数据库的使用费为三十九万余元，爱思唯尔SD数据库（Elsevier SD）（2017年度）使用费一百五十多万元，自然（Nature）及其系列期刊（2018年度）使用费为三十五万余元。[②]而且第一年付费后，以后每年数据库更新还需继续付费，甚至费用逐年递增。更为不合理的是，更新的数据库内容仍然包含大量的没有更新前的内容，也就是说，图书馆必须为相同的内容多次付费；不同的数据库出版商提供的数据库中的内容可能重复，图书馆为了给读者提供全面的数字作品，不得不购买可能有重复内容的不同数据库。（2）版权许可合同限制馆际互借。出版商在许可合同中规定不得将数据库中的资源提供给该图书馆之外的单位使用。

---

① 现在的出版商大多通过购买获得了作品的版权或通过与版权人之间的协议获得了保护期内的专有使用权。

② 此处数据为笔者在一些高校图书馆调研中获得的数据。

（3）版权许可合同在私人使用、电子借阅、开放获取、数据挖掘等方面都进行了不同程度的限制。对于这些不合理甚至是排除版权豁免的违背版权法的做法，许多图书工作者纷纷撰文抗议，但是作用不大。这样的不合理的版权许可合同使图书馆向用户提供信息的能力受到严重限制。

版权许可合同的不合理及不合法的规定使得公民获取知识受到了极大的限制。我国是一个发展中国家，尽管近年来人们的经济条件有了很大改善，但是更多的人并不是很富裕。面对知识获取的各种限制和较高的知识获取成本，人们要么不获取知识，要么窃取知识。窃取知识又被版权法制度所不许，因此，只能不获取知识，而获取知识又是每个人发展进步的基础。可见，这种不合理的版权许可合同阻碍了个人发展，只有那些能够承受费用的人才能获得一些知识。这终将导致"富国越富，穷国越穷"局面的发生。[1]

四、不利于后续创新

一个民族，要想走在时代前列就必须创新。党的十八大以来，习近平总书记高度重视创新发展，在多次讲话和论述中反复强调"创新"，创新内容涵盖科技、人才、文艺等方面，指出了在理论、制度、实践上如何创新。[2] 我国版权法通过赋予版权人版权和对版权人权利的限制来保障创新，激励创新。但是，新媒体时代的版权许

---

[1] 英国知识产权委员会："知识产权与发展政策相结合"，2002年9月30日，https://www.docin.com/p-53702943.html?docfrom=rrela。

[2] "习近平的创新观"，《华东科技》2018年第5期。

可合同通过排除版权豁免,阻碍了人们的创新。过度的版权保护将会对民主传统产生威胁,对信息和知识获取进行不合理的限制与社会公正的原则相冲突。如果过度保护版权,那么竞争和创新就会被限制,创造力也会随之窒息。①

排除版权豁免的版权许可合同破坏了创新的基础。创新是以现有的知识和信息为基础,突破旧的思维定势,创造新的事物或新的思想的活动。可见,创新的基础是知识和信息。任何人要创新,如果没有雄厚的文化知识,那么,创新无异于水中捞月。只有掌握渊博的知识,才可能激发创造性思维,才可能有所创新。

创新有两种途径,一是开拓性创新,一是模仿性创新。开拓性创新是在掌握了某些领域的基本知识后开创的新知识,是厚积薄发的过程。模仿性创新是在学习现有知识、模式的基础上,对现有的知识、模式、产品等进行的改变。模仿性创新是创新的重要途径,是继承基础上的创新,是对前人提供的知识学习吸收并批判性地继承。著名的《罗密欧与朱丽叶》是莎士比亚对阿瑟·布卢克(Arthur Broke)的小说《罗密欧与朱丽叶的悲剧历史》进行的改编,音乐歌舞电影杰作《西区故事》(Westside Story)又是改编自莎士比亚的《罗密欧与朱丽叶》。②作品中蕴含着知识,人们就是通过对作品的学习获取知识。后人创新利用前人作品,创新者创新的知识又成为后来者创新的知识基础。但是,新媒体时代,版权人通过版权许可合同排除版权豁免、限制人们阅读、模仿、改编作品。版权人如果

---

① 中国图书馆学会:"中国图书馆学会关于网络环境下著作权问题的声明",2015年7月16日,http://lib.chsnenu.edu.cn/pageinfo?cid=232。
② 〔美〕卡尔·劳斯迪亚、克里斯托夫·斯布里格曼:《Copyright! 模仿如何激发创新》引言,老卡等译,中信出版社2015年版。

通过合同创设的权利限制信息的自由流通，那么就会间接地把新作品创作扼杀于摇篮中。① 版权人通过排除版权豁免的许可合同形成了超出版权法允许的垄断，垄断意味着限制竞争，没有竞争，版权人就会任意确定作品的价格，对于高价作品，② 大多数人可能会选择放弃购买。没有了对知识的学习和积累，创新也就无从谈起。可见，排除版权豁免的版权许可合同一定程度上破坏了创新的基础。

　　排除版权豁免的版权许可合同阻断了创新动力。版权法设置的理论预设为通过版权法赋予创作者权利，激励人们的创作热情，这个理论预设应该没有问题。给创作者赋予权利后，他们能够通过对作品的使用享受权利、获得利益，从而产生更大的积极性去从事创作，为社会带来新的知识，这种激励也能起到示范作用，鼓励更多的人积极参与到知识的创作中。版权法制度为了促使作品的传播，规定了版权可以许可、转让和赋予传播者以邻接权，许多传播者通过版权许可、转让便成为作品的"准版权人"和版权人。比如作为数字作品数据库制作商的同方知网，原本只是传播者，但是通过授权许可方式，它成为了作品的版权人或"准版权人"。同方知网往往同一些期刊社或者高校签订授权许可合同，获得作品的汇编权、信息网络传播权。目前，一些期刊社通过稿约或协议方式明确规定，文章被发表后，文章的版权归该期刊社，或者协议规定文章发表后，作者同意期刊社对作品进行使用。很多文章作者为了完成考核任务或者职称评定需要不得不同意这种约定。然后，期刊社和

---

　　① Apik Minassian,"The Death of Copyright: Enforceability of Shrink wrap Licensing Agreements", 45 *UCLA L.Rev.*, No.2,(1997), p.569.

　　② 如在前文中指出百度文库中的文章，基本一篇文章在2元以上，有的一篇定价为10元，甚至99元。

同方知网签订合同,将在其期刊上发表的文章授权给同方知网,许可同方知网行使作品的汇编和信息网络传播权。同方知网和一些高校签订协议,将学生的毕业论文汇编在数据库中。同方知网获得这些文章后,个人用户购买者以每页0.5元价格支付对价就可以下载阅读相应论文,一篇10页的文章需要支付5元,知网中存有文献总量5300万篇,[①] 年收入10亿,毛利超过60%。[②] 以每年三十九万余元与高校图书馆签订许可使用合同,知网作为传播者通过授权许可方式既获得了作品的"准版权",又获得了丰厚的利益。

但是,创作作品的作者却并没有从中获得多少利益。例如投稿给期刊社或自己出版专著的作者们,不但没有获得物质利益,甚至还需要给期刊社或出版社支付出版费,并且作者从知网上或一些数据库中阅读或者下载自己的文章或著作,还需要付费。另外,作者还可能对自己发表的论文没有了版权,因为,一些期刊社在作者投稿时已经通过版权转让协议约定了作品发表后版权属于期刊社。原本依据版权法,阅读不属于版权人的权利控制范围,为了学习、研究的目的,作者和其他用户可以对数据库中的作品下载、复制的,但是,这样的数据库通过设置"注册"及"用户注册协议",规定用户不能进行任何使用。作者和其他用户只能接受这个协议并支付所需文章许可费后才能阅读或下载。其他数据库也是类似运作模式。当前中国,这样的协议大量存在,绝大多数创作者并不能以作品谋生。版权人或准版权人借助版权法的主体继受制度及版权法

---

① 知网数据库介绍信息,2014年12月20日,http://kns.cnki.net/kns/brief/result.aspx?dbprefix=CJFQ。
② 沈林:"年收入10个亿,才给作者几十几百,垄断的知网'赚钱'太容易",2019年2月21日,http://m.sohu.com/a/296305158_318740。

的缺陷，有大肆利用排除版权许可合同的趋势。作者通过作品的使用从而获得一定利益的目标的落空，不但不能鼓励创作者的创作，反而影响创作者的创新动力。作为不良示范，也影响了其他人进行创新的动力，导致版权法通过激励作者从而激励更多的人参加到创作中的目标无法实现。

第三章 新媒体时代版权豁免与版权许可合同冲突的原因及实质

第一节 新媒体时代版权豁免与版权许可合同冲突的原因

一、理论观念方面的原因

任何一种现象的出现都是由许多原因引起的,理论是对社会一些现象的高度抽象,是对思想的体系化,对制度的引导是至关重要的。新媒体时代版权许可合同与版权豁免的冲突,在一定程度上反映了版权法律制度受到了新自由主义理论、新经济增长理论和产业政策理论合力作用下的政策影响。

（一）新自由主义理论

自20世纪70年代以来,随着高新科技革命兴起,生产力巨大发展,资本主义由国家垄断向国际垄断发展。适应这种需要,新自由主义开始由理论、学术而政治化、国家意识形态化、范式化,成为美英国际垄断资本推行全球一体化理论体系的重要组成部分。[1]

---

[1] 胡玉萍:"美国多元文化教育的理论困境与转向",《北京行政学院学报》2012年第4期。

关于新自由主义的概念较多，比较典型的是诺姆·乔姆斯基在《新自由主义和全球秩序》一书中指出："'新自由主义'，核心为华盛顿共识……华盛顿共识是美国政府及其控制的国际组织强调的一系列以市场自由调节为主的理论，并由他们通过各种方式实施——在经济脆弱的国家。这些理论经常用做严厉的结构调整方案，该理论概括地说就是：贸易自由化、价格市场化和私有化。"① 新自由主义代表人物之一的弗里德曼提出了极端自由主义。弗里德曼所描述的极端自由主义包含有三个基本原则：（1）自由无强制：每个人都可以自由地追求他个人的经济利益。这一方案的基本理念是，当一个人越能满足他的个人需要时，他就越有动力和越有创造性。因此我们需要（2）一个自由的市场：竞争是调节市场的唯一机理。福祉的增加是通过社会分工和市场的规模，而并非通过国家的干预实现的。因此要努力促使世界范围内货物和生产要素的自由流通。为此人们提出了另一个要求即（3）一个有限的国家政体：国家的职能局限在国防、维护社会安定、保护公民个人生命财产安全和创造稳定的经济运行环境。从长远来看，市场的自我调节机能将自发地促进经济繁荣。持续的经济发展可以满足经济和社会的需求，带来个人的自由、社会的公正，并杜绝"曼彻斯特资本主义"的弊端。② 新自由主义人性论中的人性为理性人、经济人，认为人从本质上是维护私有财产、追求个人利益的，强调个人主义。在经济理论方面，极力否认公有制，大力宣扬私有化。哈耶克认为："人们在市场上应当能够自由地按照能找到交易对手的价格进行买卖，任

---

① 〔美〕诺姆·乔姆斯基：《新自由主义和全球秩序》，徐海铭、季海宏译，江苏人民出版社 2000 年版，第 28 页。

② 〔德〕曼弗雷德·格伦德："新经济自由主义及其政治实践"，2003 年 9 月 14 日，http://www.kas.de/wf/doc/kas_4074-544-1-30.pdf。

何人都应该能够自由生产、出售和买进任何有可能生产和出售的东西。重要的是,从事各种行业的机会应当在平等的条件下向一切人开放,任何个人或集团企图通过公开或隐蔽的力量对此加以限制,均为法律所不许可。"① 在政治理论方面,该理论强调个人权利而排斥公共权利,重视个人主义而忽视集体主义。极力推崇个人自由而反对强制,否定国家干预,大力宣扬自由化。

新自由主义的发展模式在一定程度上激励并提高了发展的效率。但是新自由主义强调并以"个人""自由""效率"为中心,无视公共利益的存在,是完全为了追求"资本",最大限度地为"资本"提供理论指导。新自由主义认为,知识社会的形成意味着人类社会将从一个以资本、土地和劳动力为基础的资本社会转向一个以知识为主要资源和以组织为关键结构的社会。在知识社会中,知识将取代资本而成为真正控制资源和决定性的"生产要素"。② 人们纷纷围绕知识这一生产要素展开竞争,形成新的权力模式,出现由信息和知识发展而来的新的财产权利类别——知识产权。新自由主义强调,基于网络空间的包括版权在内的知识产权是不可侵犯的。强化网络空间的版权保护,是新自由主义的必然要求。该理论还强调要创造并完善包括作品在内知识产品的所有潜在市场。作品、发明创造的生产由市场中的消费者需求来引导。只要消费者需要,顺应该需求的作品和发明创造就会被生产出来,从而将作品、发明创造生产所需要的一切资源配置给作品和发明创造的创造者,进而把作品和发明创造的利益也分配给创造者。只有将利益分配给创造者,

---

① 〔英〕哈耶克:《通往奴役之路》,王明毅、冯兴元等译,中国社会科学出版社1997年版,第40页。

② 杨立雄:"商品抑或礼物:新自由主义与新左派在赛博空间的对垒",《自然辩证法研究》2004年第2期。

创造者积极性增加,创造者创造的丰富知识产品就会带动经济快速发展,消费者就会获益。① 对于新自由主义者来说,知识劳动当然已不再是纯粹的文学艺术创作或发明创造的时间化历程,而其实更是一种资本、一台机器、一座企业,只有借助于知识的劳动化与劳动的知识化,才能对个人与社会进行空前规模的深度和广度上的开掘。② 这种思想促使以美国为首的西方发达国家不断地修改版权法律制度,扩大版权,侵占社会公共领域,侵犯社会公众的言论自由、受教育权和发展权。

全球都受到了新自由主义理论的影响,我国当然也不例外。受这种理论的影响,包括版权人在内的许多人认为,在有关版权交易方面,遵循合同自由原则,遵循市场决定机制,排除版权豁免的版权许可合同就不可避免地存在着。从根本上说,新自由主义主张的市场万能论,其本质是以"自由"名义对资本不受约束和管制做背书,其维护的是资产者的利益。③ 当然,新自由主义只是一种理论,一种在经济、政治等领域广泛影响着人们的思潮,它需要有各领域的具体理论和制度支持。版权人利用版权许可合同扩张其版权进而对版权豁免的公共领域的占领是在具体的理论支配下进行的。

(二)新经济增长理论

20 世纪 80 年代中后期,学术界掀起了新经济增长理论的研究热潮。包括卢卡斯和罗默在内的一批经济学家提出了新经济增长

---

① 饶明辉:"当代西方知识产权理论的哲学反思",吉林大学法学院博士论文,2006 年,第 23 页。
② 余盛峰:"知识产权全球化:现代转向与法理反思",《政法论坛》2014 年第 6 期。
③ 侯为民:"两种不同'市场决定性作用'的理论辨析——兼评新自由主义'市场决定论'的谬误",《毛泽东研究》2018 年第 3 期。

理论,该理论是建立在对新古典增长理论的基本思想进行长期研究的基础之上,是一套全新的经济增长与发展的思想。罗默的新经济增长理论(罗默模型)认为生产要素应包括四个方面:资本、非技术劳动、人力资本(按接受教育的年限来衡量)和新思想(按点子和专利权的数量来衡量)。四个要素中以特殊的知识即新思想最为重要,是经济增长的主要因素。[①] 由于知识是生产要素,能提高投资于知识的收益,会促使一国长期收益的逐渐增长。知识积累是现代经济增长的新源泉。所以,政府应该特别关注创新与进步。对于那些能够促进经济增长的要素,诸如研发(R&D)领域和知识产权保护等,政府应集中精力进行资助。[②] 对于创新的知识,新经济增长理论强调要"采用有力的知识产权法律"予以保护。

(三)产业政策理论

要"关注创新与进步"以及"采用有力的知识产权法律"都需要宏观考虑,全盘部署。于是,产业政策理论成为直接主导政府重视知识产权制度的理论。产业政策作为国家干预经济"看得见的手",是一国政府为了实现一定的经济和社会目标而对产业的形成和发展进行干预的各种政策的总和。它的实质是政府对经济活动的一种自觉干预,以实现特定的改革目标,包括通过知识产权、税收等政策,实现经济振兴与赶超、结构调整与转换以及保持经济领先地位与维持经济增长势头等。从产业政策的目标看,它是对国内社会整体利益的维护。[③] 政策与法往往有密切的联系。产业政策法

---

① 刘伯雅:"论新经济增长理论及其对现实经济的启示",《商业时代》2008年第7期。

② 同上。

③ 马治国、王渊:"现代知识产权法律制度目的之反思",《华中科技大学学报(社会科学版)》2008年第6期。

是一种宏观调控法，受产业政策理论的影响，许多发达国率先开始扩张自己的知识产权法律制度，进而主导国际知识产权法律制度的订立，如 TRIPS 协议。随后，世界各国开始考虑如何构建适合国情的知识产权法律制度。前世界知识产权组织（WIPO）总干事卡米尔·伊第莱斯（Kamil Idris）认为，知识产权是经济增长的有力工具，是经济、社会及文化发展的重要工具。[①] 在这样的国际环境影响下，我国包括版权在内的知识产权法律制度走上了扩张之路。

从以上分析可以看出，正是受到新自由主义思潮的影响，发达国家注重利益集团的私人利益，注重国家利益，追求经济的增长，在经济上出现了新经济增长理论。它强调技术、知识在经济活动中的重要性，强调要充分利用包括版权在内的知识产权法律制度。为充分利用知识实现利润的最大化，产业政策理论强调国家通过知识产权、税收法律政策干预市场经济的发展。在以上一系列理论的支撑下，各国特别重视对知识产权的保护，知识产权法律制度得以堂而皇之地扩张。版权人在这样的理论和环境下，越来越肆无忌惮地通过版权许可合同、技术措施等来创设新的规则，维护自己的版权法利益以及超版权法利益。

二、价值追求方面的原因

冲突从价值层面看表现为两者追求不同的价值目标：版权人通过在线版权许可协议和软件许可协议与用户进行交易追求的是

---

① Kamil Idris, *Intellectual Property: A Power Tool for Economic Growth*, Geneva: World Intellectual Property Organization, 2003, p.30.

效率,而版权豁免制度追求的是公平。效率和公平本身就是一对矛盾体。

(一)版权人运用新型版权许可合同追求的价值目标——效率

效率是从一个给定的投入量中获得最大的产出,即以最少的资源消耗取得同样多的效果,或以同样的资源消耗取得最大的效果。[①] 张文显教授认为现代社会的法律以有利于提高效率的方式分配资源,法律通过……承认、保护知识产权以解放、发展科学技术以及推动、保障制度创新以减少交易费用来促进效率。[②] 当今世界,英美法系版权法律制度占据主导,进而也影响了国际版权公约,包括中国在内的许多国家的版权法律制度遵循国际版权公约。而英美法系的版权法律制度追求经济利益,追求效率。现代版权法律制度已经通过制度的扩张,膨胀了版权人的利益,特别注重经济效率,而压缩了社会公众的利益。在版权法律制度价值目标的影响下,版权人为过度追求经济价值和效率而采用排除版权豁免的许可合同。从外在方面看,版权人利用版权许可合同是为了促使版权作品交易,尤其是在新媒体时代,网络技术的快速发展,有许多社会公众对作品都有需求,如果按照传统的一对一合约方式,效率非常低。采用现在的这种许可方式提高了效率,尤其是版权人在合同中规定将版权豁免排除,降低了所谓的侵权风险,减少了维权成本,与用户的交易变得快捷、方便,效率也是较传统许可方式相比提高许多。

(二)版权豁免的价值目标:公平

"公平"强调"机会均等",即尽量地将自然及社会环境对人所

[①] 张文显:《马克思主义法理学——理论、方法和前沿》,高等教育出版社2003年版,第239页。

[②] 同上书,第240—243页。

造成的不平等减少到最低程度,使大家在竞争的出发点上平等。①这实际上是追求实质的平等。为研究实质平等的具体内容,罗尔斯假定了"无知之幕"状况下由人们进行选择,由此确定了正义的原则。

罗尔斯的正义原则有两个。第一个原则是平等的自由原则。强调的是每个人都能够平等地享有社会基本自由,这个基本自由实际是公民的基本权利。第二个原则是机会平等和差别原则。包括两部分:第一部分为机会平等原则。它要求社会的各种机会对所有人开放,让他们平等地竞争,从而使那些有同等自然禀赋和同样意愿的人有同样的机会和成功的前景。第二部分是差别原则。罗尔斯强调正义意味着平等,但差别是可以存在的,差别只能在有利于最大不利者的最大利益的时候存在。他认为,第一个原则优先于第二个原则。而第二个原则中机会平等优于差别原则。②

诺齐克坚决反对罗尔斯的任何形式的再分配,认为再分配侵犯了个人自由,侵犯了个人财产权,坚持持有正义。持有正义包括两个原则:"(1)一个符合获取的正义原则,获得一个持有的人,对那个持有是有权利的;(2)一个符合转让的正义原则,从别的对持有拥有权利的人那里获得一个持有的人,对这个持有是有权利的。"③

尽管存在着诺齐克持有正义的分配观念,但是在现代社会中,罗尔斯的平等理论在大多数国家占据着主导地位。这种平等理论对于人的基本权利如言论自由权、受教育权和发展权来说是实现实

---

① 张文显:《二十世纪西方法哲学思潮研究》,法律出版社1996年版,第543页。
② 严存生:《西方法律思想史》,法律出版社2004年版,第398页。
③ R. Nozick, *Anarchy, State, and Utopia*, Oxford: Basil Blackwell Publisher, 1974, p.151.

质的平等,在此基础上追求机会的平等,同时对社会弱势群体给予特别保护和照顾,实行一定的"差别待遇"。因为,法的平等不能仅仅关注人的权利平等赋予,还要关注权利的平等实现,充分考虑人的现实差别以及消除这些差别的手段,不能仅仅关注效率,而不关注平等,这样只会造成严重的不平等,危及社会的安定。当然,平等是相对的,绝对的平等是不现实的,也是不可能的,没有差别或差别较小的社会不是一个有效率的社会。一个有差别的社会,才会有生机活力的可能。但是一个社会如果差别十分明显也不是一个健康正常的社会,贫富差距过大必然导致社会的不稳定,影响社会的正常发展。

法律为了鼓励创作,赋予创作者版权,其可以基于版权而对作品进行垄断性使用,这样有利于文化产品的快速增长,提高效率。但是任何创作都是在学习借鉴前人知识基础上进行的,而前人的知识原本属于公共领域,创作者在创作的时候也是他人作品的使用者,如果给予版权人绝对的垄断,对社会公众不公平。为了鼓励更多的人学习并创作,版权法对版权人权利进行限制,允许社会公众依照版权法的规定使用版权作品,这样的使用不用承担版权侵权责任。版权豁免制度使使用者能够自由地获取信息,本质上就是为了促进社会公平,防止版权制度成为思想和信息交流的障碍。

(三)效率与公平之间的冲突

版权人通过版权许可合同与使用者进行交易,确实提高了效率,在一定程度上给经济发展带来了活力。如果不考虑客观条件(特别是政治、经济环境),一味地、片面地强化版权人的利益,就会为垄断创造条件,强化财富的掠夺机制,弱化财富的创造机制,加速社会贫富分化。

版权法及国家的版权政策通过赋予版权人版权和加大版权人权益保护力度，以激励他们创造出更多的优秀的文化产品。但是，现阶段，各国都把对版权的保护放在了社会公共利益之前，不断加大对经济效率追求的力度。版权人在版权法和版权政策的鼓舞下，通过版权许可合同私定规则，排除版权实现道路上的障碍——版权豁免，无视社会公共利益。如果一个国家总认为效率价值居于优先位阶，是配置社会资源的首要标准，为了效率的价值目标，公平可以退居第二位，那么就可能带来一定的危险性，使效率价值失去真正目标和方向，即由谁来享受效率价值所带来的利益？现代版权制度仅仅强调经济上的效率，版权人为了所谓的效率，从采取技术措施到全方位地采用排除版权豁免的版权许可合同，这与公众通过版权豁免使用作品的冲突不可避免。

三、现有版权豁免制度制约了新媒体时代版权产业的发展

在新媒体时代，由于网络技术和数字技术的发展，版权作品能够快速传播，但是，侵权也变得非常容易。在政策层面，由于产业政策的大力支持，版权产业需要快速发展，新的版权交易模式不断出现。在这样的背景下，版权产业需要新的版权豁免制度，但是，我国现有的版权豁免制度是在网络技术和数字技术不是很发达的情况下制定的，在新媒体时代出现了一些问题，一定程度上制约了版权产业的发展。

（一）我国合理使用制度存在的问题

我国《著作权法》关于合理使用采用封闭式列举，没有判定合理使用的一般原则，遇到新问题只能牵强地用列举的合理使用情形

作出判定。我国《著作权法》关于合理使用的列举也很有限，原本应该规定的合理使用情形没有规定，新媒体时代又出现了应该给予列举的新的合理使用情形。

1. 合理使用的判定标准较为僵硬

《伯尔尼公约》、TRIPS协议和《世界知识产权组织版权条约》等国际公约已经规定了合理使用判定标准。学界把国际公约中的合理使用判断标准简称为"三步检验法"：第一步，对作品及相关权客体的使用是某些特殊情况下的使用；第二步，这种使用不得影响权利人对作品及相关权客体的正常使用；第三步，这种使用不得不合理地损害权利人的合法利益。依照这些公约的表述，对合理使用判断的这三步是有严格的先后顺序的，且必须同时满足这三个条件。

第一步"特殊情况"下的使用，要符合"合理"必须体现在两方面：一是使用目的公平、正当，即使用者使用的主观目的和行为结果是为了创作出新的作品或相关权客体，这样的目的才是公平、正当的。这样确定主要是为了实现版权法促进科学文化进步的目的。二是使用方式、范围的公平、正当，即各国在确定特殊情况时根据每种情况设计使用方式、使用范围。使用方式和范围的公平与正当与否以是否"影响权利人对作品及相关权客体的正常使用"和"不合理地损害权利人的合法利益"为界限。加入这些国际公约的国家需要将这三步检验的标准引入自己国内版权法中作为合理使用的判定标准。目前，英国、美国、欧盟、澳大利亚、日本、中国等国家和地区都采用了国际公约的三步检验法标准确定自己国家版权法中合理使用的判定标准，但在特殊情况的列举上各国规定有差异。有的采用封闭式列举，如中国、英国；有的在列举几种合理使用情况后规定合理使用判定因素,同时规定其他合理使用情形并有严格限定,如美国。美国的合理使用有两类,分别在版权法第107条、第108至110条。美国版权法第107条明确写明是合理使用,而第108至110条虽未写"合理使用",但是明确写明这些没有经过权利人许可也没有支付报酬的使用是"不侵犯版权"或"不构成版权侵权"。美国版权法同时还规定在判断对作品的使用是否合理使用时,应考虑四个要素:使用的目的与特性、被使用的版权作品的性质、被使用的部分的质与量以及该使用对版权作品之潜在市场造成影响的大小。[①]对于美国的合理使用标准,有的学者认为是开放式标准,也有的称之为因素主义。[②]实际上,美国对合理使用的情形也有列举,只是在列举的同时对所列举的情形没有在使用范围和使用方式等方面一并详细规定,而是在简单列举后规定,使用是不是合理使用要依照四要素进行判断。美国合理使用判定的四要素模式具有较大的灵活性,法官在遇到此类案件后自由裁量权较大,能够解决新媒体时代不断出现的新的涉及的合理使用问题。"美国……合理使用模式能够在不重新设计版权法情况下有足够的弹性适应新的技术、新的言论、创造和新的社会行为。"[③]美国版权法第108条至110条规定了图书馆和档案馆的复制、非营利性机构对录音制品的转移、非营利性的演出或展出、某些条件下的转播、临

[①] Julie E. Cohen et al., *Copyright in a Global Information Economy*, p.536.

[②] 于玉:《著作权合理使用制度研究——应对数字网络环境挑战》,知识产权出版社2012年版,第78页。

[③] Jennifer Urban & Anthony Falzone, "Demystifying Fair Use:the Gift of the Center for Social Media Statements of Best Practices", *Journal of the Copyright Society of the U.S.A*, 2010(3), p.338.

时性录制品等的使用行为不构成版权侵权。依据这些规定，凡是涉及第108条至110条情形的使用，就必须严格依照条文规定，不需要用第107条的四要素去判定。这是非常典型的列举方式。可见，美国的合理使用制度是列举＋因素模式。

我国合理使用判定标准采用了三步检验法。实际上，我国《著作权法》第二十二条和《信息网络传播权保护条例》第六条、第七条的规定符合国际版权公约合理使用标准的第一步，即使用是某些特殊情形的使用，《著作权法实施条例》第二十一条的规定符合国际版权公约第二步和第三步。

虽然我国合理使用判定标准符合国际公约，但是随着科技的逐渐发展，尤其是进入新媒体时代，我国1990年通过的《著作权法》规定的合理使用标准在经历了二十多年后出现了一些问题：(1)有些合理使用情形已经不符合合理使用目的或者有些情形过于粗略，如有的情形对使用的数量、范围等没有明确规定。由于媒体平台越来越多，传播方式、使用方式不断增多，复制、演绎等利用越来越便利，很多使用权利人已经没有办法掌控，有的使用虽然单个个人使用不会影响到版权人的合法利益，但是很多个人的使用就会影响版权人利益。(2)新的使用方式不能进入合理使用范畴。由于新媒体技术的出现，出现许多新的对作品的利用方式，如滑稽模仿、重混等。如果依据我国现有的版权合理使用判定标准，这些新的使用方式可能是侵权的，但是这些使用又是作品创作的新方式。作为法律制度不应该扼杀创新，相反应该鼓励和保护创新，这样才能符合版权法的目的。但是由于我国版权合理使用制度中判定标准的第一步是封闭式列举，影响了将新的可能是合理的使用纳入到合理使用范畴，这种规则主义的封闭式列举的立法模式已经不能为我们运用合理使用制度提供一个具体的指导。①

2. 个人复制问题

复制权是著作财产权中最为核心的权利。因为对作品的复制将会使作品数量不断增多，但未经许可的复制品往往并不能被版权人控制，从而替代原本由权利人能够控制并能从中获利的复制。而版权控制的其他使用行为大多也是以复制为基础而进行的，复制是其他使用行为的前提。其他对作品未经许可的使用行为虽然也会减少人们对作品的需求，但不会影响到作品的市场规模，最常见、对版权人的经济利益损害最大的行为也多与未经许可的复制作品有关。所以，只要能够有效地保护复制权，就能基本维护版权人的经济利益。②因此，必须存在一个严格规范、合理界定个人复制的合理使用范围，以确保版权人与社会公众利益能够平衡。

但是，如今各种传播媒体层出不穷，复制技术不断创新，使用方式多种多样，数字作品大量出现，使得以复制为基础的各种合理使用都出现了或多或少的问题。况且，我国关于个人复制的规定比较宽泛，在1990年制定《著作权法》时，传播技术不发达，计算机还没有兴起，复制条件、复制方式十分有限，对作品的使用手段不多、使用范围不广、使用的量不大，且还没有出现数字化作品。所以在当时规定个人为了学习、研究或欣赏目的，采用任何方式使用已经发表的作品都是可以的，对权利人的利益不会造成非常大的损害。这个规定维护了社会公众受教育权和发展权，在当时能够使社会公众利益和权利人利益处于相对平衡之中，是合理、正义的制度。

---

① 李雨峰：“表达自由与合理使用制度”，《电子知识产权》2006年第5期。
② 王迁：《著作权法》，中国人民大学出版社2015年版，第164页。

但是，新媒体时代数字作品大量涌现，仍然使用1990年的《著作权法》中的合理使用条件来调整数字作品之上的版权人与社会公众之间的利益关系，必然会导致版权人的作品被大量使用，利益受到损害。

单就个人复制而言，当今数字作品的复制非常便利、成本低廉，复制的主体范围广泛，普通的消费者均具备私人复制的一切条件。此外利用数字技术得到的复制品与原作几乎没有差别，这样的精确复制对原作品具有更强的替代性，严重影响了版权人的经济利益。究其原因除了盗版之外，处于互联网末端的普通用户对数字作品进行的大量免费的下载与复制行为更是不能忽视的一个原因。网络用户下载数字作品后，将这些下载的数字作品通过各种社交软件能够很便利地广泛传播。

这其中，对版权人利益影响最为密切的有以下三方面：

首先，数字技术带来了海量储存与广泛传播。在20世纪90年代，模拟技术下的复制只能针对特定的有形制品，复制的规模有限，存储的作品也有限，版权人能够控制复制状况。但是在数字技术背景下，利用数字技术可以在一个很小的电脑空间存储海量的作品，也会使海量的复制品瞬间出现，瞬间传播到世界各地，完全不受版权人的控制。

其次，复制主体范围广泛分散于互联网的末端，这就直接导致了侵权主体难以确定，为版权人权利的救济造成了障碍。无法确定来源的任意复制与海量的下载行为背后是无法识别具体侵权主体的海量普通用户，逐一去起诉显然是不现实的，况且针对单个的私人复制行为版权人也难以举证其遭受的具体损失。更有学者指出："在版权交易中作者通常是弱势的一方，既得不到报酬，也得不到合适的期限和条件，这种情况已不是什么秘密了"。① 可以说，私人复制行为已经使得版权人享有的专有权变为无法兑现的空头支票，这显然背离了版权法利益平衡原则的初衷。

最后，数字技术使得复制行为的商业性与非商业性分野变得模糊。传统意义上的私人复制行为因其技术手段限制，普通的印刷或者翻录都需要具备一定的工具或者设备，当利用这些设备进行复制时复制的数量可以作为判断其是否具有商业目的的重要标准，如大量的翻印、翻拍、翻录行为是可以被推定为具有商业目的的。然而，数字技术下的复制行为主要通过互联网下载或P2P直接传输，复制的数量与过程均无从追查与考证，这就将侵犯复制权的行为与合理使用中的私人复制混为一谈难以区分。

除此以外，个人复制中还有一个问题，我国对个人使用方面的规定没有限制数量，出现了大量的学生整本书复印的现象。调研发现，在许多高校，某个课程的教材一个班只有少数几个学生购买，其他学生借这个教材到复印店复印，定价30多元的教材复印本只需要10元左右。按照每学期7门课计算，教材费大约需要近300元，一年需要近600元，而复印件只需要200元左右。很多学生认为，教材只用一学期就不再用了，花30多元买一本教材划不来，节约下来的钱可以买一些专著或者自己感兴趣的书阅读。如果为了个人学习目的不论采用什么样的方式，也不论复制者复制多少份，这可能会在一定程度造成版权人的损失。

至于"为了欣赏"目的使用他人作品是否为合理使用，许多研究者认为网络宽带技术使得数据传输速度加快，使个人能够大量下

---

① 张今："数字环境下的版权补偿金制度"，《政法论坛》2010年第1期。

载作品。欣赏往往更多地针对电影、电视剧等艺术类作品，以欣赏为目的大量下载电影、电视剧作品的行为以"三步检验法"来判定，是不符合合理使用标准的。原因在于网上传播的音乐和电影数字作品在质量上接近原版，大量网络用户未经版权人许可下载大量的音乐及影视剧作品后，就不会再去买正版作品，导致损害版权人的经济利益。因此，个人的合理使用规定中应该将为了"欣赏"目的删除，我国国家版权局的《著作权法（修订草案送审稿）》也删去了"欣赏"二字。笔者认为，为了个人欣赏使用版权数字化作品确实会损害版权人利益，但是，在数字化时代，为了"学习、研究"目的海量地下载数字作品也同样会损害版权人利益，欣赏的对象不仅仅是音乐、影视剧，还包括其他各类作品。不能因为数字化时代出现了大批量复制就把传统的对非数字化作品的"欣赏"从合理使用中排除出去，这不利于维护社会公众的利益。问题的关键在于作品已经由传统的有一定有形载体承载变成了无体化的数字化作品。数字化使作品的承载不需要有形载体，一个小小的文档就能存储大量作品，鼠标轻轻一点就能使数字作品瞬间传遍全球。可喜的是，2020年4月30日全国全国人大常委会公布的《著作权法（修正案草案）》并没有删除"欣赏"二字。《著作权法修正案（草案二次审议稿）》和修改后的《著作权法》也没有删除"欣赏"二字。

3.引用与转换性使用问题

关于引用的合理使用，存在的问题便是"在作品中适当引用"的"适当"的标准问题，引用一篇文章的多少才算作适当。关于标准问题，《著作权法（修订草案送审稿）》中改为"引用部分不得构成引用人作品的主要或者实质部分"，这样的限定相对于"适当"就要明确得多。但是，《著作权法（修正案草案）》《著作权法修正案(草案二次审议稿)》和修改后的《著作权法》并没有接受《著作权法(修订草案送审稿)》的修改,仍坚持了现行《著作权法》的"在作品中适当引用"的规定。

在判断引用是否适当时,应当特别注意对原作的使用是否构成"转换性使用",以及"转换性"的程度。所谓"转换性使用",是指对原作的使用并非为了单纯地再现原作本身的文学艺术价值或实现其内在功能或目的,而是通过增加新的美学内容、新的视角、新的理念或通过其他方式,使原作在被使用过程中具有了新的价值、功能或性质。[①] 由于技术的发展,新媒体时代的到来,出现了许多以前不被重视的对数字作品的引用使用模式,如戏仿、讽刺和模仿等。bilibili(简称B站)、抖音、快手等平台出现了大量的戏仿、讽刺和模仿,其中,B站的"鬼畜"最为典型。这些网站吸引了大量的用户,成为年轻人新的娱乐和交际方式,2018年8月11日晚上8点B站在线人数3785337人,我们必须正视这种现象。这些形式的使用,不符合现有的《著作权法》中引用情形的合理使用,也不符合《著作权法(修订草案送审稿)》中修改后的关于引用情形的合理使用。但是,却是新媒体时代人们作品创作的一种方式,是人们表达思想的新方式。

对于戏仿,学界有不同意见。认为戏仿作品侵权的一方主要依据有:(1)擅自改变作品,侵犯了版权人的改编权。(2)戏仿作品复制、汇编和在网络上传播了原作品,因而侵犯了版权人的相应权利。(3)戏仿作品歪曲、篡改了原作的思想观点,侵犯了版权人的修改权和保护作品完整权……。认为戏仿的创作不侵权的一方主要依据

---

① 王迁:《著作权法》,第334页。

有：(1)戏仿创作人是以个人学习、研究、欣赏或者以介绍评论为目的的使用作品，一般不从中谋取任何商业利益，属于合理使用行为。(2)戏仿中有诸多创作者的独创性劳动，戏仿作品与原作品相比不仅形式上有区别，内容上更有本质不同。(3)戏仿不会影响版权人名誉及作品本身的声誉。(4)按国际惯例，许多国家规定戏仿是对版权的限制。

下面以戏仿为例说明这种使用应该规定为新的合理使用情形。

戏仿在英语里的写法是"parody"，《牛津高阶英汉双解词典》中将其规定为名词和动词，当其作名词用时，含义一是滑稽模仿作品，包括文章、音乐作品或表演的滑稽仿作等。含义二是拙劣的模仿，荒诞不经的事。当其作动词用时，含义为滑稽地模仿，夸张地演义。[1]《布莱克法律词典》中将其界定为一种广为人知的以对原作进行讽刺、嘲弄、批评或者评论为目的的转换性使用，而不是仅仅提及原作以引起人们对于后来之作的关注。[2]波斯纳引证了关于戏仿的一段这样的描述："最高的戏仿可以定义为一种诙谐的、美学上令人满意的……作品，通常不带有恶意，通过严格受控的歪曲，一部文学作品、一个作者或一个流派或一类作品的主题和风格的最突出特征被另一种方式表达，而这种方式会导致对原作的一种含蓄的价值判断"。[3]对于戏仿一词可以进行拆分，"戏"一词在《辞海》中的第三个含义为嘲弄、调笑、逗趣。具体到戏仿，应不仅仅是嘲弄、逗趣，有的戏仿作品表达的是对于现实生活的辛辣讽刺，或者

---

[1] 《牛津高阶英汉双解词典》，商务印书馆、牛津大学出版社2009年版，第1448页。

[2] 《布莱克法律词典》，北京市图书进出口有限公司1990年版，第533页。

[3] 朱苏力："戏仿的法律保护和限制——从一个馒头引发的血案切入"，《中国法学》2006年第3期。

是对现实生活的真实写照，抑或者是对经典作品表示敬意，如《星球大战》对于《绿野仙踪》部分内容的戏仿就表现了这一点。而"仿"字，《辞海》中有三种解释，与戏仿一词相关联的主要是前两种含义，分别是第一种含义"仿效、效法"以及第二种含义"相似"。另外《辞海》中还对"仿拟"一词进行了解释："修辞学上辞格之一。故意模仿套拟某种既成的语言格式，多用于讽刺嘲弄。如鲁迅先生就有一首这样的讽刺诗《伪自由书·崇实》，'阔人已骑文化去，此地空余文化城。文化一去不复返，古城千载冷清清。专车队队前门站，晦气重重大学生。日薄榆关何处坑，烟花场上没人惊。'这是套拟崔颢的《黄鹤楼》诗而成的。"这种文学上的修辞手法应当是法学中"戏仿"的来源之一。综上，戏仿是指以原作品为手段或者目的，通过作者独创性的构思，将原作品的片段置于不同的情境之中，造成视觉上的错位和冲突，以达到幽默、调笑，或者是对于原作的批评、评论、讽刺、致敬，抑或是对于社会现实的深刻反省的目的。

戏仿对原作品的使用为转化性使用，并且与原作品具有较大的差别。"戏仿"往往将原作的大量内容甚至是"核心"内容以"模仿"的方式使用。这种模仿使用看似超出了适当的限度或者引用部分构成引用人作品的主要或者实质部分，但是"戏仿"只有大量使用原作中的内容，引起人们回忆起原作品中的表达，并对原作进行再创造以使人们对两部作品边观看边对比，树立起批判的靶子，从而达到对原作讽刺的效果。

戏仿作品不同于改编作品。改编作品就是保留原作品基本表达基础上的创新表达，原作中有价值的东西被保留了下来，其文学艺术价值通过另一种形式得以彰显。戏仿作品与改编作品的共同之处在于二者都大量地使用了原作品的内容，并且戏仿作品很多情形下使用了原作品的实质性内容。二者的不同之处在于,一是创作方式的差异。戏仿作品通过对于原作品中内容的引用,一方面唤起受众对于原作品的回忆,另一方面通过将原作品的片段置身于不同的情境之中,达到反差的效果,比如将原作品中卑劣的人物用赞美、神圣的语言来实现"升格",或者将本来圣洁的对象用粗俗的语言来实现"降格"。[①]而改编作品是改变原作品的文学艺术的表现形式,保留原作品基本表达的情况下,通过改变原作品创作出新作品,如将小说改编成电影或者改编成戏剧。二是与原作品的关系不同。戏仿对于原作品片段的使用,或出于手段,或出于学习目的,或表示抨击,总之与原作品所要表达的主题没有关联,或者更形象地来说,是站在局外人的角度来重新审视原作品,其所欲表达的观点往往与原作品截然相反,是对原作品的讽刺。而改编则是通过对于原作品的人物、情节的承继,虽有改动,但是其所有的改动都围绕原作展开,其核心思想与原作一脉相承,无论如何改编,其最终要回归原作的主旨。

现有的《著作权法》合理使用规定及修改后的《著作权法》的规定不适用于戏仿。如果将其归为评论某一作品,由于戏仿的特殊性,其往往大量引用原作,并且引用的部分会出现原作的实质性内容,这与法条规定的"适当引用"出现衔接上的困难,也不符合《著作权法(修订草案送审稿)》规定的"引用部分不得构成引用人作品的主要或者实质部分",如《一个馒头引发的血案》中对于原作《无极》情节的大量引用,很难说这些贯穿原作的起架构作用的情节不是原作的实质性内容。

[①] 吴高臣:"论戏仿的法律保护",《法学杂志》2010年第10期;约翰·邓普:《论滑稽模仿》,项龙译,昆仑出版社1992年版,第2页。

我国《著作权法》应该设置专门的戏仿合理使用情形。戏仿是当代人面对社会压力时的自我娱乐，是对市场上作品鱼龙混杂现状的冷静思考，更是市场经济下文化大家庭的重要一员。戏仿有利于鼓励创作、繁荣文化市场；戏仿具有一种特殊的产品质量控制的功能，通过对作品的讽刺，也有利于促进资源优化配置，淘汰劣质作品；戏仿增多意味着转型中国正在生长的一种新的思考问题和表达感受的方式，我们必须正视这种现象，并对这种现象中的行为予以规范。戏仿以及与之相关的调侃，事实上已经成为中国都市比较年轻的知识群体（俗称"白领"和"小资"们）中一种常见且有效的人际交流方式，一种可能因某种自我怀疑、自我限制而变得温和的批评或表达异议的方式。它不那么坚定、崇高，但恰恰因此也就避免了更激烈的冲突。[①] 正因为如此，我国《著作权法》需要考虑戏仿这种合理使用。

4. 教学使用问题

关于教学使用的合理使用情形存在的问题，我国学者已有研究指出：(1)教学使用应限定为非营利性。(2)作品使用的方式应不仅限于翻译、复制和网络传播，播放、表演、改编等行为也都应该被允许，因为播放、表演、改编都是正常教学行为，如果把这些行为认定为侵权，让人难以接受。(3)对使用方式应进行界定，明确使用他人作品场所、使用数量"少量"的界限等。(4)教学使用的主体限于教学人员，不允许教学人员将作品少量翻译或复制后发给学生，如果教师将某著作中很少部分复印给学生，以便学生学习，那么，老师的这种复印行为不是合理使用，因为少量复制后不是供教学人

[①] 朱苏力："戏仿的法律保护和限制——从一个馒头引发的血案切入"。

员使用。但如果认定为侵权,同样让人难以接受。[①]让人欣喜的是,修改后的《著作权法》在此种合理使用方式中增加了"改编、汇编、播放"方式。

5. 馆舍使用问题

"图书馆、档案馆、纪念馆、博物馆、美术馆等为陈列或者保存版本的需要,复制本馆收藏的作品"的规定只是强调了这些馆舍陈列、保存版本需要复制馆内作品的合理使用,而数字化时代,这一规定出现了许多局限性,尤其是图书馆面临着许多因数字作品而引发的侵权问题。(1)图书馆不能够对其馆藏的作品进行数字化复制。传统上,图书馆可以将购买的馆藏作品提供给读者,但是依据我国《著作权法》,图书馆对其馆藏作品进行数字化复制以提供给读者是不允许的,如图书馆将馆藏作品数字化必须经过版权人同意,读者对数字形式的信息的所有获取和使用都需要付费。目前《著作权法》的规定一方面严重限制了图书馆向用户提供信息的能力,另一方面限制了读者获取信息。如今作品数字化和在线阅读日益普及,人们的阅读方式和阅读习惯改变后,为满足公众在线阅读的需求,履行其为公众提供信息和传播知识的职能,图书馆需要对其馆藏作品数字化复制的合理使用。中国人阅读量本来就少,如果公共服务机构还不能跟随上时代的变化,跟随上人们的阅读方式变化,就会导致中国阅读的人越来越少,最终会影响公民的文化素质及整个社会的发展。(2)图书馆不能为读者复制少量作品。现实中,图书馆都配备有复印机为读者的复制提供便利。那么,图书馆是否有对作品复制的权利?我国《著作权法》规定版权人享有复制权,其他

---

① 王迁:《著作权法》,第351页。

人若要对版权作品进行复制需要经过版权人同意，法律限制除外。我国对图书馆方面使用而限制版权人权利的只有《著作权法》第二十二条，但是这条规定是图书馆只有在为了保存版本需要时才能复制馆藏作品，为了读者需要而复制馆藏作品不属于该条合理使用范围。如果依据个人为了学习、研究需要而使用版权作品这一项合理使用，也存在问题，这一项规定适用于使用者个人复制，而多数图书馆提供复印机是为读者复制。再则，读者复制的目的是否为了学习、研究图书馆是难以考察的。另外还有复制份数问题。

（二）法定许可制度存在的问题

我国《著作权法》第三十三条第二款规定了报刊转载的法定许可，这个规定明确了法定许可的转载只适合于报刊相互之间的转载，不适合于下列情形的转载：(1)书籍之间；(2)报刊与书籍之间；(3)网络之间；(4)网络报刊之间。但是，我国大量出现网络互相转载及网络报刊之间转载现象，我们不能无视这种现象，即使有些网站将转载自己网站上作品的其他网站起诉，并且这样的诉讼非常多，①也阻挡不了这样的转载。现在没有这样的转载法定许可，不符合现实需要，不利于信息的自由迅速传播，还浪费了大量的行政、司法资源。2018年10月国家版权局在京约谈了今日头条、百度百家号、微信、东方头条等13家网络服务商，要求其进一步提高版权保护意识，规范网络转载版权秩序。②自2013年以来，国家版权

---

① 今日头条多次被诉转载侵权，如被广州日报、现代快报及其他传统报社起诉或投诉。李钢、胡亚平："广州日报起诉今日头条称侵权案胜诉率100%"，《广州日报》2014年6月7日；贺齐："违法转载4篇新闻稿件，今日头条被判赔10万元"，《三湘都市报》2018年10月17日。

② 同上。

局每年采取专项行动打击网络侵权,其中就包括针对网络转载的行为。最高人民法院曾于2001年颁布(2004年修订)的《最高人民法院关于审理涉及计算机网络著作权纠纷案件适用法律若干问题的解释》的第三条规定了网站之间及网络报刊之间可以转载。但由于大多数网站转载后极少向作者付费,且国外也很少有网络转载法定许可的规定,于是,最高人民法院删除了网络转载这一条。修改后的《著作权法》第三十五条仍只规定了报刊间的转载。笔者认为,不应因为国外很少有规定就不规范这种新现象,不应因为大多网站转载后没有付费而删除这样的规定。应该正视网络转载这种现象,朝着有利于创作、有利于作品传播和信息自由流通方向去立法。

(三)发行权穷竭制度存在的问题

发行权穷竭是版权法针对发行权所做的限制,是版权人自己或经其许可或依法律规定制作的原件或复制件经版权人许可销售、赠与或其他处分后,版权人对于该作品进一步的转售、赠与或其他处分无权再进行控制。学者们大多认为,发行权穷竭是基于新媒体时代之前作品必须依附于有形载体,有形载体被消费者买到以后,消费者对此享有了所有权。当消费者对有形载体进行所有权处分时,由于这个有形载体还承载着作品,消费者对作品不享有版权,而是版权人对该作品享有版权中的发行权,有形载体之上的所有权客体指向的是这个有形载体,而有形载体承载作品的发行权的客体都指向了这个有形载体之上的作品,而作品与载体此时又不可分离,于是,有形载体的所有权人行使所有权与版权人行使发行权发生了冲突。为了实现作品的自由流通,同时也因为版权人在行使第一次发行权时已经获得了一定利益,所以许多国家版权法对于经过版权人许可而发行的作品原件和复制件之上实行版权人发行权穷竭。该制度严格要求作品的原件或复制件必须是版权人授权或依据法律规定制作的，且原件或复制件经过版权人许可或依法律规定而发行。虽然我国的《著作权法》中没有明确规定发行权穷竭，但在实践中，该制度为人们所遵循。

随着数字技术的不断发展，互联网不断的普及，传统基于"有形载体"的信息、知识的传播方式被改写，数字环境下信息的传播速度加快，传播范围更广、受众面更大，极大地丰富了人们的知识和信息，传统"有形载体"下产生的"发行权穷竭"受到了巨大的冲击。如音乐、电子书、电影、软件能否不受版权人的干涉再次转售，不少版权人主张基于数字化网络上传和下载的作品不适用发行权穷竭，一些国家的司法实务也否认"无形载体"的作品适用发行权穷竭，但有的国家在司法实务中对数字作品仍适用发行权穷竭。理论界对此也有争议，各执一词。

学者们提出数字化条件下对"发行权穷竭"主要有以下几个问题：

（1）载体问题。基于"有形载体"的作品要转让必须随同载体一同转让，而对于"无形载体"的作品是再次销售，在不转移载体的情况下即可完成作品转移，此种情况是否还可以继续适用发行权穷竭。

（2）复制问题。数字作品依托"无形载体"，其转让必然伴随着新的复制件的产生，此时是否侵犯了权利人的复制权，而发行权穷竭是不得侵犯版权人的其他权利，此种情况又该如何解决。

（3）利益平衡问题。"有形载体"下的发行权穷竭是为了限制版权人对后续处分行为，以保护受让人自由处分其权利，保持二者的利益平衡。数字化时代，作品几乎是永久存在一般不会灭失，也不会老化蜕变,因此有人担忧二次销售会和第一次销售争夺市场,而损害版权人的利益。在数字环境下如果继续适用权利用尽原则是否会导致利益失衡。

(四)反向工程制度存在的问题

计算机软件反向工程是通过技术手段对从公开渠道取得的产品进行拆卸、测绘、分析等而获得该产品的有关技术信息。[①] 主要是对他人计算机软件的目标程序进行反编译、反汇编等,以获得他人软件产品中的思路、原理、算法、操作方法等,从而在此基础上进行新的软件设计。如开发兼容性产品或开发替代性产品,这是软件行业创新常见的做法。对于软件产品中的思路、原理、算法和操作方法等,依据版权法中的思想与表达二分原则,是不保护的。我国《计算机软件保护条例》第六条规定"对软件著作权的保护不延及开发软件所用的思想、处理过程、操作方法或者数学概念等。"[②] 因此,为了实现《计算机软件保护条例》促使软件产业发展的目的,促进创新,应该允许为了研究目的对软件反向工程。美国、欧盟、日本、韩国都立法规定可以对软件进行反向工程。但是,我国《计算机软件保护条例》只是在两个条款中涉及到反向工程。第十七条规定了"为了学习和研究软件内含的设计思想和原理,通过安装、显示、传输或者存储软件等方式使用软件的,可以不经软件著作权人许可,不向其支付报酬。"[③] 第十六条第三项规定"为了把该软件用于实际的计算机应用环境或者改进其功能、性能而进行必要的修改;但是,

---

[①] 《最高人民法院关于审理不正当竞争民事案件应用法律若干问题的解释》第12条第2款。
[②] 《计算机软件保护条例》第六条。
[③] 《计算机软件保护条例》第十七条。

除合同另有约定外,未经该软件著作权人许可,不得向任何第三方提供修改后的软件。"① 这两条规定都涉及的是为了学习、研究目的和修改软件目的的反向工程,但是对于开发兼容性产品和替代性产品的反向工程是否可以进行,我国法律却没有规定。

四、版权法规定的缺失与合同法的强势

版权法与合同法原本属于两个不同的法律领域,版权法是调整因作品而产生的关系的法律,合同法是调整平等民事主体之间交易关系的法律。但是,版权法与合同法有交叉。版权法和合同法都是私法,版权法不仅涉及版权产生、管理和保护,还涉及版权的运用,因为每一项版权都控制着一种作品的使用形式,所以版权的运用实际就是对作品的使用。版权法的活力就体现在对作品的使用上,作品的使用方式之一就是许可使用,为此,版权法专门规定版权的许可使用。我国《著作权法》关于许可使用规定在第三章第二十四条,主要对合同条款作了建议性规定,而对于合同的其他方面遵循合同法的规定。合同法规范的是当事人与交易对象进行交易过程中涉及的关系,而作品属于法律允许的交易对象,所以当事人对作品进行交易时,交易过程中涉及的权利义务关系都受到合同法的调整。在传统媒体环境下,作品借助物质载体而存在,作品的交易及传播大多需要连同载体转移,因而版权人一定程度上还能够控制作品。况且,即使被许可方进行侵权使用,因复制和信息传播技术限制,其侵权范围和影响不是太大,因此,版权人通过常规的许可合同条

---

① 《计算机软件保护条例》第十六条第三项。

款就可以约束被许可人。

但是,随着网络技术和数字技术的发展,数字化的作品可以不借助有形物质载体快速、广泛地复制和传播,复制和传播都变得非常容易,版权人和传播者都难以控制作品。而版权法的滞后导致版权人和准版权人难以运用该法律保护自己权利,于是版权人或准版权人利用版权许可合同对作品进行控制和保护,使许可使用成为使用人接触和获取作品的唯一方式。因合同利于追求经济效益,合同法又规定了合同自由原则,符合版权人或准版权人追逐利益的需要,于是合同法便成为版权人或准版权人遵循和运用的首要准则。同时版权人或准版权人掌握技术和作品资源成为强势一方,版权人或准版权人坚持合同自由原则,自由地通过合同设定作品的使用方式或使用范围,甚至包括对不受版权法保护的信息的使用。通过许可合同,版权人对作品的控制几乎变成了绝对控制,绝对垄断。

但是,版权法不允许版权人对作品的绝对控制和绝对垄断,为维护社会公共利益而对版权人权利进行限制,对社会公众使用作品给予一定的许可,并豁免公众使用后可能承担的责任。虽然《民法典》第一百五十三条规定了违反法律、行政法规的强制性规定的合同无效,但是,对于版权限制的情况,我国版权法没有赋予强制性效力,所以版权人或准版权人肆无忌惮地通过许可合同排除版权限制。这样,合同法便在作品交易中优于了版权法。合同法已经超越版权法成为保护信息权利的主要法律,而版权法中的限制性条款已被认为是选择性条款而能够被合同条款所架空。[1] 正因为版权法规

---

[1] Julie E. Cohen, "Copyright and the Jurisprudence of Self-help",13 *Berkeley Tech. L. J.* (January, 1998),p.1090.

定的缺失和合同法的强势而使新媒体时代版权豁免与版权许可合同之间的冲突不可避免。

第二节　新媒体时代版权豁免与版权许可合同冲突的实质

一、新型版权许可合同的许可方追逐利益

（一）版权法维护传播者利益的历史发展

知识原本是无限的，不稀缺的，但是为了激励人们给社会提供更多的知识产品，需要对创造知识的人进行保护，而各种保护方式中只有法律保护最为稳定、可靠。能够成为法律保护对象，必须具备几个条件：（1）人类需要而有价值；（2）稀缺性；（3）可转让性。知识满足第一个条件，但是不满足"稀缺性"和"可转让性"条件。于是，人们通过设计作品的构成条件从而使一部分知识变成了受法律保护的对象，这样，知识的稀缺性就被设计出来，"可转让性"随着稀缺性而产生。通过法律对符合作品构成条件的知识的赋权，知识就变成了财产。一部分知识从原来的不稀缺变成了稀缺，从原来的公共领域变成了私人财产，这样人们对知识就有了有知识财产还是无知识财产之分。而作为人们的财产，这个财产只有使用，其价值才能实现。此时，就需要如物质财产流转一样的流转系统。于是，法律又设计了一套专属于知识财产的流转系统。在这个设计之中，作为使财产能够流转起来的中间商必不可少，这就是传播者，并且这套流转系统中，传播者起着至关重要的作用。因为知识的使用不

是创造者本人,知识被创造出来,是给他人学习、使用的,从来没有人创造知识是为了自己学习、使用。所以,知识被创造的目的是为了他人。尤其是法律将知识设定为财产后,创作者更是希望自己创造的知识能够传播出去,变现为精神的或者物质的利益。这也是法律设计最初的目的,即以赋权方式让创作者获利从而激励创作者。如何让社会公众获得知识,此时,传播者最为重要。

英国《安娜女王法》是世界上最早的版权法,在设置知识成为财产的制度没有出现之前,知识的传播最初是出版商。当时在英国,对知识进行印刷传播是专卖的形式,由指定的出版商出版,这种情况持续不久,其他一些出版商及他人悄悄印刷图书,后来发展到越来越多的出版商对图书进行印刷,查处也比较困难。为了从图书印刷市场中获利,许多没有专卖许可的出版商开始呼吁知识是创作者创作,要尊重创作的人,给予他们保护,创作者也纷纷参加到争取权利的行列。在这样的情况下,英国最终出台了世界第一部版权法《为鼓励知识创作而授予作者及购买者就其已印刷成册的图书在一定期限内之权利法》,即安娜女王法。该法中的"购买者"指的是从作者处购买作品的印刷商和书商。作者们获得版权后,出版商便鼓动作者将版权许可给他们使用。由此,创作者的权利由法律创设出来,而借着给予创造者利益保护的理由,出版商们可以继续垄断出版。法国的"作者权体系"的版权法出台也同英国形似,最终是出版商假借维护创作者利益之名来维护自己的利益。

以上版权法产生的历史说明,版权法在产生之初不是为了维护作者的利益,而是出版者为了自己的利益假借作者之名保护自己的法律制度。19世纪至20世纪,随着电子技术的发展,传播手段增多,为社会公众获得作品提供了便利,传播者纷纷要求给予自己的传播专门的保护。最终,1961年在国际上形成了《保护表演者、录音制品制作者和广播组织国际公约》(即《罗马公约》),这样便形成了与保护创作者利益平行的保护传播者利益的体系。在此后,从制度上,创作者的权利和传播者的权利一样重要,给予同等的保护,以维护版权法体系内的利益平衡。但是在实践中,创作者的利益并没有版权法追求的那样与传播者利益平衡,尤其到了新媒体时代,这种不平衡越来越严重。版权法上的保护不是给作者的,而是给出版商的,其来自于作者通常所赋予出版商的独家授权。在历史上,是出版商领导了有关版权立法的斗争,这使得他们可以获得排他权利。[①]

(二)新媒体时代版权法维护广义传播者[②]利益的表现

创作者通过版权法获得的利益远远不及传播者,主要体现在以下三方面:

(1)通过许可传播者传播作品,传播者获得了"准版权",创作者利益减少。虽然版权法赋予了创作者许多版权及较为严格的保护,但是,创作者没有传播作品的能力,其权利的实现有赖于传播者。创作者要实现其知识的财产权,就要许可其作品的使用。实践中,许多作者将版权通过专有许可方式"准转让"给了传播者,传播者取代作者享有了"准版权人"的地位。例如,许多期刊社通过

---

① Stephen Breyer, "The Uneasy Case for Copyright: A Study of Copyright in Books, Photocopies, and Computer Pro-grams", *Harvard Law Review*, Vol.84, No.2, (1970), p.292.

② 实际上,作品的传播者除了传统的出版者、录音录像制作者、广播电台电视台和表演者等狭义的传播者以外,那些依据版权法的规定通过转让方式获得版权的公司也在传播作品,也可以看作是传播者。

稿约或发表协议的方式,规定作者所投稿件一旦发表,稿件的版权归期刊社或者表明作者授权期刊社进行使用等,在网络平台的签约创作者加入某一平台进行创作前,平台提供的在线合同中规定加入者所创作的作品作者授权平台使用;作者与出版社签订合同出版图书时,出版社提供的合同中规定出版社对图书有使用权。这些合同没有约定使用的期限,而现实是这些传播者往往就长久地获得使用这些作品的权利。

(2)在20世纪后期,各国为促使作品能够传播,不仅赋予传播者权利,而且在版权法中规定投资者也可以成为版权人。这主要表现为两方面:一方面是关于委托作品和职务作品的规定。在法国知识产权法典里,职员被委托或被雇主安排进行创作所完成的作品,除合同另有利于雇员的约定外,都属于雇主所有。美国为保护投资于创作的产业者利益,从实用主义和功利出发,规定雇佣作品的雇主为作者。关于职务作品和委托作品的归属我国《著作权法》规定得比较清楚,其中,特殊职务作品的经济权利由创作者的受雇单位享有,委托创作的作品约定为委托人享有的归委托人。作品的真正创造者被剥夺了对作品的权利,只能从其雇主(投资者)那里获得工资、奖励等报酬。另一方面,版权法规定版权可以转让,通过买卖或投资,法人单位或社会组织可以成为版权主体。"事实的真相是,目前知识产权制度在激励创造者产生创新动力方面做得很差。绝大多数知识产权不是掌握在最初的创造人手中,而是掌握在大公司手中。大公司通过一系列的买入、卖出、兼并和并购的过程来获取知识产权组合。保护知识产权的理由是如此依靠创造者与其创造的成果之间的个人联系,这一保护理由未能以任何方式说明知识产权商业化的结果,因为在知识产权商业化的过程中,创造者往往与他们所创造的产品分离,而且只得到很少的报酬"。①比如,在美国微软公司(Microsoft)开发的众多产品之中,总裁比尔·盖茨并不是智力产品的发明人,他没有编写磁盘操作系统程序,但他却是通过公司运用版权保护其产品的成功商人。现今社会,公司或企业实际上已经成为版权主体中最主要的组成部分,并逐渐成为一个统一的利益集团。依据法律规定或者通过版权转让方式成为版权主体的投资者或企业,通过版权获得的利益远远大于真正的创作者。虽然这些投资者或企业雇佣他人或委托他人完成作品后或通过转让获得版权,都要付给创造作者一些奖励或报酬或佣金或转让费,但相对于投资者或企业利用版权获得的利润而言是非常少的。

(3)许多在平台进行创作的作者的版权被平台强行以在线许可协议的方式享有了没有期限限制的版权使用权。用户创作内容(UGC)是新媒体时代流行的创作方式,是用户在网络上公开发表自己通过非专业性路径和方式创造的有一定创造性的作品,如用户在微博、微信、视频网站或专业创作平台上创作或发表文字、音频、视频、图片等作品。②用户既是平台内容的浏览者,也是平台内容的创作者和传播者。对于用户的创作内容符合版权法的规定的依照版权法应该属于用户所有,用户对于自己创作的内容拥有版权并有自愿许可与否的权利。但是,许多平台通过二选一的在线服务协议,规定用户授予平台对用户创作的内容上的版权享有全球范围内的使用权,而且这种对版权的使用是免费的,有的甚至明确规定

---

① 〔澳〕彼得·达沃豪斯、约翰·布雷斯维特:《信息封建主义:知识经济谁主沉浮》,刘雪涛译,知识产权出版社 2005 年版,第 15 页。

② Organisation for Economic Co-operation and Development, "Participative Web and User-created Content:Web 2.0,Wikis and Social Networking", 2007-03-30,http://www.doc88.com/p-0083222339328.html.

是无期限限制并且还是不可撤销的。如《喜马拉雅服务使用协议》规定"用户点击同意本协议，即表明该用户主动将其在任何时间段在本网站发表的任何形式的内容的著作财产权无偿授权给喜马拉雅公司使用，喜马拉雅公司有权通过喜马拉雅网（www.ximalaya.com）、'喜马拉雅 FM'移动客户端、喜马拉雅车载客户端及喜马拉雅开放 API/SDK 平台对前述内容进行复制、下载、编辑、修改、展示及网络传播。"[1]《豆瓣使用协议》第十条规定"你在豆瓣网上传或发布的内容，……你点击同意本协议，即表明你同意授予豆瓣所有上述内容在全球范围内的、免费的、不可撤销的、无期限限制的、可再许可或转让的非独家著作财产权使用权许可。"[2]《抖音用户服务协议》中规定："10.3 您知悉、理解并同意您通过"抖音"发布上传的内容（包括但不限文字、图片、视频、音频、视频及/或音频中包括的音乐作品、声音、对话等），授予公司及其关联公司、控制公司、继承公司一项全球范围内、免费、非独家、可再许可（通过多层次）的权利（包括但不限于复制权、翻译权、汇编权、信息网络传播权、改编权、制作衍生品等），使用范围包括但不限于在当前或其他网站、应用程序、产品或终端设备等。"[3] 这样的协议通过所谓的授权，平台几乎拥有了全部的用户创作者的财产性版权，并且还超越版权法，获得永久性版权使用权，以这种强制约定获得了与版权人的版权几无差异的权利，以谋取商业利益。不仅如此，这些平台对用户创作内容支付很低的稿酬，有的甚至没有稿酬。以福利在整

---

[1] 喜马拉雅服务使用协议，2017 年 12 月 30 日，https://www.ximalaya.com/passport/register_rule。

[2] 豆瓣使用协议，2017 年 10 月 16 日，https://accounts.douban.com/register。

[3] 抖音用户服务协议，2018 年 1 月 20 日，https://www.douyin.com/agreement/。

个网络文学作品创作圈排名前三的"起点中文网"为例，针对上架VIP销售的作者，起点中文网给予这类作者的稿酬=全勤+订阅+打赏+渠道收入。用户创作者被网站签约后，在二三十万的字数便可以上架，比较优秀的书开通VIP权限。A级签约VIP作品才有全勤奖和订阅奖。全勤奖是创作者在一个自然月内，有效更新字数均达到4000字以上，奖励600元/月，字数远超过4000字，也是这个标准。但是，如果连续两个月的VIP更新数量低于6万字，也会自动取消全勤奖。作家每月更新的VIP字数在10万字以上，便可以获得订阅奖，奖励的标准是作品六个月电子订阅稿酬的20%。另外打赏只有A级签约VIP才能获得。① 而渠道收入主要是阅读者给予创作者的奖励，对于这个奖励起点中文网将扣除50%，剩余的发给创作者。② 起点中文网给予用户创作者的利益分成规定可以看到，一般的用户创作者是没有稿酬的，只有签约的VIP作品才会给创作者稿酬，而稿酬的标准苛刻且较低。作者在这种平台创作获得的利益非常低，而平台利用用户创作内容吸引其他用户来浏览，浏览的用户越多，流量也越大，愿意在平台上投放广告的客户就越多，平台通过广告费可以获得不菲的收入。用户创作的内容一旦成为畅销作品，平台可以出版、改编成电视剧或电影等多种方式的使用，通过使用获得巨大利益。但是协议中都没有规定，这些利益给用户创作者分成。利用用户创作内容，平台传播者赚取超额利益。盛大文学公司2011年公司营业收入为7.01亿元，而起点文学网是盛大

---

① 起点中文网作家福利，写作也能让你收获财富，2018年4月12日，https://www.licaiye.com/roll/a12269.html。

② 阅文集团服务协议，2017年12月22日，https://passport.yuewen.com/pact.html?mobile=0。

文学公司运营的网站,占据43.8%的市场份额。① 在用户生成内容的商业模型环境下,互联网平台基于用户所上传的版权法所保护的对象,获得了高额的广告收入,但实际的权利主体却无法从中获益。②"常常所有的数据都由我们(用户)自身产生,但所有权却并不归属于我们"。③

以上三种方式充分说明,作品创作者的利益远远小于传播者和投资者。版权法设置的目的是通过赋权给创作者,以激励创作者的创作,从而为社会带来丰富的作品,最终促使文化事业的繁荣。但是,现代的版权法制度的设计以及运行,并没有真正保护创作者,也没有真正激励创作者的创作。英国著名版权法学者柯尼斯(Cornish)曾说:作者长期以来都怨恨出版商,因为后者以作者的名义行使版权但是却攫取了大部分利益。这一情形从一开始的《安娜女王法》就是这样,并且将一直是这样,直到新媒体技术确实能够将创作者转变成他们自己作品的制造者和发行者④。版权法保护版权人以激励创作的目的被传播者广泛地利用以获得超额利益。

实际上,作品的传播者除了传统的出版者、录音录像制作者、广播电台电视台和表演者以外,那些依据版权法的规定通过转让方式获得版权的公司也在利用作品的同时传播作品,也可以看作是传播

---

① 陶力:起点中文网调整分成比例 作者最高可分八成,2013年5月17日, http://tech.ifeng.com/internet/detail_2013_05/17/25407438_0.shtml。

② 李陶:"欧盟版权制度改革触及谁的利益",《中国新闻出版广电报》2018年11月29日。

③ 王天一:《人工智能革命——历史、当下与未来》,北京时代华文书局2017年版,第192页。

④ William R. Cornish, "The Author as Risk-Sharer", *Columbia Journal of Law and the Arts*, Vol. 26, No. 1, (2003), p.2; 吴伟光:"版权制度与新媒体技术之间的裂痕与弥补"。

者。在新媒体时代,有的传统传播者进行转型,提供网络在线服务。目前,提供在线许可协议的平台有的提供平台服务,有的通过购买版权成为版权人的内容商,有的是数据库制作者,有的是传统传播者的网络化。但他们都是实质的传播者。这些传播者通过正当或不正当的手段掌握着创作者的作品,以版权许可协议方式排除版权豁免,名义上的理由是"鼓励创作"、保护版权,真正的目的在于获得超额利益。尤其在新媒体时代,数据资源已经成为重要的生产要素和财富,包括作品在内的数据资源也就成为大企业争夺的对象,作为数据资源之一的原创内容早已经被大企业布局控制。从腾讯与今日头条互诉对方侵犯信息网络传播权,到微博版权新规惹争议,都体现出这种微妙的趋势。如今,从腾讯、新浪、百度、阿里,到今日头条、一点资讯等,各大内容平台都亮出了一张牌:原创保护。[①]

这些网络服务商同历史上的传播者一样,利用版权法对创作者的保护,利用自己的私权力地位制定包括排除版权豁免在内的版权许可合同及其他管理规则,垄断知识,阻碍信息的传播,假借自己是创作者而不断地攫取利益。对于版权法中的版权豁免的哪怕一点点的扩展,由于影响到所谓的版权人和传播者的利益,都会招致他们的反对。在欧盟版权制度现代化改革过程中,扩大版权例外的《数字单一市场中的版权指令(草案)》遭到了传播者集团的反对而搁浅。版权法中限制与例外制度的延伸与拓展……的相关条款招致了以作品传播者(图书及音像出版者、数据库制作者)为代表的权利人集团的反对。对此,立法者和产业界之间有了分歧。[②] 最终,

---

[①] 王新喜:"内容平台纷纷发力原创保护,能否重构秩序与规则",2017年10月21日,http://tech.ifeng.com/a/20171021/44724663_0.shtml。

[②] 李陶:"欧盟版权制度改革触及谁的利益"。

欧盟理事会在协调各方利益基础上，兼顾产业界和公众利益，最终于2019年4月15日通过了《数字单一市场中的版权指令》。日本版权法现代化改革中，《版权法》修正案曾遭到了日本电影、音乐组织、杂志、报刊、广播电视、在线服务等七大内容产业协会的强烈反对，他们认为此次修订后牺牲了创作者的利益，将会导致侵权加剧，并于2016年9月发表了抗议声明。① 我国版权法在修改的过程中，也遇到这样的问题。"所谓的平台效应也在加剧利益和价值向少部分人手中集中"。②

以上研究说明，无论是历史上的版权法制度还是现代的版权法制度，所谓保护创作者利益以激励创作的目的并没有实现，版权法没有真正地保护创作者，而是被广义的传播者利用，保护了传播者的利益。而发展到新媒体时代，这种趋势越来越严重。提供平台服务的传播者通过正当或不正当的手段掌握或获取了版权，成为了"准版权人"或版权人，借着版权法要保护创作人激励创作的目的，更是无视版权法中维护社会公共利益的最终目的，通过版许可协议竟然将版权法中的版权豁免予以排除，谋求获得最大化的利益。

二、私权力构建的秩序与版权法维护的秩序的冲突

（一）新媒体时代网络服务者（版权人或准版权人）拥有了私权力

权力一般指主体以威胁或惩罚的方式影响和制约自己或其他

---

① 沈红辉："日本大尺度修改《著作权法》"，《环球》2018年第7期。
② 〔德〕克劳斯·施瓦布：《第四次工业革命——转型的力量》，李菁译，中信出版社2016年版，第10页。

主体价值和资源的能力。权力的本质是一种控制与支配——对资源的控制与对人的支配。[①] 谁能够对资源进行控制或对人进行支配，谁就是权力的掌控者。在大多数情况下，我们常说的权力是公权力。但是，有一些社会组织（也可称为自治体）能够对组织内的资源进行控制，对组织内的人的行为进行支配，由此便掌握和行使了治理私的事务的权力，这便是私权力。由于一些社会组织（自治体）的事务一般都具有很强的行业性和专业性的特点，[②] 如医院的医疗、高校的教学等，社会组织对内部拥有充分的管理权。

在新媒体时代，网络服务者作为传播者已经拥有了私权力。提供在线许可协议的平台有的提供平台服务，有的是通过购买版权成为版权人的内容商，有的是数据库制作者，有的是传统传播者的网络化。无论他们是什么样的身份，都是对作品的传播，都是通过许可或转让或版权方的约定而掌握着版权或成为版权人，还掌控着一般使用者所不具备的网络技术。包括作品在内的数据资源成为他们争夺的对象，也成为他们平台经济的核心内容。正如托夫勒说："谁掌握了信息，谁控制了网络，谁就将拥有整个世界"。[③] 在网络空间中，这些网络平台服务商原本和社会公众一样，只是民事主体。但是，他们掌握了网络技术，能够利用技术资源设定网络架构中可以适用的规则。网络平台因为掌握了网络与数字技术，能够对包括作品在内的信息资源进行掌控，从而拥有了绝对话语权，成为了强势一方，具有了影响比较分散的用户作为弱势一方的能力。例如在

---

① 张文显：《马克思主义法理学——理论与方法论》，第122页。
② 潘爱国："论公权力的边界"，《金陵法律评论》2011年第4期。
③ 〔美〕阿尔温·托夫勒：《创造一个新的文明——第三次浪潮的政治》，黄明坚译，上海三联书店1996年版，第31页。

选择权上,用户的选择看起来是自由的(单个的用户本人也认为自己是自由的),但实际上,用户的最终选择是在掌握技术及数据资源的强势一方——平台通过二选一的在线许可合同引导下做出。"互联网不仅没有受到公众的控制,反而摇身一变成了控制者。"[1]

这样的平台企业通过接入就可以向公众提供"面对面"的直接服务,把分散的公众聚拢到平台,使社会公众感受到前所未有的自由。而由于平台较多,公众看似可以选择不同的平台,形成"去中心化"状态。但实际上,由于对包括作品在内的数据资源的重视和争夺,一些平台企业的产品已经形成规模,这些企业占据了信息市场较大份额,充分地利用平台以及平台中的作品,出现了"强者更强"的效应,而不善于利用平台的企业逐渐被淘汰,进而逐步形成了平台的"再中心化"。例如百度、京东、淘宝、乐视、抖音、苹果、谷歌、微软等平台公司。它们基于业态属性和运营需要,基于自己所掌控的技术、拥有的版权或"准版权",拥有了对平台市场营销秩序的自律管理权。[2] 同时,由于"再中心化"而使众多的社会公众"听命"于该平台。这样,这些平台企业便拥有了对平台内包括作品在内的数据资源及其他资源的控制,以及对利用平台的人的支配,成为了名副其实的私权利主体。如果某个私权利主体能够制订一定的网络空间中的运作规则,并影响到其他人,那么,该私权利主体便是有了管理他人的私权力。

况且,公权力对于这些属于网络平台自治体自治范围内的事务一般是不介入,给予应有的尊重。当然,公权力不是绝对不介入对

---

[1] 〔英〕约翰·帕克:《全民监控——大数据时代的安全与隐私困境》,关立深译,金城出版社2015年版,第137页。

[2] 马长山:"智能互联网时代的法律变革",《法学研究》2018年第4期。

自治体的管理，一般当自治体内部出现了私权利无力解决的问题时会介入管理。但由于网络空间运行及管理技术性太强，介入管理成本较大，对于网络平台的私权利主体的监管公权力部门有时就委托给有话语权的私权利主体。例如，2018年8月30日通过的《电子商务法》第二十九条规定："电子商务平台经营者发现平台内的商品或者服务信息存在违反本法第十二条、第十三条规定情形的，应当依法采取必要的处置措施，并向有关主管部门报告。"① 该规定表明平台服务商有义务管理平台内的经营行为，并拥有处置权力。

（二）网络服务者（版权人或准版权人）在新媒体空间私立版权规则

通过转让或许可获得了版权或"准版权"，利用掌握的技术优势以及国家的赋权，平台越来越强大。网络服务者作为私权利主体借着管理及版权保护之名构建自己的管理规则、处罚规则，设置解决与平台有关的纠纷解决规则。而排除版权豁免的版权许可协议就是这种包括了管理规则、处罚规则和纠纷解决规则的协议。这种通过版权许可合同确定约束广大用户规则的行为，事实上是真正的私造规则。②

这些私权利主体制定的规则不但严格而且还都非常精细。百度、知网、淘宝、腾讯、乐视等平台十分丰富的包括在线许可协议在内的治理规则就是精细化的突出表现。③ 平台服务商通过设置二

---

① 《中华人民共和国电子商务法》第二十九条。
② Robert P. Merges, "The End of Friction？ Property Rights and Contract in the 'Newtonian' World of On-Line Commerce",12 *Berkeley Tech. L. J.*,(September 1997), p.126.
③ 马长山："智能互联网时代的法律变革"。

选一及排除版权豁免的在线许可协议等精细化的规则,导致"一方面权利被扩大,另一方面权利被削弱"。[①] 用户因这些规则,对作品进行合法使用获得的利益越来越少,因为网络服务商在为用户提供便捷舒适、自由选择的商业环境和信息量较大的作品平台时,排除了用户合法的作品使用行为,利用自己制定的规则为自己谋利。网络服务商私定的这些规则直接"改写"了既有法律规则,排除了国家版权法维护社会公众利益的版权豁免规则,逐渐形成了扩张版权的新秩序空间。这些新秩序已经对传统的国家版权法力图维护的秩序发起了挑战,冲击了既有的版权市场监管秩序和行业运营秩序,冲击了版权法追求的激励创作的同时维护社会公共利益的平衡秩序,引起了网络空间极力构建新的社会秩序与国家维护的平衡社会秩序之间的冲突。

[①] 〔德〕克劳斯·施瓦布:《第四次工业革命——转型的力量》,李菁译,第20页。

第四章 新媒体时代排除版权豁免的版权许可合同的效力

依照版权法、反不正当竞争法及相关司法解释,使用者可以合理使用版权人的作品,或者对软件进行反向工程,或在作品超过保护期后使用,或进行法定许可的使用。但是,版权人通过版权许可合同对这些使用进行限制,排除使用者合法使用,规定使用者违背合同约定使用作品需要承担违约责任。这种排除版权豁免的版权许可合同的法律效力怎样呢?版权学者们积极献言献策,对该种现象表达了不同的观点,甚至有些观点之间截然对立,形成仁者见仁智者见智的局面。总结学者们对于排除版权豁免许可合同的效力,主要包括无效说、有效说和折中说等。

第一节 排除版权豁免许可合同效力的观点及评述

我国版权学界的学者们对禁止合理使用的版权许可合同和禁止反向工程的软件合同的效力提出了不同的观点,分别从不同维度和层次进行了论述。目前,虽然没有专门的关于排除版权豁免的版权许可合同效力研究,但是限制或禁止合理使用和禁止反向工程的许可合同属于排除版权豁免的版权许可合同,因此,本章以此来分析总结排除版权豁免许可合同的效力。已有的研究成果为本书提供了研究的导向和基础。

一、排除版权豁免许可合同效力的观点

(一)无效说

无效说即认为版权人通过版权许可合同排除版权豁免的合同行为是无效的,不能得到法律的支持,自然也不具有强制执行的效力。持无效说的学者们从多维度提出了无效理由。

(1)版权豁免条款属于强行条款,版权人不能通过版权许可合同予以排除。版权法中的版权豁免条款体现的是公共利益,属于强制性条款,无法为合同法所排除。有学者以软件反向工程为例,认为在学者们普遍同意软件反向工程符合我国法律和两个国际性知识产权公约,即 TRIPS 协议和《伯尔尼公约》规定的"三步检验法",属于合理使用制度的内容情形下,确定合理使用条款规范属性,便可以得知版权人是否有权在许可合同中排除反向工程。版权法所规定的版权豁免制度,尤其是合理使用制度,其目的是为了不特定多数人的利益,具有强行法属性,因此版权人不得通过合同加以排除。[①] 更为重要的是,软件反向工程是为了研究软件而对软件中的算法、结构等进行分析,以开发出新的软件。软件反向工程有利于国家软件行业不断创新,在许多国家,软件反向工程是允许的,并被版权法予以承认。由此,禁止反向工程的版权许可合同违反了国

---

① 阙紫鹏:"论软件许可协议中禁止反向工程条款的效力——以美国法为视角"。

家的公共政策,这样的合同应该无效。① 这类观点中,学者们认为合理使用和反向工程是版权法规定的强制性条款,排除这类规定的合同应该无效。

(2) 版权法在赋予版权人排他性版权的同时,增加了诸多限制,尤其包括权利用尽、合理使用和法定许可等,避免版权人形成对市场的制度性垄断。版权人不得私设权利,更不得任意扩大版权权利范围或者排除版权法的限制。版权法如此规制的主要目的是增加公共福利的最大化,尤其是推动科学和艺术产品的质和量的有效增加。因此在政府干预的语境下,对于版权的诸多限制,尤其是版权豁免的部分具有公共利益的强制性,版权人不得在版权许可合同中排除。版权人在许可合同中排除版权豁免,是将公共利益置于危险之中,减少了社会公众对作品最大范围使用的可能性,阻碍了版权法所允许的学习和研究,破坏了版权法的平衡。这些排除是无效的和不可被强制执行的。②

同时对于版权人利用技术措施保证排除版权豁免合同条款的实现也是不能接受的,违反了版权法律制度的规定。版权人借助技术措施对版权豁免进行合同限制,属于超过法定范围行使权利,因此应该反对保护超越版权授权范围的技术措施。"法律保护技术措施的目的是为了保护版权人的版权,而不能将这一因果关系颠倒过来,因而对技术措施的保护范围应当限定在保护版权的范围之内,如果版权人使用技术措施的行为超出了保护版权的目的,进而对用户及公共利益造成了消极影响,则这些技术措施不应当再受到法

---

① 曹伟:"软件反向工程——合理利用与结果管制",《知识产权》2011年第4期。
② Lisa Di Valentino, "Conflict between Contract Law and Copyright Law in Canada: Do Licence Agreements Trump Users' Rights?".

律的保护。"① 虽然在我国不少学者认为技术措施和版权许可合同是"私力救济"方式，对于版权的实现意义重大，法律对此应该尽可能减少限制。但也有学者观点鲜明地指出"私力救济只能以保护自身权利免受侵害为限度，因而私力救济只能是防御性的和自卫性的，不能带有惩罚性和进攻性，否则就会非法侵权。"②

版权法赋予版权人的权利是有限的，版权人参与版权市场竞争的自由也是有限的，版权人或准版权人不能随意通过版权许可合同对版权限制加以排除。因此，版权立法和司法实践应该对排除版权豁免的授权许可合同实施限制。

（3）版权许可合同排除版权豁免违背了版权法，是非法行为。合同只有在遵守版权法的原则时才是合法有效的。版权合同作为版权作品交易的重要媒介，既需要符合合同相关法律规定，亦需要符合版权相关法律规定。版权豁免作为版权法律制度的重要内容，版权许可合同双方应该予以遵守，排除该条款的适用则是违背了版权法的规定，相关合同条款自然无效。

（4）版权人在版权许可合同中排除版权豁免制度的适用，属于利用合同法吞噬版权法的行为。这种行为会逐渐肢解由版权法所构建的版权法律制度，不利于国家或地区版权法律制度的构建和发展。因此为了有效实践现代化的版权法律制度，需要防止版权人借行使合同自由之名，最终瓦解版权法律制度所构建的版权运行秩序。

（5）该类版权许可合同剥夺了版权用户的谈判权，有悖于合同

---

① 王东君：《数字版权管理的法律限制问题研究》，第164—165页。
② 杨静、马华：《论著作权技术措施及法律保护》，《法学杂志》2008年第2期。

法律制度和版权法律制度所追求的公平正义，尤其有碍信息公平正义的实现。在版权交易中，尤其是在网络环境下，版权人或"准版权人"往往处于强势的交易地位，这种通过格式许可合同排除版权豁免内容行为，剥夺了版权用户对版权许可合同条款进行谈判的权利，极大地压缩了版权豁免制度的适用范围，扩张了版权人或"准版权人"的权利，极不公平。同时，在版权制度中，立法者通过对权利义务进行分配，尤其是在版权豁免中赋予社会公众一定的合理使用自由，这是立法者以社会文化繁荣为价值追求对社会中的知识、信息资源和社会公共利益进行的合理、公正的配置。为了协调知识、信息资源分配中的矛盾，使版权人的利益与社会公共利益平衡，版权法才设置了版权豁免制度。然而，版权人却运用许可协议和技术措施，限制"公共图书馆的私人使用、馆际互借、电子借阅、开放获取、数据挖掘等"使用行为，严重阻碍了信息公平正义的实现。[①]

（二）有效说

有效说即认为版权人或"准版权人"通过版权许可合同排除版权豁免的合同行为是有效的，不但能够得到法律的支持，而且版权人或"准版权人"完全可以借助技术措施加强版权许可合同相对方对于相关条款的严守，并且在相对方违反合同义务的情形下可以通过诉讼途径申请法院强制执行。持有效说的学者们从以下几方面提出了具体的有效理由。

（1）排除版权豁免的许可合同虽然一定程度上破坏了版权法所构建的平衡，但同时也通过私立版权规则构建起了符合版权市场发展的新平衡。这样的版权许可合同是公平的，是版权人或"准版权

---

① 赵力、罗晓萌："公共图书馆视角下版权限制与许可协议协调发展研究"。

人"在考虑整体版权用户利益的基础上,一方面允许版权作品使用者能够以低价甚至免费使用一些版权作品,保证使用者可以通过许可合同获得相应的版权利益。"通过许可合同,用户的接触权和权利人的创新积极性已经在数字化作品市场上形成了新的平衡。"[1]另一方面作为公平对待,版权人或"准版权人"有权要求使用者放弃版权豁免利益。

(2) 合同只是发生在当事人之间,对其他人没有任何影响,对公共利益没有伤害。虽然版权法依据利益平衡原则为社会公共领域规定了较多的版权豁免条款,而且这些豁免也确实能够促进社会公共利益的发展。但是在版权许可合同中一般仅涉及一个自然人或者法人,即使相对方人数较多也是屈指可数的,代表的仅仅是个人利益,并不能代表公共利益。即不能运用公共利益的工具去批判通过协商放弃了个人版权豁免利益的版权许可合同,至少从这个角度上不能说明该合同是无效的。

(3) 如果对排除版权豁免许可合同进行无效化的限制,那么这种限制无疑是在挑战了合同自由。订立合同属于合同相对方的私人事务,合同条款一般将版权作品的使用方式、相关付费和违约责任规定得较为明确,版权用户完全可以自由决定是否接受。版权用户是否接受排除版权豁免许可合同属于合同自由的表现,符合《合同法》的精神,其他法律,尤其是版权法不能对这种合同自由横加干涉,剥夺许可合同当事人对于合同自由权益的行使。

(4) 如果对合同排除版权豁免进行限制,扩大版权豁免,将会

---

[1] Eric Matthew Hinkes, "Access controls in the digital era and the fair use/first sale doctrines", *Santa Clara Computer & High Tech. L.J.*, Vol.23, No.4(2006), p.685.

导致版权人或"准版权人"收益极大减少,伤害创作的积极性。版权制度最大的功能就在于通过赋予创作者一定的财产收益权,保证其在回收作品投入成本的同时,能够有相当的收益,进而推动和激励创作者再次投入成本进行创作,产生更多的文学艺术和科学作品。在这种激励制度中,版权回报是极为重要的部分。而版权人或"准版权人"在许可合同中排除版权豁免是为了有效保证其版权收益,尤其是如果允许相对人进行反向工程,则会产生大量的替代性软件或攻击性软件,极大程度地压缩版权人的市场收益,破坏版权法的激励创作功能。因此,为了保证版权人或"准版权人"在网络环境下能够有效盈利,持续进行创作,版权法律不应该将排除版权豁免的许可合同规定为无效,而是保证其有效。

(5)对于版权豁免中的权利穷竭原则而言,已经不适用网络环境下的数字作品,因此版权人或"准版权人"排除该类版权豁免的许可合同应该有效。一方面,版权人或"准版权人"在网络环境下往往通过版权许可使用的方式许可版权用户使用版权作品,版权用户并没有通过许可合同获得作品有形化载体,因而也没有获得作品载体的所有权,因此这种情形也就不适用于权利穷竭原则。尤其是图书馆购买的电子数字作品并不具有所有权,仅仅是许可使用。[①]另一方面,由于网络环境下数字作品载体的无形化,权利穷竭原则已经不再适用于该类作品。"首次销售原则,需要复制件具有竞争性,版权作品可以同时为多人消费,对作品的额外消费并不会产生任何边际成本。""只要涉及到作品的复制,首次销售就无法干涉权

---

① 严玲艳、傅文奇:"利益相关者视角下的图书馆电子借阅服务研究",《图书情报工作》2016年第6期。

利人的选择。"①

（6）没有法律规定版权豁免优先于许可合同，因此当版权许可合同符合《合同法》的规定时便是有效的，不能因为版权许可合同与版权法的规定有冲突便动辄将该合同无效化。如此不利于许可合同相对方建立的交易安全，也不利于合同法律秩序的建立和稳定。因此即使该合同内容可能从一定程度上违反了版权法的相关规定，也应该尽可能让满足《合同法》规定的版权许可合同有效。

（7）排除版权豁免的许可合同并没有造成版权市场的混乱，也没有损害社会公共利益。虽然版权学者们在普若克公司诉增登伯格案判决后一致认为，如果承认版权许可合同排除版权豁免有效，将会导致对版权制度的摧毁，甚至认为版权已经死亡，而且是被合同法杀死的。允许版权人在版权许可合同排除版权制度所构建的豁免，极大地破坏了公共利益，不利于科学和文化作品的发展和繁荣。但反观近些年的诸多类似判决，虽然很多地区法院仍然支持排除版权豁免许可条款的有效性，但却并没有导致合同法律制度代替版权法律制度，尤其是对于版权法律制度中的核心问题仍然由版权法自我塑造和规定。事实证明版权制度并没有死亡，而且是越来越趋近现代化。同时文学艺术和科学作品正在以前所未有的方式借助网络环境"大展身手"，得到了更快速更广泛地传播，网络环境下版权产业越发繁荣，可见并没有实践数据能够证明公共利益受到了损害。因此，从实证角度来看，版权人或"准版权人"在许可合同对版权豁免的限制并没有实际造成对版权制度的损害，反而促进了

---

① 张贤伟:"软件交易中的许可协议与首次销售原则——兼评欧洲法院 UsedSoft 案"，深圳大学法学院硕士论文，2014年，第46—47页。

版权法律制度的发展，应该继续推崇这种做法，推动版权产业和版权公共福利的进一步发展。①

(三)折中说

折中说即不认为版权人或"准版权人"通过版权许可合同排除版权豁免的合同行为是全部有效的，也不认为是全部无效的，而是区别不同情形作以具体分析。具体的分析过程即首先选定一个社会公众和传统版权法律制度所能接受的判断依据，其次运用选定的判断依据对所有排除版权豁免许可合同进行判断，最后依据是否符合判断依据做出有效或者无效的评价。对于判断依据的选取，学者们认为应该以是否侵害公共领域或者是否符合利益平衡原则为标准。②但通过考察发现两者其实存在包含与被包含的关系，即是否符合利益平衡原则判断依据包含是否侵害公共领域依据，因此本章仅对依据是否符合利益平衡原则进行介绍和评价。

在利益平衡原则的指导下，版权制度需对版权作品创作者、传播者和使用者三类主体的利益做出合理的安排。一方面既要激励创作者和传播者能够在市场回报的刺激下积极创作和传播作品，另一方面也要保证使用者所代表的公共利益，整体推动文学艺术、科学的繁荣和发展。虽然利益平衡的双方具有一定的相对性和平衡性，但在版权法实践中学界、立法界和司法界也普遍认同对于创作者和传播者的激励属于手段，保障使用者所代表的社会公共利益属于目的，属于版权法律制度的目标。③版权生态利益的平衡作为

---

① Guy A. Rub, "Copyright Survives: Rethinking the Copyright-Contract Conflict", pp.1226-1227.

② 苟正金："拆封许可与公共领域"，《西南民族大学学报》2011年第7期。

③ Jessica Litman. "Real Copyright Reform", 96 *Iowa L.Rev.*, No.1, (2010), p.33.

版权法一贯坚持的原则,"实质上服务于财富分配生活中的分配正义",[①]能够推动社会公平正义在版权作品创作者、传播者和使用者之间的平衡分配。因此,完全可以运用此原则对在新媒体时代排除版权豁免的许可合同效力做出判定,方能最终有利于版权产业的健康发展。

持折中说的学者首先对持完全无效说的观点进行批判,并提出如下理由:

(1)版权人或"准版权人"在版权许可合同中排除版权豁免,并非总是主观故意,而是由变化后的客观环境,创作者与传播者发生主体分离所决定的利益驱使。传统媒体时代,版权作品运营中创作者和传播者合为一体,而新媒体时代创作者与传播者发生主体分离,尤其是两者利益发生分离。版权创作者希望通过追求许可效率获取最大化的版权收益,版权传播者希望通过追求传播效率获得最大化的"延迟收益"。[②]网络传播者希望最大化的传播作品,甚至不惜免费传播作品,以增加传播效率,积累客户和增加点击量,以获取较多的"延迟收益"。而创作者希望最大化的保障自己的许可利益,稳固和增加许可效率,避免因为网络环境所导致的无形化和快捷化传播损害自身利益。由此版权作品创作者也就更倾向于利用版权许可合同排除传统的版权豁免,这是网络环境下创作者能够保护自身利益行之有效的方式。

(2)版权人或"准版权人"在许可合同中排除版权豁免,符合区

---

① 毛勒堂、张健:"分配正义——经济哲学的检审",《吉首大学学报(社会科学版)》2011年第6期。

② 熊琦:"互联网产业驱动下的著作权规则变革"。

别定价商业模式的要求。利用版权许可合同可以保护极具经济优势的区别定价(price discrimination)商业模式。版权人或准版权人为了使更多的人付费使用自己所占有的版权作品以获得更多利益,针对不同层次的使用者对同一作品采用不同的价格,这是目前许多权利人采用的区别定价模式。但这种模式运行中存在的一个问题便是如何控制合法使用者的套利行为。所谓套利行为,即是作品的使用者依据权利穷竭原则,将作品转售到具有地域差和时间差的市场,进而获取增值利润。看似合理的转售行为却极大地破坏了具有较高经济优势的区别定价商业模式,进而使得社会公众和版权人的利益均受到了损害。一方面使得低层次需求的使用者必须花费较高的价格获取作品,不利于社会公共利益的发展;另一方面使得高层次需求的使用者倾向于花费更低的价格获取作品,不利于版权人市场利益的保障。因此在区别定价制度下禁止转售,版权人和使用者之间仍然保持整体上利益平衡。[①] 如此设置既可以保证版权人或"准版权人"获取最大市场利益,也可以保证不同层次的使用者以合理价格获得作品,符合版权法目的。

(3)私立版权规则作为利益博弈产物,与法定版权规则具有同质性,并不存在孰优孰劣,不能运用法定版权规则轻易否定私立版权规则。从本质上看,私立版权规则属于版权人或"准版权人"应对产业实践的自我调整,是在市场上各方利益博弈的结果,因而具有比较优势,在法定版权规则失灵时能够以最有效的方式指导版权市场和版权秩序的稳定。因此不应该完全僵化地依据法定版权规

[①] 毛之敏:"论网络环境下的版权授权合同与权利用尽原则",华东政法大学法律系硕士论文,2011年,第25—26页。

则对私立版权规则予以否定,不认可排除版权豁免许可合同的效力。[1]

其次,持折中说的学者对持完全有效说的观点也进行批判,理由是版权人在为了保证自身合理市场收益的同时,也不可避免地利用许可合同这个工具,行使了超过法律赋予的权限,不恰当地损害了版权使用者的利益。如伦敦证券交易网站版权许可条款规定:允许个人复制但是不可进行材料组合,或者在任何作品中使用任何部分或者以任何形式出版。使得使用者很难有效运用版权法赋予的版权豁免。[2]换言之,版权人极度限制使用者的版权豁免的同时,也在无限地扩大自己的权限,这无疑会极大程度上影响版权法所构建的利益平衡,从长远来看并不利于版权制度和版权产业的发展。

最后,持折中说的学者提出了较为具体的判断过程,以保证对排除版权豁免的许可合同条款的有效还是无效做出判断识别。评价是否有效应该从实际需求出发,依据具体市场利益平衡,做出谨慎判断。判断排除版权豁免的许可合同之有效性,应在利益平衡原则的指导下,综合考虑权利人、使用者和社会公众的利益,承认既满足了版权法对权利人激励又增加了社会整体福利的许可条款具有法律效力,否定通过牺牲自由竞争和持续创新利益为代价而扩大版权权限的许可条款法律效力。[3]具体判断过程包括:

(1)识别适用范围。对于版权人基于公平原则和版权运营模式需要

---

[1] 熊琦:"互联网产业驱动下的著作权规则变革"。

[2] London Stock Exchange plc., "Disclaimer", 2018-12-10, https://www.londonstockexchange.com/disclaimer。

[3] 梁志文:"论知识产权法的合同限制",《国家检察官学院学报》2008年第10期。

排除版权豁免的许可合同条款，原则上应认定有效；但对于借合同名义损害社会公共利益的，应该认定为权利滥用，尤其是侵害了公共领域，认定该许可合同条款无效。[①]

（2）具体的判断步骤：首先，识别合同排除的版权豁免是否属于版权公共政策支持的强制性规定；其次，格式许可合同是否符合公平原则，是否排除了版权法允许合同相对人享有的重要权益；最后，许可合同是否严重偏离契约正义原则，使得双方当事人之间的利益显失公平。[②]

二、对现有排除版权豁免许可合同效力观点的评述

学界针对版权人借用许可合同排除版权豁免效力所提出的无效说、有效说和折中说三种学说，较为全面地对排除版权豁免的原因和效力进行了透彻的分析，反映了学者们对具体现实问题的关注与思考。在现有版权法不修改的情况下，对于三种学说笔者更为支持折中说，因为折中说较能够区别不同的版权豁免排除类型，具体问题具体分析，而且提出的判断依据也符合传统版权法律制度已经定型的利益平衡原则，更能指导版权实践。同时也不可完全否认无效说和有效说，这两种学说中所提及的很多理由具有很强的建设性，无论是对于知识增量还是本项目涉及问题的思考与解决，都具有相当助益。学者们提出的这些理由及论述中，"优点"多于"不足"。

[①] 苟正金："拆封许可与公共领域"。
[②] 毛之敏："论网络环境下的版权授权合同与权利用尽原则"，第32—35页。

其中"优点"主要包括：（1）考虑问题较为全面，从不同维度和层次提出了数量较多的理由。如从《民法典》颁布之前的《合同法》角度提出了合同具有相对性，版权许可合同是相对人之间的事务，外界的法律不应该过多的干涉；提出了合同自由原则，法律不应该因为公共利益而干涉私人在合同中对个人利益所做出的处分；提出了《合同法》和版权法并不存在孰先孰后的问题，对于符合《合同法》的版权许可合同不应该运用《版权法》予以否定评价。如从版权法角度提出了版权限制条款因为保护的是公共利益因而具有强制性属性，不可被版权人或"准版权人"通过许可合同予以排除；提出了版权法所赋权版权人的权利是有限的，版权人不能通过许可合同私自增加权利的类型或者排除对权利的限制；提出了版权限制具有保障公平正义、信息自由获取、受教育权和维持版权人与社会公众利益平衡的目标和功能，如果排除版权限制这些目标和功能将无法实现。从现实关注出发提出了作品传播和利用方式的变化、版权作品营利商业模式发生变化等，这些均要求版权法构建新的利益平衡，重构版权限制制度。

（2）现实性关注较强，考虑了版权法运行的市场环境，符合马克思主义哲学从实际出发的哲学观点，有助于解决本土法律问题或实现外来法律制度的本土化。如认为在网络环境下，传统版权法所塑造的旧利益平衡已经无法保障版权人和社会公众的利益，因而应该适时构建符合新的版权市场运行环境的利益平衡机制；考虑了新的版权运营商业模式，尤其是版权作品创作者传播者不同的商业模式导致了两类主体不同的利益追求，而且能够深入分析两类主体利益冲突原因和化解方式；考虑了新环境下传统版权豁免存在的利弊；考虑了版权集体管理组织在网络环境下发生了运行失灵情形。

(3) 对版权运营市场的"活法"予以关注,提升了私立版权规则的效力。认为私立版权规则,即排除版权豁免的合同行为,属于利益博弈的产物。与法定版权规则类似,均是围绕版权运营各方,尤其是行政管理者、创作者、传播者和使用者利益博弈后的复杂产物。相较而言,由于私立规则与版权运营市场"距离"更近,更"接地气"。这种论证符合埃利希、庞德等社会法学家所倡导的"活法运动",更有利于实现符合各方期待的版权运营市场秩序。

(4) 进行了一定的实证考察,增加了对具体权利义务模式运行效果的考察。目前社会实证法是一个较好的论证角度,更加符合"大数据法学"所倡导的以数据为支点的研究思路,能够对具体法律问题进行量化研究。大数据的研究向我们揭示,世界并不只是因果律,还有相关律,只要效果良好,我们就可以从一定程度上接受尚不能为因果律证明的具体权利义务运行模式。尤其是对于新媒体时代版权人或"准版权人"借助许可合同排除版权豁免的权利义务模式,在没有修改版权法的情况下,可以适当接受。

其中"不足"主要包括:

(1) 版权交易与合同法、版权法的关系没有厘定清楚。虽然学者的论述中论及了合同法和版权法并无孰轻孰重和效力先后之分,但却忽略了合同法与版权法同属一个法律体系。在宪法的指导下该两部法律应该是分工联系的,而非对立状态。如果说目前两部法律确实存在冲突或者不协调,也应该尽可能运用法解释学的理论和方法予以弥合。版权交易通过许可合同的方式进行,又属于对版权法法定赋权的行使,自然需要同时满足两部法律的规定,而非割裂彼此只见一隅。

(2) 对版权豁免条款的规范属性并没做出较为深入科学的考

察。对于违反了强制性条款的合同,《合同法》第五十二条第五款(《民法典》第一百五十三条)规定了"违反法律、行政法规的强制性规定"无效,《合同法》司法解释(二)第十四条规定了前述"强制性规定"为效力强制性规定。而学者们虽然对版权法中关于版权豁免条款进行了规范属性的考察,但却基本处于浅层次探讨,仅仅以版权豁免条款保护的是公共利益为由进行论证,并没有深层关联《合同法》的相关规定和合同法学界关于法律条款规范属性的相关理论,有失理论根基。

(3)版权用户面对排除版权豁免的格式化许可合同是否实质上是自由,在版权交易过程中其是否实质上享受了合同自由和法律赋予的权益。虽说版权人或"准版权人"和一些学者们信誓旦旦认为版权用户完全可以自由决定是否接受,而且是否接受排除版权豁免许可合同属于合同自由的表现,符合合同法的精神,如果认为不合理的条款完全可以选择拒绝接受,进而寻求替代性服务。但版权用户是否真的自由,还是版权人或"准版权人"和学者们为版权用户画了一个"吃不着的饼"?如果说版权用户对于排除版权豁免许可合同的签署是自由和自愿的,那为何版权用户在接受了该类许可合同后又会频频违反该条款,或者事后积极起诉应诉呢?难道仅仅可以用版权用户违反诚信来解释,那么是否所有的发生了此类纠纷的版权用户都是违反诚信的。对于这一点学者们并没有从更深层次予以解释,或许尚且无法阐释该类纠纷发生的本质原因,因此有必要对版权用户在该类版权交易中是否拥有实质上的自由予以分析和论证。

第二节　新型版权许可合同效力的再认识

通过介绍和评述学者们关于排除版权豁免的版权许可合同效力，我们可以从现行制定法出发，运用已经存在的法律条款及其解释，尤其是《民法典》关于合同方面的规定和《著作权法》是否允许版权人或"准版权人"对版权豁免进行排除，进而确定相关版权许可合同的效力。

一、版权交易中《民法典》中合同法与《著作权法》的关系

关于版权交易中合同法与《著作权法》的关系，原本较为简单明了，司法适用中也不会发生较多的疑问。但在庭审辩论和学术论著中却出现了一些不同的观点，认为合同法与《著作权法》之间没有太多的联系，而且两者之间也没有适用的先后之别，进而认为只要符合合同法律的规定就可以对《著作权法》规定的版权豁免加以排除。笔者并不赞同这种观点。

首先，必须明确的是《民法典》和《著作权法》同属于中国特色社会主义法律体系，而这个法律体系属于一个有机的整体，由《宪法》作为母法来统领。《民法典》关于合同的规定与《著作权法》之间应该是分工又配合的关系，而不能将两者割裂。一方面，《民法典》第一百五十三条规定违反了法律、行政法规的强制性规定无效，而此处的"法律"自然包括《著作权法》。另一方面，《著作权法》第二十四条和第二十五条分别规定了版权许可和转让合同，并对合同内容进行了部分规定，但版权许可合同的其他部分如成立和生效

等并没有加以明确,必须依据《民法典》的相关规定进行权利义务的私法配置。因此,《著作权法》和《民法典》关于合同的规定在版权交易中属于指导合同相对方私法配置版权权利义务的"两驾马车",不可将两者割裂,需要同时遵守。

其次,从《民法典》关于合同的规定与《著作权法》之目的与手段逻辑关系上来看,《民法典》关于合同的规定具有一定的手段属性,《著作权法》具有一定的目的属性。原因在于交易合同的订立是为了实现版权法所规定的权利义务,虽然交易合同在相对方谈判和交易过程中会创设一些版权法之外的意定权利义务,但双方所指向的核心权利义务却是法定的版权权利义务。没有了法定的版权权利义务,这些意定权利义务便没有了存在的必要和意义,因而这些意定权利义务相对于法定的版权权利义务具有服务属性和手段属性,法定的版权权利义务具有实体属性和目的属性。由于法律规范与其所赋予的权利义务的一致性,可知对于《民法典》中合同规定和《著作权法》的关系亦是如此,《民法典》中关于合同的规定相对于《著作权法》具有一定的服务属性,其更多的是处于手段地位,助力于实现《著作权法》所规定的权利义务。

综上可知在版权交易中版权人和"准版权人"仅依据合同方面的法律规定随意排除版权法中关于版权豁免的规定,不考虑版权法所赋予权利的强制属性,属于违反了合同法与版权法之间手段与目的逻辑关系的做法,因而不可取。也就是说合同自由并不是无限的,需要受到合同正义和其他法律的约束,这也符合合同法的发展趋势。①

---

① 王利明:《合同法研究(第一卷)》,中国人民大学出版社2015年版,第103—109页。

二、格式条款的规定能否适用于排除版权豁免的版权许可合同

以排除版权豁免许可合同中的拆封合同和点击合同为典型代表，均属于格式合同，其中相关条款也属于格式条款，因而可以依据《民法典》中关于合同格式条款的规范对排除版权豁免许可合同条款加以效力属性评价，主要可以从两个方面进行评价：

第一，依据《民法典》第四百九十六条第二款的规定可知版权人在版权许可合同中有两点义务：(1)应该遵守公平原则；(2)对特殊免责或限责条款加以提醒，同时按照对方要求解释相关条款。一方面，排除版权豁免是否一定属于违反了公平原则，是一个较难确定的问题。缘于很多学者认为版权人或"准版权人"在排除版权豁免的同时也为相对方提供了一定便利，虽损于彼，却益于此，很难确定版权人或"准版权人"排除了版权豁免就属于违反了公平原则。并且在《民法典》关于合同方面的规定中即使违反了公平原则也并非一定会被给予可撤销评价，只有显失公平时方可被撤销。可知很难运用公平原则否定排除版权豁免许可合同的效力。另一方面，给予相对方版权豁免的使用是否属于版权人的责任，如果版权豁免确属版权人的责任，则排除这种责任时便需要提醒相对方注意，并在相对方要求解释时予以解释。学界普遍的认识便是给予相对方版权豁免的使用并不属于版权人的责任，也就是说版权人并没有义务为使用者行使版权豁免权益而积极作为。[①] 因此，版权人排除版权豁免并不属于免责行为，此条款无法对排除版权豁免许可合同条款

---

① 王迁：《著作权法》，第319页。

的效力做出评价。

第二,《民法典》第四百九十七条规定"排除对方主要权利的",该条款无效。据此可知如果版权人在版权许可合同排除了对方主要权利的,则该合同归于无效。那么版权豁免是否属于相对方的权利;如果属于相对方的权利,是否属于主要权利呢?关于版权豁免的定性学界有三种观点:"权利限制说""侵权阻却说"和"使用者权利说"。[①]吴汉东教授和王迁教授同时认为"权利限制说"和"侵权阻却说"属于同一观点不同表述,都认为合理使用是对版权人权利的限制,这种限制阻却了将符合合理使用的社会公众的使用作品行为作为侵权的认定。同时王迁教授也赞同版权豁免属于一种"特权",即版权人不需要因为使用者的这种"特权"承担任何相关义务。[②]因此可以将学界的观点总结为"侵权豁免说"和"权利说"。实际上,"权利说"甚至"特权说"的观点并不能很好地解释版权豁免的属性,因为版权豁免中使用者并不能要求版权人做出任何行为,依据现有《著作权法》并不是使用者的权利。使用者只有在按照版权豁免的规定对作品进行使用以后提出侵权责任豁免,避免承担侵权责任。[③]因而无法依据《民法典》第四百九十七条来对排除版权豁免合同条款的效力做出评价。

三、版权豁免条款的强制属性

《民法典》第一百五十三条规定"违反法律、行政法规的强制性

[①] 吴汉东:《著作权合理使用制度研究》,第130页。
[②] 王迁:《著作权法》,第319页。
[③] 关于合理使用性质,后文详细分析。

规定"的民事法律行为无效。《民法典》颁布之前的《最高人民法院关于适用〈中华人民共和国合同法〉若干问题的解释（二）》第十四条规定"强制性规定"是指"效力性强制性规定"。由此可知，版权法中的版权豁免条款是否为"效力性强制性规定"将影响排除版权豁免许可合同条款的效力。只有当版权豁免法律条款属于"效力性强制性规定"，才能据此给予排除版权豁免许可合同条款以无效评价。

我国的《著作权法》第二十二条，《信息网络传播权保护条例》第六条、第七条，《计算机软件保护条例》第十六条和第十七条规定了合理使用制度；《著作权法》第二十三条、第三十三条第二款、第四十条第三款、第四十三条第二款、第四十四条，《信息网络传播权保护条例》第八条和第九条规定了法定许可制度。这两个制度均属于版权豁免制度的子制度，版权人通常在许可合同中排除的也是这种子制度。除去一些条款中明确规定"当事人另有约定"可以排除合理使用，或者明确规定"除著作权人声明不得转载、摘编的外"可以排除法定许可外，很多条款均没有明确表明其属性是否属于"效力性强制性规定"。因而需要对这些条款的强制属性进行解释，探析其强制属性，以确定版权人是否能够在许可合同对此加以排除。

关于具体的法律条款是否属于"效力性强制性规定"，王利明教授在深入的理论研究基础上提出的识别方法是："第一，法律、法规规定违反该规定，将导致合同无效或不成立的，属效力性强制性规定；第二，虽无规定导致合同无效或不成立，但合同有效将损害国家利益或社会公共利益的，属效力性强制性规定；第三，仅损害当事人利益的，属于非效力性强制性规定"。[①] 徐干忠法官在实践经

[①] 王利明：《合同法新问题研究》，中国社会科学出版社2003年版，第320—322页。

验总结的基础上提出了四种识别方法:第一,利益识别法。即当事人在合同中违反强制性规定损害的是国家或社会公共利益时,该法律条款属于"效力性强制性规定",损害的是个人利益时,该法律条款属于"非效力性强制性规定";第二,对象识别法。"强制性规定调整的是主体的行为资格或交易标的市场准入资格的,为非效力性强制性规定。如果该规定禁止的是某类合同行为,为效力性强制性规定";第三,责任识别法。当事人在合同中违反强制性规定承担的是管理责任或行政处罚责任时该条款是"非效力性强制性条款",承担的是合同责任时该条款是"效力性强制性条款";第四,原因识别法。许多当事人诉请判决合同因违反强制性规定而无效,其真实的目的是希望把升值幅度很大的标的因为合同无效而由对方返还给自己,此类违反强制性规定的合同无效只是当事人的借口,应判断为违反管理性规定的合同,不能直接认定为违反强制性规定而无效。[①]通过对比两位学者的观点可知,徐干忠法官的利益识别法基本涵盖了王利明教授的识别方法,同时其另外三种方法更多的是具有识别上的便利性,而且也基本可为利益识别法所涵盖。因此笔者对于"效力性强制性条款"的识别倾向于赞同利益识别法,认为此方法基本可以指导和解决目前强制性条款合同效力属性识别问题。

运用利益识别法确定版权豁免条款是否属于"效力性强制性条款",首先需要明确版权豁免条款代表的是否是强制性条款。对此版权法虽然没有做出明确规定,但却在版权豁免制度的一些条款中明确了版权人可以与合同相对人约定排除该条款的适用,或者单方面声明不得适用作品。"依照著作权人可否通过声明排除,著作权

---

① 徐干忠:"识别效力性强制性规定的方法",《人民司法》2011年第12期。

限制又可以分为：相对性权利限制和绝对性权利限制。相对性权利限制是指著作权人可以通过声明排除法律规定的著作权限制；而绝对性权利限制下，著作权人不可以通过声明排除法律规定的限制。合理使用主要是绝对性的，法定许可主要是相对性的。"[1] 当具体版权豁免条款属于对版权人权利的绝对性限制时，这种限制是不可排除的，因而也是强制性的。所有的版权豁免条款，一些是不具有强制性的，另一些是具有强制性的。

其次需要明确版权豁免条款代表的是否是公共利益。对此版权立法和版权理论基本达成了共识，认为版权豁免制度代表了公共利益。一方面，根据我国《著作权法》第一条的规定可知，版权法主要以公共利益保护为核心，以版权人利益保护为手段，最终是为了促进"作品的创作和传播"以"促进社会主义文化和科学事业的发展与繁荣"。而版权豁免制度是版权法所规定的作品许可模式和转让模式无法满足版权法促进"作品的创作和传播"之目的时，允许使用者有条件地不经许可或免费使用作品，进而促进作品的传播，从而实现版权法所追求的社会公共利益。另一方面，学者们也普遍认为版权豁免制度是对于版权人和社会公众之间利益调节的重要制度。版权法在保护版权人权利的同时，也对其权利进行了相应的限制，允许公众对版权作品使用而不侵权也不承担责任，避免影响社会公共利益的实现，最终促进作品的传播，文化的繁荣。[2]

综合可知，理论上讲，对于版权豁免制度中具有绝对性限制的法律条款，是具有强制性的，也代表了公共利益，因而属于"效力

---

[1] 何怀文：《中国著作权法——判例综述与规范解释》，北京大学出版社2016年版，第684页。

[2] 阚紫鹏："论软件许可协议中禁止反向工程条款的效力——以美国法为视角"。

性强制性条款",是无法被版权人或"准版权人"通过许可合同排除的。换言之,对于版权人或"准版权人"排除版权豁免条款的许可合同条款,需要区别不同情况以确定其效力。如果版权人或"准版权人"排除的是相对限制条款,则该许可合同条款是有效的;如果版权人或"准版权人"排除的是绝对限制条款,则该许可合同条款是无效的。只是,许多学者认为,版权法并没有明确规定哪些合理使用的情形是不能排除的,不能断然地说某种合理使用情形就是具有绝对性限制从而排除这种合理使用情形的许可合同就无效。

四、版权豁免制度中个人利益与公共利益的关系

虽然学者们普遍认可版权豁免制度的功能确为保护公共利益,属于"利益平衡原则"在版权人和社会公众之间平衡的产物。但亦有学者坚持认为版权许可合同中的具体作品使用者,即版权人的许可合同相对人,所代表的仅仅是个人利益。具体的版权许可合同相对人通过格式合同放弃的自己权益,与公共利益不具有相通性,即个人利益的放弃不能代表公共利益受到了损害。因而版权人或"准版权人"通过许可合同排除版权豁免也不会损害公共利益,此种情形下便不能以损害公共利益为由给予该许可合同条款以无效评价。笔者认为这种观点有问题,并没有认识到个人利益与公共利益之间是辩证存在的。

公共利益由具体个人利益构成,个人利益隶属于相应的公共利益。虽然排除版权豁免的许可合同中,相对人只是放弃了个人利益,但如果将所有许可合同中排除版权豁免的情形予以汇总,便会发现公共利益将会深受损害。即如果每一个使用者无法在版权许

可合同中保护自己的利益时，作为由其构成的社会公众整体便无法享有社会公共利益。公共利益与个人利益之间具有较高的同一性，在具体的版权许可合同中损害相对人的版权豁免利益，便会导致版权人利用所有在网络环境下具有高度一致性的版权许可合同损害社会公共利益，尤其是以格式化的点击合同和拆封合同为例。因而从个人利益无法代表社会公共利益的角度论证排除版权豁免许可合同条款有效的观点是错误的，相反，从个人利益可以代表社会公共利益的角度论证排除版权豁免许可合同条款无效。

通过考察版权交易中合同法律与《著作权法》的关系、格式条款能否适用排除版权豁免许可合同、版权豁免条款的强制属性和版权豁免制度中个人利益与公共利益关系发现：(1)版权交易既需要遵守合同法规范，又需要遵守版权法规范，不能割裂彼此，有所偏重。同时《著作权法》相对于合同法规范具有一定的目的属性，合同法规范相对于《著作权法》具有一定的手段属性，因此更应该通过合同法规范实现《著作权法》所预设的目标秩序，而非单纯倚重合同法规范来解构《著作权法》所构建的版权豁免制度和预期秩序。(2)排除版权豁免许可合同条款虽然属于格式条款，但版权豁免条款的属性更接近侵权抗辩，因此很难依据公平原则、免责解释和权利排除规则将其无效。(3)理论上，版权豁免的有些规定应属于"效力性强制性规定"，依据《民法典》第一百五十三条的规定，可以认定此类排除版权豁免的版权许可合同条款无效，版权豁免中某些情形属于"非效力性强制性规定"的，排除"非效力性强制性规定"的版权豁免条款的许可合同条款可以执行。(4)排除版权豁免许可合同中，虽然仅涉及相对人的个人利益，但由于个人利益与社会公共利益之间的同一性，因而不可据此认为相关许可合同条款有效，而应将违反了承载社会公共利益的"效力性强制性规定"的许可合同评价为无效。

总之,这类合同要视情况来确定其条款是否有效。防止软件许可合同和在线许可协议排除版权豁免,需要版权法对有些豁免情形作出强制性规定,鉴于我国《著作权法》对版权豁免没有强制性规定或者没有明确规定的实际,今后修订《著作权法》时应给予完善,以确定排除版权豁免的版权许可合同的效力。

第五章　一些国家和地区解决版权豁免与版权许可合同冲突的经验

版权人利用版权许可合同限制或禁止用户进行版权豁免的现象在许多国家和地区都存在，英国、爱尔兰、美国、澳大利亚、新加坡等国家和中国香港等地区非常重视对这一现象的研究和规制。有的国家或地区通过修订版权法，限制或禁止利用版权许可合同排除版权豁免行为，完善版权豁免制度，放宽对版权豁免的限制，推动版权作品的使用。因为该问题影响到版权人或准版权人与社会公众的利益如何协调和保障，有的国家或地区正处在是否对排除版权豁免的版权许可合同进行限制或禁止同时修改版权法的争议和论证中。

第一节　英国的做法

一、解决版权许可合同与版权豁免冲突的发展历程

英国是世界上较早对版权许可合同排除版权豁免进行立法限制的国家。在英国，2014年之前的版权法注重对版权人的保护，尤

第五章 一些国家和地区解决版权豁免与版权许可合同冲突的经验

其注重保护版权人的财产权,采用"额头出汗"的独创性标准,将独创性程度较低的作品纳入版权法保护之中。对版权人的保护比较全面,也比较严格。例如将自己买到的 CD 中的音乐拷贝到自己的设备中的行为是侵犯版权的;某人正在被某电视台采访时手机来电的音乐铃声响了,如果电视台要播放这段包含了手机音乐铃声的画面,就应该给手机响铃的音乐作品版权人支付版权许可费。英国大学图书馆内打印一篇文章,文章开头有明确的版权告示:学生可以保存该份材料,但只能用于个人使用,没有版权人的授权,不能进行任何复制。并且,许多版权人为了限制用户对版权材料的使用,采用版权许可合同排除用户被版权法许可的使用。这种严苛的版权保护及版权人的排除行为,严重影响了社会公众利益,也影响了经济的发展,遭到一些学校、公共图书馆、档案馆及社会公众的批评。英国政府非常重视该问题,2010 年,首相卡梅伦推出版权审查计划,重点在于简化版权法。为此,政府委托经济学教授伊恩·哈格里夫斯组成项目组完成此项审查。2011 年 5 月哈格里夫斯教授发布了《哈格里夫斯报告》,报告在版权部分重点对版权许可及数字时代的版权例外进行了评论,认为英国的版权法与现代社会的严重脱节带来了许多问题。复制行为成为现代工业程序和网络复制的重要基础,对于英国版权法对个人复制的苛刻限制,建议在个人复制、格式转换、滑稽模仿、非商业性研究、存档以及文本和数据分析等方面考虑合理使用。另外,政府还应该更新版权许可模式,应该通过立法确保版权例外不受版权许可合同约束和限制,以促使经济增长。

《哈格里夫斯报告》得到了包括数字经济联盟在内的许多组织

和个人的大力支持。① 英国政府为了建立更为公平合理的保障版权人、社会公众和促进文化传播的版权法，进行了一系列版权法改革活动。2012年12月，英国政府公布了《版权现代化——一个现代的、健康的、灵活的版权框架》（以下简称《版权框架报告》）的最终版权法修正方案，以回应社会各界对版权法修正的关心，也是对《哈格里夫斯报告》的回应。在"许可证：合同条款是否应该排除许可行为"部分，版权框架报告对哈格里夫斯报告中提出的一些版权人利用版权许可合同排除版权法许可行为现象进行了调查，被调查者分为两派：支持利用版权许可合同排除版权法许可的阵营和反对利用版权许可合同排除版权法许可的阵营。该报告列举了支持者和反对者的一些理由，并从合同的确定性、公平性和维护创造者、使用者利益平衡等方面出发，指出应该综合考虑，修订相关版权例外，适当限制版权许可合同排除版权法许可行为。②

最终，英国版权局从2014年5月开始，陆续向议会提交了涉及九个方面版权豁免的一系列版权法修改议案，并经议会批准于同年生效。这一系列修订的重点是英国版权豁免制度，完善了已有的版权豁免情形，增加了一些新的版权豁免，对利用版权许可合同排除版权豁免行为进行了限制。这些内容的修订是在尊重《欧盟信息社会版权指令》中关于成员国可引进的版权侵权排除事由清单的规定基础上对版权法进行的修订。英国版权法的修订显示了国际版权豁免制度发展的最新趋势，引领着国际版权豁免制度的发展。

---

① "科技公司呼吁英国政府加快版权和知识产权改革"，2011年7月12日，http://www.lawtime.cn/info/zscq/gwzscqdt/2011071281257.html。

② HM Government, "Modernizing Copyright: A modern, robust and flexible framework".

二、英国解决版权豁免与版权许可合同冲突的具体做法

（一）修订版权豁免制度

英国于2014年5月至8月通过了关于版权豁免的六个修正案，对《版权、外观设计和专利法》相关条款进行修改。分别涉及私人复制、研究学习、引用与滑稽模仿、阅读障碍者使用作品、教育使用、馆舍使用、公共管理等方面的版权豁免，这六个修正案于当年生效。

1. 私人复制的版权豁免[①]

2014年修改之前的英国《版权、外观设计和专利法》对私人复制规定的非常严格，规定没有经过版权人同意对版权人作品进行复制及格式转换的行为是侵权的，例如个人买回光盘后，如果把光盘中的内容复制出来就是侵权行为。修法后对私人复制限定稍微宽松一些，主要体现在第28B款及附表2中的1B关于私人复制豁免的规定；包括个人演出副本在内的由个人制作（除计算机程序以外）的作品，符合以下条件的不侵犯作品版权：(1)对个人自己合法持有的合法复制件进行的复制；(2)为了私人使用而制作；(3)既不用于直接也不用于间接商业性目的而制作。

根据以上规定，英国的"私人复制"严格限定：(1)私人复制的主体为私人，即自然人，并且"私"的范围仅限定为"个人自己"。(2)个人自己要复制的对象是由个人长期合法取得复制件或者是合法复制件的复制品，不是侵权复制品。可以包括类似以下两种情

---

① The Copyright and Rights in Performances (Personal Copies for Private Use) Regulations 2014, 2014-08-26, http://www.legislation.gov.uk/uksi/2014/2361/pdfs/uksi_20142361_en.pdf.

况的复制,一种是将自己买来的 CD 上的音乐复制一份到其他播放器,另一种是将自己复制的一份版权材料拍摄一份或者存储到云计算服务器中。特别注意的是,该条规定个人合法取得主要是指个人获得了版权作品载体所有权后的取得或获得数字作品所有权,方式包括购买、赠送传统作品或购买、赠送后下载数字作品而获得,不包括通过一般下载获得的副本等临时获得副本的情况,如果通过借用、出租、广播或流媒体等方式获得的副本也不属于个人合法取得。(3)私人使用方式仅包括三种方式的复制:作为备份副本的复制、为了格式转换目的的复制和用于存储目的复制。备份是已经对私人复制作品拥有合法所有权的人将该复制品自己复制、刻录等保存一份,目的是仅供本人使用;格式转换是指将一种文件格式转换成另一种格式,如将 word 文档转换为 pdf 文档;存储包括物质存储和数据存储两种方式。(4)私人使用只限定于复制者自己使用。私人使用不包括以下行为:a.未经权利人同意将复制件转让给另外一个人(除了私人临时性使用);b.未经权利人同意将复制件转让给另外一个人,之后所有使用复制件行为都是侵权行为,无论出于什么目的;c.如果一个人按照复制件制作了一份复制件,然后将原复制件转让给另外一个人(除了私人临时性使用),例如自己把买回来的光盘刻录后,将原光盘卖给他人;d.在 c 的情况下获得原复制件后且没有版权人许可情况下持有复制件的行为。

由此可见,英国版权法只允许个人对自己合法永久取得作品复制件所有权的作品进行非商业目的的个人使用的复制,不允许将获得的作品复制给家人或朋友。此规定的范围窄于欧盟其他成员国规定的私人复制权范围,如丹麦允许行为人为家人复制,同时禁止对私人复制件的传播。这些规定的目的是使私人复制控制在合理范围，不至于影响版权人作品的潜在市场。

英国版权法修正案中对于私人复制的版权豁免的规定受到了高科技、数字权利团体和社会大众的欢迎，代表高科技领域的组织——数字欧洲称，该立法将使英国法律符合数字世界的实际情况和消费者的期望。消费者与欧盟高科技行业一直敦促欧盟成员国去除一些关于国家与私人复制例外的过时和不公平的硬件税收制度。欧盟总干事约翰·希金斯（John Higgins）说，英国的做法为未来欧洲树立了标杆。① 但是由于《欧盟信息社会版权指令》第五条第二款 b 项规定在版权人得到合理补偿情况下，成员国可以规定私人复制。② 欧盟许多成员国遵照了这一规定，而英国此次修订没有规定对生产存储作品的复制设备的生产商征收补偿税，遭到了包括作曲家、音乐家、相关组织在内的版权人的质疑，他们认为英国私人复制的版权豁免制度中没有版权赔偿金规定，使版权人遭受了很大损失，且与欧盟规定不符。英国音乐组织（UK Music）称，新规则将伤害创作者的利益，并考虑是否采取法律行动。③ 最终，英国作曲家和歌曲作者学院（BASCA）、英国音乐家联盟（MU）、英国音乐组织三大团体对该私人复制修订法令提起诉讼，英国高等法院在 2015 年 7 月 17 日废止了对版权材料进行私人复制的规定。④

---

① "英国采用新的私人复制例外规则"，2014 年 8 月 10 日，http://www.ipr.gov.cn/article/gjxw/gbhj/om/yg/201408/1833485_1.html。

② 欧盟信息社会版权指令，2008 年 2 月 16 日，http://3g.51ip.com.cn/co/law/12031357091425_4.html。

③ "英国采用新的私人复制例外规则"，2014 年 8 月 10 日，http://www.ipr.gov.cn/article/gjxw/gbhj/om/yg/201408/1833485_1.html。

④ 英国私人复制规定被高等法院废止，2015 年 7 月 24 日，http://www.ipraction.gov.cn/article/xxgk/gjhz/gjdt/201507/20150700059561.shtml。

2. 研究、学习方面的版权豁免①

(1) 研究、学习的对象。根据修改之前的英国版权法的规定，为了非商业性目的的研究及个人学习而使用的版权作品仅限于文学、戏剧、音乐或艺术四方面，这种使用不侵犯版权，但需要注明作品的基本情况。这一范围不包括英国版权法列举的版权作品中的录音制品、电影、广播等作品，意味着他人未经版权人同意基于非商业目的使用录音制品、电影、广播等作品的行为是侵权的。②

2014年版权法修改法案将第29条(1)和(1c)中的"文学、戏剧、音乐或艺术作品"删除，意味着为了非商业性的研究及个人学习目的公平使用作品范围扩大至所有作品，也包括对表演及其录音制品的使用。③

(2) 研究、学习中的公平使用方式。修改后的版权法规定不是研究者或学生的复制行为不是公平使用。如图书管理员或代表图书馆利益行为的人不是符合第42A中（某人为了非商业目的而让图书管理员将某一作品复印一份）需要而进行的复制。

(3) 基于非商业性目的，为了文本和数据的计算机分析而对作品的复制不侵权。修改后的版权法特别重视对作品文本和数据分析的保护，因为通过对作品中文本和数据分析，可以充分利用其背后的信息为经济和社会发展服务，很多国家规定了可以对作品进行

---

① The Copyright and Rights in Performances(Research, Education, Libraries and Archives) Regulations 2014, 2014-05-19, http://www.legislation.gov.uk/uksi/2014/1372/pdfs/uksi_20141372_en.pdf.

② 英国版权法第29(1)，Copyright, Designs and Patents Act 1988, 1988-10-1, https://assets.publishing.service.gov.uk/government/uploads/system/uploads/attachment_data/file/308729/cdpa1988-unofficial.pdf.

③ 附表2中的1C, The Copyright and Rights in Performances(Research,Education, Libraries and Archives) Regulations 2014.

数据和文本信息的分析。因此,英国此次版权法修订规定了对于合法取得的作品,可以在非商业性目的前提下,为了进行文本和数据的计算机分析而复制该作品。当然,行为人在使用这些文本和数据信息时需要对作品情况进行充分的说明。但是,为了对作品中的文本和数据进行计算机分析而复制作品,但后来未经版权人同意将复制品转移给他人或者将复制件用于文本、数据计算机分析之外的用途的行为,都是侵权行为。

3. 引用和滑稽模仿的版权豁免[①]

(1) 引用的豁免。英国1988年《版权法》规定引用他人版权作品只能在以下情形:批评、评价或新闻报道。此次版权法修改对1988年《版权法》第30条作了修订,增加了(1ZA),将对作品、表演及录制品的引用版权豁免使用情形扩大到任何非营利目的的引用。该条增加了引用他人版权作品的严格条件,包括四方面:①被引用的作品、表演及录制品已经公开发表,公众能够合法获得;②引用的目的是为了非盈利性的合理使用;③引用的程度符合引用目的所需要的限度;④在引用作品时注明了被引用作品的版权方面的信息。

(2) 滑稽模仿的豁免。近十年,滑稽模仿作为一种新的创作形式逐渐流行,包括英国在内大多数国家版权法对于滑稽模仿没有进行规定。修改后的英国版版权法案增加了滑稽模仿版权豁免,滑稽模仿的使用对象为作品、表演及其录制品。该法案第30A条规定,为了讽刺、仿作或滑稽模仿等目的而使用他人作品、表演或其录制

---

① The Copyright and Rights in Performances (Quotation and Parody) Regulations 2014, 2014-08-26, http://www.legislation.gov.uk/uksi/2014/2356/pdfs/uksi_20142356_en.pdf.

品的，不构成版权侵权。

4. 残疾人使用的版权豁免[①]

英国修改前的版权法第74条规定了盲人使用文学、戏剧、音乐、艺术品及其他公开出版物作品的版权豁免。为了保障阅读障碍者获取和利用作品，也为了遵守2013年签署的《马拉喀什条约》，修改后的版权法：

(1) 扩大了主体范围。将此条的豁免主体由盲人扩大到盲人、视障者和其他印刷品阅读障碍者；

(2) 扩大了可被阅读障碍者使用的作品的范围，包括文学、戏剧、音乐、艺术品、其他公开出版物、表演、录音制品、广播等；

(3) 被批准的有关机构可以为阅读障碍者提供无障碍格式版本，前提是阅读障碍者已经合法获得某一版权作品，但由于其不能如正常的阅读者那样使用获得的版权作品，也无法通过购买、租借等商业渠道获得自己合法获得的版权作品的无障碍格式版本。

5. 教育使用方面的版权豁免[②]

(1) 教学目的的使用。修改前的英国版权法规定，施教或受教者为了教学或备课的需要而公平地采用彩印方式以外的方式使用文学、戏剧、音乐或艺术作品不侵犯这些作品的版权；施教或受教者在教学或备课过程中以制作影片或影片声轨的形式复制录音、影片、广播或电视节目的，不侵犯被复制作品之版权。[③] 上述规定限

---

① The Copyright and Rights in Performances (Disability) Regulations 2014, 2014-05-19, http://www.legislation.gov.uk/uksi/2014/1384/pdfs/uksi_20141384_en.pdf.

② The Copyright and Rights in Performances (Research, Education, Libraries and Archives) Regulations 2014.

③ 英国版权法，2011年9月13日，https://wenku.baidu.com/view/b0d1d0240722192e4536f6cf.html.

制过严，不利于教育的发展。修改后的版权法规定，由施教者或受教者单纯为了教学、研究而公平使用作品、表演及其录音的，不构成侵权，这里的作品包括版权法中规定的各种作品，不再排除网络使用作品，也不再不允许以彩印方式使用作品。

（2）教育机构的使用。教育机构或者代表教育机构的人出于非商业性说明的目的，复制相关作品的部分或对广播的录音或表演及其录音，并且传送给其学员或者职员的，不构成版权侵权，同时要求复制件中要充分说明版权信息，且教育机构要确保向教工和学生传播作品的网络传播方法是安全的。但上述使用应以其无法获得版权人许可为前提。

（3）教育机构复制的数量。教育机构或者代表教育机构进行的复制在任何连续12个月内不得超过作品整体的5%。

（4）教育机构的后续使用构成侵权。教育机构对于复制件如果进行交易、出租或传播则构成侵权，并且在交易或出租之后的所有使用也是侵权使用。

（5）远程教育的使用。修改前的版权法不允许通过远程方式向学生传播复制的作品部分，修改后的版权法允许出于非商业性教育目的，教育机构或者代表教育机构的人在确保传播方式安全的情况下将广播录制品或广播录制品复印件传送给其学员或职员。

6.图书馆、档案馆方面的版权豁免[①]

（1）保存版本的主体范围扩大。修改前的《版权法》第37—44A条规定了图书馆与档案馆的版权豁免。通常收藏文学、戏剧、音乐作品的馆舍不仅仅为图书馆和档案馆，一些博物馆、教育机构

---

① The Copyright and Rights in Performances（Research, Education, Libraries and Archives）Regulations 2014.

也有收藏。但是英国版权法规定,为了保存版本的目的可以复制所收藏的文学、戏剧、音乐作品(不包括录制品、电影、广播及艺术品)而不侵权的主体仅为图书馆、档案馆,不适用于除图书馆、档案馆之外的其他机构。该种情形的复制严格限定为只能制作一份复制品。修改后的版权法将保存版本、向公众提供作品的主体扩大到图书馆、档案馆以外的博物馆、教育机构。

(2)图书馆、档案馆、博物馆及其他教育机构使用版权作品的情形。除了英国版权法修改之前图书馆、档案馆可以使用版权作品情形以外,此次修改增加了这些主体可以使用版权作品的以下情形:第一,这些主体可以通过电脑、手机等技术终端向研究或学习的公众传播或者提供作品,必须注意的是,这些作品是馆舍合法获得的;第二,仅限于图书馆可以使用版权作品的情形,即符合法律规定的情况下图书馆自己可以对已出版作品、表演和录音的部分或全部进行复制,但是只能复制一份,复制的目的是将为了提供给其他图书馆,而其他图书馆不能是出于商业目的的需要;第三,图书馆、档案馆或者博物馆的普通员工、管理员或馆长,为了保存或者替换收藏的作品、表演的录音,制作作品、表演的录音制品的复制件以备永久收藏,不侵犯版权;第四,图书管理员可以在有人提出为了研究和学习需要而复制要求情况下,复制期刊的一份或其他已出版版权作品或录音制品的部分复制件,且不收取费用。第五,没有出版或公开发行的版权作品一般不允许向社会公众提供,但在特殊情形下馆舍可以向公众提供。

7.公共管理的版权豁免[①]

英国《版权法》第45—50条规定了公共管理的版权豁免,其

[①] The Copyright (Public Administration) Regulations 2014.

内容为：为了议会、司法程序、法定程序目的或者为了报道议会、司法程序以及法定程序而使用版权作品的，不是侵权。此次修改法案增加规定，公共管理机构和专门办理登记事务的管理机构为了公务、管理等非盈利目的可以公开其所掌握的版权作品，公开的方式包括在线或以载体方式，这种公务的公开不需要经过版权人同意。

（二）规定一些排除版权豁免的版权许可合同不可实施

英国1988年版权法第50A条关于计算机程序副本备份中已有关于版权许可协议中排除版权豁免行为的条款无效的规定。根据第50A的规定，计算机程序副本的合法用户为了合法使用的目的，不得不对其合法使用的计算机程序副本进行备份，该行为不侵权，版权许可协议中任何限制或禁止该条许可行为的条款是无效的。[1] 虽然法律不允许协议限制或禁止版权法许可的行为，但是实践中这种现象在英国很普遍。哈格里夫斯教授对英国多家版权集体管理组织和版权人的版权许可协议进行调查，发现协议中排除版权法律许可行为的条款大量存在。《哈格里夫斯报告》明确指出要对这些条款进行总体上的限制。[2]

作为对《哈格里夫斯报告》的回应，英国政府2012年的《版权框架报告》中较为详细地分析了版权许可合同排除版权法许可行为的情况，并提出了下一步措施。该报告提到，如果英国法律允许某种行为，则不应该因为合同条款强加的限制而损害该许可的利益。因此，政府在做此报告之前，对"政府是否提出一项一般性条款规定任何旨在禁止或限制版权法允许的行为的合同条款无法执行"广

---

[1] Copyright, Designs and Patents Act 1988.

[2] Ian Hargreaves, "Digital Opportunity—A Review of Intellectual Property and Growth".

泛征求意见,并在《版权框架报告》中将征求意见情况进行了说明,指出一部分被调查者认为为了维护公共利益版权法许可的行为不应该被版权合同条款限制,一部分被调查者认为合同自由是重要的,不应该立法限制合同内容。政府希望确保通过版权许可合同明确性而实现更多的许可使用,政府考虑到社会公共利益和版权产业的发展,不会禁止所有排除版权法许可使用的版权许可合同,只是对版权许可合同禁止或限制一些版权法许可的使用加以禁止。[①]

2014年英国的六个修正案对版权许可合同排除版权法许可使用进行了限制,规定这种合同不可执行。在私人复制方面,修改后的版权法规定版权许可合同目的是禁止或限制依据第28条(B)或附表2中1B(8)规定不侵权的复制,这样的条款不可执行。[②] 在研究、学习使用方面,修改后的版权法第29(4B)、29A(5)规定版权许可合同有禁止或限制研究、个人学习而使用或对计算机数据分析目的而复制的条款的,该条款无效。在引用版权豁免、滑稽模仿豁免、阅读障碍者的版权豁免方面,修订后的版权法第30(4)、30A(2)、31F(8)规定版权许可合同的条款禁止或限制这些方面使用的,不具有法律效力。在教育版权豁免方面,修订后的版权法并没有规定所有的排除教育使用的版权许可合同的无效,而是在第32条至第36条(A)仅规定合同条款排除教育机构或者代表教育机构的人出于非商业性说明的目的复制相关作品的部分,并且传送给其学员或者职

---

① HM Government, "Modernizing Copyright: A Modern, Robust and Flexible Framework".

② 英国版权法第28B(10)、附表2中1B(8)"To the extent that a term of a contract purports to prevent or restrict the making of a copy which, by virtue of this section, would not infringe copyright, that term is unenforceable", Copyright, Designs and Patents Act 1988.

员的,该条款无效,而对于以下两方面教育机构的使用没有限制版权许可合同的排除:(1)教育机构基于非商业性说明的目的,录制广播和对录制品复制传给其学员或职员的;(2)远程教育的使用。修改后的版权法没有规定所有排除馆舍版权公平使用的版权许可合同都无效,只在第40(A)至第44(A)规定对以下四种情况的使用进行排除是无效的:(1)符合法律规定的情况下图书馆自己可以对已出版作品、表演和录音的部分或全部进行复制,但是只能复制一份,复制的目的是为了提供给其他图书馆,而其他图书馆不能是出于商业目的的需要;(2)图书馆、档案馆或者博物馆的普通员工、管理员或馆长,为了保存或者替换收藏的作品可以制作作品复印件以备永久收藏,不侵犯版权,如果其他同类型馆舍机构收藏或保管的作品出现丢失、破损或毁坏的情况下向某一馆舍提出请求,被请求的馆舍可以为其提供能够替换该作品的复制品;(3)第75条(1)档案馆为了存档需要,对广播进行录制或对录音录像进行复制;(4)图书管理员可以在有人提出为了研究和学习需要复制要求情况下,复制期刊的一份或其他版权作品的部分复制件,并且不收取费用。而对于馆舍通过技术终端向研究、学习的公众传播作品或者提供作品以及向公众提供未出版作品的复制品的行为,可以通过许可合同排除。英国版权法第45条至第50条对于公共执行方面的合理使用也可以通过版权许可合同排除。

(三)建立数字版权在线许可机制

《哈格里夫斯报告》中提出10项主要建议,其中包括创建数字版权交易平台。报告指出,英国应该建立一个全方位的数字版权交易平台……使版权授权与使用简便易行……从而促进市场交易更加迅速、自动化更高以及价格更实惠。哈格里夫斯建议,英国应当建立在线的跨部门的数字版权交易平台（Digital Copyright Exchange），这样可以为英国的各类企业提供交易方便、透明且有较强竞争力的全球数字版权作品市场，从而激发版权企业活力，使版权产业蓬勃发展。[①] 尽管这位教授没有详细说明该交易平台的设置及运作细节，但他认为此交易平台的建立者和管理者应该为政府，平台应该包括一个强大的数据库和数据网络。调查得出的结论认为，交易平台应该以集成中心形式运行，且由政府支持的创意产业主管。[②]

《哈格里夫斯报告》肯定了版权法对英国经济发展的根基性作用，但同时认为现存版权制度太繁杂，不利于创新和经济发展，应该对版权法进行改革，但是改革法律制度会动摇传播者集团的利益，较难实现。可以对版权法进行较小幅度的调整，重点是利用新媒体的"技术红利"由政府牵头建立一个统一的涉及多部门的数字版权交易平台，这样便可以借助技术手段使新媒体时代作品的创作、交易效率与作品传播效率保持在平衡状态。改革的目的是在不过分触动传播者利益、不大修版权法的情况下，通过创新市场机制的创新来弥补制度与产业之间的裂痕。[③] 英国政府于 2011 年 11 月派理查德·胡珀（Richard Hooper）教授对数字版权交易中心进行可行性研究。理查德·胡珀教授对 117 家文化产业方面的机构进行了调研，组织不同领域的专家对各项问题进行了深入分析后，提出关于在线版权交易平台的具体建设意见，建议将数字版权交易中心改

[①] Ian Hargreaves, "Digital Opportunity—A Review of Intellectual Property and Growth".

[②] 田晓玲：" 著作权集体管理的适用范围和相关问题研究"，《知识产权》2015 年第 10 期。

[③] Ian Hargreaves, "Digital Opportunity—A Review of Intellectual Property and Growth".

称为"版权集成中心"(Copyright Hub)。①

2013年3月底,英国政府正式开始建设数字版权在线集成中心。该版权许可集成中心将简化版权交易许可程序,为广大消费者提供一个免费、开放和竞争的市场,消费者能够较容易地获得版权人或版权许可的作品信息。②该平台于2013年7月8日正式上线。从2017年3月至2018年8月,版权中心已逐渐建设成为欧盟H2020 ARDITO项目③的一部分。④

英国建立的"版权许可集成中心"是较为统一的超级许可交易平台,完全不同于过去的版权交易平台,其特点体现在以下四方面:

(1)统一的版权许可集成平台。英国版权许可集成中心通过统一的入口,将英国音乐版权协会(PRS for Music)、美术家联合会(ASC)、英国图片图书馆和代理商协会(BAPLA)、盖蒂图片社(Getty)、英国广播公司(BBC)和国际焦点(Focal International)等12个在线平台收纳为该集成中心的资源库,综合这12个数据库和服务,为用户提供"一站式"的便捷体验。用户可以注册个人作品信息,也可以浏览其他人作品信息。⑤此外,版权集成中心还将"孤

---

① "The Copyright Hub's Inception", 2012-03-30, http://www.copyrighthub.org/about/history/.

② "Government gives £150,000 funding to kick-start copyright hub", 2013-03-28, https://www.gov.uk/government/news/government-gives-150-000-funding-to-kick-start-copyright-hub.

③ 欧盟的H2020 ARDITO项目也是在线服务平台,主要在于帮助小型企业更好地在线利用自己的知识产权,制定数字作品版权人声明的新标准。Digital Rights Holder Statement published, 2017-10-12, http://www.copyrighthub.org/digital-rights-holder-statement-published/.

④ "The Copyright Hub Archives: August 2018", 2018-08-30, http://www.copyrighthub.org/2018/08/.

⑤ "The Copyright Hub", 2012-03-30, http://www.copyrighthub.co.uk/find-out/copyright-organisations#.

儿"作品、"公有领域"作品都收集在平台上，从而能够对文化创意资源一站式获取，提高了版权许可效率。

（2）集中中小用户和长尾版权资源。版权市场有两大类作品，一类是那些价值高但数量少的优质版权资源，如知名人士的作品和流行作品等；另一类是那些价值不高但数量众多的作品数字资源，这部分资源主要来自较小用户，如教师、学生等用户在 YouTube 上发布视频、创造性的音乐、图像和文字等，而这些资源却是小型数字初创公司想要的，这些数字资源构成了版权市场中的长尾部分。[①]虽然看似价值不大，但是数量众多，况且并不是每一个这一段数据资源都是价值不大的，很有可能在某个时段某种环境下就有了非常大的价值。[②] 这些海量长尾资源蕴含了无数的创新可能与潜在财富，这些个人用户和中小企业比较分散，如果一一洽谈，成本就很高，在没有集成平台时，没有传播企业愿意花很大成本去寻找海量的分散的作者。而版权集成中心利用网络技术和大数据将海量的作品海量的作者都集中到交易平台，使需要使用版权作品的企业较方便地联系作者。可见，版权集成中心收纳这样的小用户，不仅利于资源

[①] 过去人们只能关注重要的人或重要的事，如果用正态分布曲线来描绘这些人或事，人们只能关注曲线的"头部"，而将处于曲线"尾部"、需要更多的精力和成本才能关注到的大多数人或事忽略。如在销售产品时，厂商关注的是少数几个所谓"VIP"客户，"无暇"顾及在人数上居于大多数的普通消费者。而在网络时代，由于关注的成本大大降低，人们有可能以很低的成本关注正态分布曲线的"尾部"，关注"尾部"产生的总体效益甚至会超过"头部"。例如，某著名网站是世界上最大的网络广告商，它没有一个大客户，收入完全来自被其他广告商忽略的中小企业。安德森认为，网络时代是关注"长尾"、发挥"长尾"效益的时代。"长尾理论"，2014年12月22日，https://baike.baidu.com/item/%E9%95%BF%E5%B0%BE%E7%90%86%E8%AE%BA/1002。

[②] Richard Hooper CBE & Dr Ros Lynch, "Streamlining copyright licensing for the digitalage", 2015-11-20, http://copyrightorg.wpengine.com/wp-content/uploads/2015/11/Copyright-works-Streamlining-copyright-licensing-for-the-digital-age.pdf.

的集中，也使小用户借助集成中心拥有较强大的获取版权许可信息和谈判方面的能力。

（3）版权集成中心的主要目标明确。版权集成中心的主要目标有以下五个方面：A.版权集成中心力图充当复杂的版权世界路标和导航机制。在集成平台出现之前，面对海量的版权作品，使用者很难找到版权人，而用户想将自己的作品许可他人，也不容易找到合适的传播者。英国版权集成中心建立的目的之一就是为人们解决难以寻找合作方的难题。B.成为进行版权教育的地方。在版权集成平台上以问答方式放置了大量版权法方面的知识，让用户通过查找与自己关心的问题的方式，提高用户的版权法律意识。C.在该平台上，任何版权人可以选择进行版权、相关授权的作品使用和将自己作品许可的登记。D.成为潜在被许可人可以浏览的平台，以寻找交易费用较低、要求透明、便于使用的作品，并在平台上获得使用许可。E.成为孤儿作品潜在用户获得许可使用的权威的平台。[①]

（4）有助于使社会公共利益得到实现。英国的"版权集成中心"与版权法一样注重增进社会公共利益。制定版权法的国家都非常重视社会公共利益，如何在版权集成中心的建设中维护社会公共利益也成为设计者们考虑的重要问题。最终，英国版权集成中心专门开设一个区域，依法为各种教育组织提供版权作品，教育组织为了公益活动可以利用这些版权作品。由于英国版权法对版权作品有着非常严格的保护，在文字、音乐、影视等不同版权作品之上的具体权利性规定和与这些版权作品相关的交易规则都十分复杂，经常

---

① Richard Hooper CBE & Dr Ros Lynch, "Streamlining copyright licensing for the digitalage", 2015-11-20, http://copyrightorg.wpengine.com/wp-content/uploads/2015/11/Copyright-works-Streamlining-copyright-licensing-for-the-digital-age.pdf.

使教育部门的师生们在使用版权作品时小心翼翼,但难免还会有不小心的侵权。"版权集成中心"为解决这样的问题,专门设计了教育板块,以利于教育部门的使用。

第二节 爱尔兰的做法

爱尔兰版权评论委员会在 2013 年 11 月发布的《版权现代化》报告中建议,任何排除版权法允许豁免的合同条款应该是无效的。①该报告引起版权人和使用人之间的激烈争议。一批代表权利人利益的学者认为,保护版权例外免受版权合同的约束是对合同自由的过度限制,用户可能需要这样的合同换取他们希望得到的利益,而代表用户利益的学者们认为不正确处理合同排除将使版权例外毫无意义,合同自由虽然重要,但是这种合同是在用户不自由状况下签订的。面对这些争议,爱尔兰政府于 2016 年提出将在新的版权法案中考虑实施爱尔兰版权评论委员会的《版权现代化》中的建议,包括增加漫画、讽刺和戏仿新的版权例外,允许图书馆、档案馆和教育机构为了保存和加入展览目录而复制其收藏的作品,扩张版权例外,以促进非盈利目的的研究(包括引入文本和数据分析的例外),拓展新闻报道中合理使用例外的范围,允许自愿保存数字书籍。②经过多次论证,爱尔兰政府在 2018 年 3 月公布了《版权法和其他知识产权法条例草案 2018》。为了满足社会需要,该草案扩大了教育例外,允许在课堂上或通过接入的安全的学校网络使用数字

---

① Copyright Review Committee(Ireland),"Modernising Copyright".
② "爱尔兰政府计划改革《版权法》",《中国知识产权》2016 年第 10 期。

作品；扩大研究例外以及提供数据分析的例外；为方便残疾人士使用的例外；允许漫画、讽刺和戏仿的版权例外；为了新闻报道的目的扩大版权作品的公平交易概念。特别值得一提的是，该草案在第374（2）中规定，受益人（用户）在法律上有权获得受保护的作品或者相关资料，权利人或被许可人应当向受益人（用户）提供版权法允许的利益，……权利人不得通过合同条款阻止或不合理地限制受益人（用户）的被版权法所允许的版权豁免行为。[①]爱尔兰《2019年版权和其他知识产权法规定法案》于2019年12月2日通过。

第三节 美国的做法

美国排除版权豁免的版权许可合同较早出现在软件行业，软件权利人通过软件协议限制或禁止用户对软件进行合理使用及反向工程。这类合同引发的新纠纷往往最先由法院解决，美国法院在解决这类合同纠纷中形成了相应的判例及规则。随着软件许可合同中排除版权豁免的现象越来越多，美国立法部门也开始关注并进行了相应的立法。

一、司法实践

（一）1996年之前，排除版权豁免的许可合同条款无效

软件权利人与用户因这类合同发生纠纷后，法官们往往依据美

[①] Irish Government, "Copyright and Other Intellectual Property Law Provisions Bill 2018".

国版权法中第 301（a）规定的版权明确的优先原则来处理版权许可合同与版权法之间可能存在的冲突。美国版权法中第 301（a）规定"所有……相当于版权一般范围内的任何专有权的权利……均受本法约束。"该条对于各州法律在版权权利、客体方面规定不同于联邦版权法的，明确了联邦版权法的优先适用，由此，法官们往往采用联邦版权法优于各州合同法的做法，以此认定排除版权豁免的版权许可合同无效。比较具有代表性的案件是 1988 年沃德诉奎德软件有限公司案（*Vault v. Quaid Software, Ltd.*）。

  该案的原告软件计算机公司沃德花费很高的成本开发生产了"PROLOK"计算机软盘。为了防止沃德的客户对"PROLOK"软件进行未经授权的复制，沃德公司在"PROLOK"磁盘中设置了"指纹"和沃德保护软件两部分组成的保护装置。购买者如果未经沃德公司许可复制"PROLOK"所保护的软件时，电脑不能运行该软件。[①] PROLOK 软件包专门禁止对沃德公司的程序进行复制、修改、翻译、反编译或反汇编。从 1985 年 9 月的 2.0 版本开始，沃德公司的许可协议包含了一系列采用路易斯安那州法律的法律条款。沃德公司在市场上发现有一款与"PROLOK"一样功能叫做"RAMKEY"的磁盘，该款磁盘是奎德公司对其购买的沃德公司的"PROLOK"磁盘及其中的软件进行反向工程而获得的。沃德对奎德采取了法律行动，寻求永久禁令，以防止奎德广告和销售 RAMKEY。沃德还根据路易斯安那州的法律提出了两项索赔请求，认为奎德违反了路易斯安那州软件许可执法法案，通过反编译

---

① 阮开欣："软件许可合同中禁止反向工程条款的效力研究——美国法律制度及其借鉴"，《科技与法律》2010 年第 6 期。

第五章　一些国家和地区解决版权豁免与版权许可合同冲突的经验

或反汇编违反了其许可协议。而审理该案的地方法院认为,沃德的"PROLOK"磁盘中许可协议的效力与该州的州法是否有效有关,因为协议是依据该州州法而拟定的。但是依据美国版权法第301条的版权法优先条款规定,该州法的条款因与联邦版权法冲突而不能适用,因此该协议禁止反向工程条款由于违背版权法而无效。[①]

这种利用联邦版权法优先于州法律而认定排除版权豁免的合同条款无效的做法主要是维护版权法保护的版权人、传播者和使用者之间的利益平衡。这种做法在美国持续了一段时间,直到1996年普若克公司诉增登伯格案。

(二) 1996年普若克公司诉增登伯格案之后排除版权豁免的合同条款有效

1996年的普若克公司诉增登伯格案改变了以往认定排除版权豁免许可合同无效的判例法规则,确立了这类合同有效的规则。

该案的伊斯特布鲁克(Easterbrook)法官认为,外包装并不能构成全部的合同条款,用户开始准备使用光盘时会出现压缩包协议内容,如果继续使用则表明同意协议,被告如果不同意压缩包条款内容可以选择退货。但是,如果被告选择了继续使用光盘,则说明已经同意接受条款并受之约束。版权是对世权,比较而言,合同一般只影响合同当事人,因此合同没有创造专有权。依据合同自由原则,限制使用事实信息的合同不受"版权法"的约束,因此可以强制执行。[②] 这个判例确认排除版权豁免的版权许可合同的有效。

普若克公司诉增登伯格案引起了美国学者极大关注,形成了两

[①] 阮开欣:"软件许可合同中禁止反向工程条款的效力研究——美国法律制度及其借鉴",《科技与法律》2010年第6期。

[②] *ProCD, Inc. v. Zeidenberg*, 86 F.3d 1447 (7th Cir.1996).

派意见。一派支持该案的判决,赞成版权法不具有优先性。一派认为版权法应该具有优先性,排除版权豁免的版权许可合同无效。该派认为,如果普若克公司诉增登伯格案判决方法被广泛采用,结果将是可怕的。版权所有者会通过合同随意扩大权利,导致入侵、收缩并可能破坏公有领域,最终合同会扼杀版权法。

尽管两派争议激烈,美国法院对于这类案件却一直支持许可方,如汤普金斯诉新英格兰联合医疗案(Tompkins v. United Healthcare of New England)、扳手有限责任公司诉塔可贝尔公司案(Wrench LLC v. Taco BellCorp.)等。①2003年联邦上诉法院在鲍尔斯诉贝斯得特技术公司案(Bowers v. Baystate Techs, Inc.)中更是全面阐述排除版权豁免的许可合同的有效性。原告鲍尔斯设计了一种改进CAD软件的模板Cadkey工具并申请获得了专利,鲍尔斯将自己拥有独占许可使用权的Geodraft和Cadkey工具进行混合形成新产品并进行销售,在新产品的压缩包许可协议中明确规定不允许任何反向工程。鲍尔斯在市场上发现了与Cadkey功能相似的DRAFT-PAK的产品,原来,该产品是贝斯得特技术公司通过反向工程获得的。贝斯得特公司还开发并销售针对Cadkey的其他工具。鲍尔斯主张贝斯得特公司违反了压缩包许可证中禁止对鲍尔斯软件进行反向工程的条款。

该案在美国影响巨大,因为涉及美国联邦版权法是否优先于鲍尔斯的禁止反向工程条款的软件许可协议。案件审理期间,三十三位法学教授和八个组织共同提交了一份法庭之友简报,支持贝斯得

---

① Tompkins v. United Healthcare of New England, 203 F.3d 90, 97(1st Cir.2000); Wrench LLC v. Taco BellCorp., 256 F.3d 446, 457, 59 USPQ2d 1434,1441-42(6th Cir.2001)。

特公司的立场,即鲍尔斯的违反版权豁免的合同应该被"版权法"所取代。然而,联邦上诉法院的主审法官雷达(Rader)认为版权法的第301(a)不能优先适用,因为压缩包许可证中没有规定不许用户进行版权法所规定的依法可以进行的复制、演绎、表演和播放等。况且,在普若克公司诉增登伯格案法院就强调了版权是一种对世权,而合同是一种对人权,只影响缔结合同的双方当事人,被许可方运用该软件就意味着接受了压缩包许可证中的禁止反向工程条款,所以,压缩包许可证禁止反向工程条款是有效的。[①]

(三)美国司法中采用禁止版权滥用原则

美国司法中一直存在禁止版权滥用(copyright misuse)原则。这是被告针对原告的版权侵权指控而采用的抗辩法则。美国法院遵循版权滥用原则能够拒绝强制实施一些协议,如这些协议试图对版权作品超出版权法规定的限制来扩展保护,协议的对方被版权人起诉后可以以版权人"版权滥用"为由,作为应对侵权指控的抗辩手段。如果版权滥用抗辩已经被证实,版权人在其滥用行为停止之前,不得利用其版权。该原则一定程度上能够约束限制或禁止版权豁免的版权许可合同。这个抗辩原则肇始于美国联邦上诉法院的司法判例,也就是1990年的雷瑟康(美国)公司诉雷诺兹案(*Lasercomb America, Inc. v. Reynolds*)。原告雷瑟康(美国)公司与被告雷诺兹签订了一份许可雷诺兹使用一款雷瑟康(美国)公司拥有版权的计算机设计软件的许可证,许可合同中约定:(1)被许可人雷诺兹不能擅自复制该软件;(2)合同期限为99年,雷诺兹在

---

① *Bowers v. Baystate Technologies*, Inc., 320F.3d 1317 (3rd Cir.2003),又见阮开欣:"软件许可合同中禁止反向工程条款的效力研究——美国法律制度及其借鉴"。

合同期间不得开发与被许可方相竞争的软件;(3)期满后1年内也不得自行开发竞争软件。但是后来雷诺兹违反许可证协议内容开发了竞争性软件,并由雷诺兹所在的假日钢公司(Holidaysteel)对外销售所开发的软件产品。后来,雷瑟康(美国)提起诉讼,雷诺兹和假日钢公司在法庭上抗辩说雷瑟康公司(美国)滥用版权,但被地区法院驳回。被告雷诺兹随后向第四巡回法院提出上诉,巡回法院认为,该许可证将权利时间设定为99年已经超出了版权法所规定的保护期间。法庭还发现,版权人曾经不断尝试扩张其版权方面的权利范围,试图享有超过法律规定范围的权利,并以此不断阻止人们通过合法方式开发具有竞争力的软件,因此确认雷瑟康(美国)公司的行为构成版权滥用。①

美国版权滥用的根本性原则是美国宪法中的版权与专利条款,该条款表明了"促进科技与实用技术的发展"这一立法意图。滥用原则适用的理论基础为"行为人对版权的利用方式有违版权法与相关公共政策"。法官们认为,反竞争性的许可证协议与排除适用合理利用原则的协议以及版权法中的公共利益原则相违背。

这个法则在此案之后逐渐被各个联邦上诉法院接受,但至今仍然还未获得全面性的认可。版权滥用源于美国的专利权滥用,后者成为美国现行专利法第271条第(d)项第(4)与(5)款。但是,对于目前网络上诸多有关排除适用版权作品合理使用原则的合同而言,如何对它们适用版权滥用原则,依然没有明确的范例进行指导。美国哥伦比亚大学法学院对这一问题给出了建议,版权滥用原则可以在"令人震惊"或者"明显超出合理范围"的案件中使用并使合同

---

① *Lasercomb America Inc. v. Reynolds*, 911 F.2d 970(4th Cir.1990).

条款无效。目前，多数法官往往遵从"合同自由"原则来对待相关问题。

二、立法动态

从上世纪八十年代开始，排除版权豁免的版权许可合同已经在美国软件行业开始使用，这类合同纠纷的案件也逐渐增多。从1988年沃德诉奎德软件有限公司案到1996年的普若克公司诉增登伯格案，反响都特别大，美国立法部门开始关注版权豁免与软件版权许可合同的冲突问题，试图对这类合同进行调整，并由此展开了相关的立法活动。

（一）《统一计算机信息交易法》（UCITA）对"禁反条款"效力的态度[①]

《统一计算机信息交易法》（以下简称 UCITA）是针对计算机软件的特殊性以保护软件权利人的知识产权，由美国统一州法全国委员会在1999年7月通过，并向各州推荐采纳。UCITA 第105条对于违反联邦法或违反基本公共政策的软件合同规定了不可执行，第105条（a）款规定，该法中的规定如与联邦法律冲突，则发生冲突的部分无效。（b）款规定软件许可合同条款不得违背基本公共政策，如果软件许可合同条款违背此规定则该合同不可执行。

在 UCITA 中对软件许可合同有严格的规范要求，只有符合规范要求的许可合同才可以被执行。这些规范要求包括：

[①] "美国统一计算机信息交易法"，1999年7月28日，http://www.100ec.cn/detail--6058814.html。

(1) 程序保护规则。程序保护规则规定，软件许可合同的许可人要给予被许可人合理的审查机会，并对该审查机会做了详细的规定。

(2) 公平规则。第 11 条规定了显失公平的合同不可执行。在第 11 条(a)款中明确规定软件许可合同或其中的条款显失公平，那么法院可以不执行。

(3) 消费者保护规则。根据第 105 条(d)款规定，对于那些排除消费者保护法律的电子合同不能被执行。

只有符合以上三个关于软件合同规范要求的合同才能被执行。遇到这类合同纠纷，依据该规定，法院需要根据以上要求、消费者权益保护法、著作权法和反不正当竞争法等相关法律的规定去判定排除版权豁免的压缩包合同是否执行。[①]

该项法案反对者认为该法案保护软件公司利益甚于消费者利益，实施该法案的州较少。[②]

（二）2009 年《软件合同法规则》规制软件的许可、转让和接触等行为

由于反对 UCITA 的较多，美国法律研究会（ALI）于 2009 年制定《软件合同法规则》规制软件的许可、转让和接触等行为。它旨在以法律规定的软件许可、转让和接触等方式提供统一性，特别是鉴于美国判例法的丰富和 UCITA 的没有全面实施。《软件合同法规则》吸收了数十年围绕法律对软件处理的学术和法律辩论方面的

---

① Roger E. Schechter, "The Unfairness of Click-On Software Licenses", 46 *Wayne L. Rev*(Winter 2000). p.1735.

② 朱堂良：《反对者太多，美国统一计算机信息交易法流产》，2003 年 8 月 8 日，http://news.chinabyte.com/108/1720108_all.shtml。

成果。

《软件合同法规则》(以下简称《规则》)对软件所有者提供的压缩包、点击协议和网络浏览协议规定了形式要求,要求软件协议以电子方式在一开始就提供给受让人,授权条款特别是对被许可方有限制的条款必须在协议范围内引人注目,必须及时通知受让人关注此类条款并提供机会纠正这种情况。设置选择,让受让人可以存储、打印软件协议并能审查软件协议,一旦转让人合理地认为受让人意图受约束,则该协议已经确立,并具有可执行性。设置限制的条款必须符合公共政策和情理的要求,一旦协议中限制条款被发现与公共政策和情理不符,那么,《规则》不像 UCITA 那样规定不可执行,而是单独处理。《规则》规定根据不同情形进行处理,只有协议条款违反版权法中的强制性规范才可以不被执行。与 UCITA 相比,《软件合同法规则》对不合情理或公共政策规定的改变,受到了软件权利人反对 UCITA 的影响。[①]

(三)与《数字千年版权法》(DMCA)有关的规范的做法

《数字千年版权法》(以下简称 DMCA)并无版权合同相关规范,2001 年美国版权注册局与相关部门发布的《有关 DMCA104 条的共同报告》只是顺带提及了版权许可合同是否被版权法优先的议题,报告认为当下通过立法解决此问题为时尚早,一方面版权法与合同法长期共存;另一方面,网络合同以及技术措施会使权利人而不是国会来决定使用者特权的范围,但是市场力量将阻止权利人不

[①] Roksana Moore, "Principles of the law of software contracts—The way forward?", *Computer Law & Security Review*, Volume 26, Issue 4, (July 2010), pp.427-431.

合理的限制消费者权利。①

美国国会和版权局均在推动全面且彻底的版权法改革,自2011年以来,开始致力于版权现代化建设,并做了相应规划。2013年3月,美国版权局局长帕南特呼吁由于技术迅速发展,现有的版权法已经出现了问题,需要对美国版权法进行全面修订。2017年6月28日,美国版权局发布了每三年一份的关于美国版权法1201条款的报告。作为DMCA组成部分的1201条款,其规定了禁止规避受版权保护的作品的技术保护措施。在评估了该条款近三年的实施效果后,美国版权局对该条款的整体实施效果表示满意。但为了更好地保护安全研究、修复活动和残疾人权利,美国版权局建议国会对该条款进行适度修订。修订的内容主要包括以下几个方面:(1)扩大了基于安全测试和加密技术研究的永久性豁免;(2)增加了旨在帮助残疾人的辅助技术研究的永久性豁免;(3)增加了对诊断、修复活动的豁免,包括对软件的修复,但不包括对软件进行的升级和优化;(4)扩大了图书馆基于保存版本、修复和研究目的进行的复制和传播某些作品的豁免范围;(5)扩大了基于教育目的使用视听作品的豁免;(6)对每三年进行一次的临时性豁免的程序性事项作出了规定。②未来美国版权法修订,应该会全面规范排除版权豁免的版权许可合同。

目前,美国并没有在立法上对合同排除进行限制。美国的制定法中除了版权法第301条涉及版权法优先,其他立法对排除版权豁

---

① U.S. Copyright Office, "DMCA Section 104 Report", Washington: U.S. Copyright Office, 2001, p.162.
② 美国版权局:"提议对《数字千年法案》第1201条款进行适度修订",2017年6月30日, http://www.sohu.com/a/153487550_740311。

免的版权许可合同是否有效是否可执行有的规定了,但是有很多州反对。美国是判例法国家,在1996年普若克公司诉增登伯格案中确定的排除版权豁免的版权许可合同条款有效的判例在法院判决中占主导地位,常被引用。而排除版权豁免的版权许可合同部分无效的观点则逐渐失势。现在第五、第七、第九、第十一联邦巡回法院常采用普若克公司诉增登伯格案判例,确认排除版权豁免的版权许可合同条款有效。相比之下,只有第六联邦巡回法院明确限制豁免的合同无效。③

第四节 澳大利亚的做法

澳大利亚对知识产权的监管和保护是加强还是削弱历来存在较大争议。澳大利亚商人希望法律对知识产权监管和保护严格一些,以使投资者从其投资中获得利益,而澳大利亚的学者、消费者和图书馆等公共服务机构人员则认为若法律对知识产权保护过多过严,则会阻碍知识的传播和创新。以版权法为例,现有的版权法保护严格,使得人们接触知识信息材料的途径有限,接触知识信息材料的成本变大,这些都会阻碍新作品的出现。为此,澳大利亚政府非常重视版权法改革。早在2014年2月,澳大利亚法律改革委员会(Australian Law Reform Commission,以下简称ALRC)对与版权相关的各类主体进行调查,做出了《版权与数字经济报告》(以

---

③ Guy A. Rub, "Copyright Survives: Rethinking the Copyright-Contract Conflict", pp.1141-1248.

下简称 ALRC 报告）。报告重点在版权豁免方面，建议修改合理使用条款，尤其是对利用版权合同限制或排除版权豁免的行为进行限制。该报告的发布在澳大利亚引起了较大反响，版权商特别反对该报告，因为报告的建议更有利于社会公众。报告和社会各界的反响也引起了政府的重视，澳大利亚生产力委员会（以下简称 PCIR）受政府委托，对澳大利亚包括版权在内的知识产权制度运行状况进行调查，并在 2016 年 12 月发布了撰写于 9 月的《知识产权分析》（Intellectual Property Arrangements）报告，该报告针对整个知识产权制度提出了建议。在版权制度方面，仍然建议限制版权许可协议中排除版权豁免。最终，澳大利亚在 2017 年 6 月 23 日修订了《澳大利亚版权法》，形成了《版权法 1968（2017 年 6 月 23 日修订）》（以下简称 2017 修订本）。2017 修订本主要将马拉喀什条约对阅读障碍者的保障性规定转化为国内法，同时，通过修改《1968 年版权法案》也促进了数字环境中的版权产业发展。其中，对排除版权豁免的版权许可合同进行了规范，这是澳大利亚版权制度现代化的重要标志。

一、完善版权豁免制度

为适应数字时代的发展，澳大利亚不断地修改完善其版权法，特别是版权法中关于版权豁免方面的规定。澳大利亚法律改革委员会经过 2 年多的调研，在提交的 1000 多份意见和 100 多次讨论的基础上，出台了《版权与数字经济》报告（ALRC 报告），并于 2014 年 2 月正式发布。版权豁免是这个报告的核心内容。ALRC 报告在第六部分建议设置公平处理版权豁免，这个豁免与合理使用不同,在确定特殊情形的同时采用开放式的模式,是合理使用的备选。ALRC报告对公平处理豁免建议以下特殊情况时采用:(a)调查或研究(research or study)(已存在);(b)批判或评论(criticism or review)(已存在);(c)模仿或讽刺(parody or satire)(已存在);(d)报告新闻(reporting news)(已存在);(e)专业意见(professional advice)(已存在);(f)引用(quotation)(新的);(g)非商业性私人使用(non-commercial private use)(新的);(h)临时或技术使用(incidental or technical use)(新的);(i)图书馆或档案馆使用(library or archive use)(新的);(j)教育(education)(新的)。同时考虑以下四要素:使用目的和限制、版权作品性质、使用部分占版权作品的数量和质量比例、对版权作品市场价值和潜在市场的影响。[①]这个报告扩大了版权豁免的范围,采用了新的判断标准。

ALRC报告发布后,版权人和社会公众进行了大讨论,引起了政府关注,政府委派PCIR对澳大利亚的整体知识产权发展状况与知识产权法律制度进行研究考察。PCIR在2016年公布了《知识产权分析》报告。该报告分析了澳大利亚版权法在版权豁免制度方面的缺陷,并提出应该根据澳大利亚人的使用和消费习惯对版权豁免制度进行完善,以使澳大利亚人能够合理使用版权材料。该报告通过大量的调研发现在澳大利亚"合理使用"受到很多人的欢迎,尤其是学者、学生和公务人员,认为这反映了社会公众对版权材料的急切需要。但是许多出版商、网络平台等利益群体十分反对合理使用,反对放宽对版权豁免的限制,认为这将导致版权产业逐渐萎缩,不利于版权作品的产出,最终会影响社会的文化发展。报告认为利

[①] Australian Law Reform Commission (ALRC), "Copyright and the Digital Economy, ALRC report 122, 2014", pp.161-167.

益群体的这一意见也是需要重视的,但是仍然建议遵循版权法的目的和维护公共政策应该完善版权豁免制度。①

根据社会发展的需要,在部分采纳《版权与数字经济》和《知识产权分析》两个报告相关内容基础上,澳大利亚议会两院在2017年6月23日通过了《版权法1968(2017年6月23日修订)》。2017修订本是对澳大利亚《1968年版权法案》的修正,重点修改完善了两方面内容:(1)落实马拉喀什条约对阅读障碍者规定版权豁免;(2)完善《1968年版权法案》中版权豁免以适应数字环境。2017修订本除未发表作品版权保护期的规定在2019年1月1日生效外,已经于2017年12月22日生效。2017修订本对版权豁免进行了如下修改:一是加强阅读障碍者对版权材料的获取;二是创建了一个新的、简化的例外,允许图书馆、档案馆和某些文化机构创建保存副本;三是更新和简化教育方面的法定许可,让教育机构更容易就有关版权作品的教育使用与集体管理组织达成协议。②

二、对排除版权豁免的版权许可协议适当限制

澳大利亚早在2002年对版权法进行了修改,增加了对排除版权豁免的版权许可合同的限制,但这只针对计算机程序相关的许可合同,没有限制或禁止排除对小说、音乐等作品合理使用的许可合同。1968年版权法案(2001年修正)第三章第4A节规定了一些

---

① 王俊美:"与时俱进做好知识产权法改革",《中国社会科学报》2016年12月30日。

② 吴明月、阮开欣:"国际视野下的澳大利亚版权法修正案",《中国知识产权报》2018年4月17日。

不构成侵犯计算机程序版权的行为。这些使用行为体现在这一节的第 47B、47C、47D、47E、47F、47G 条中。第 47B 条规定了以正常使用和研究为目的对计算机程序的复制不侵权的两种情况：第一，47（B）(1)、(2)：复制是偶然和自动进行的，为该程序被设计的目的而运行程序复制本作为技术过程的一部分，且该复制本的制作由该复制本的拥有人或被许可人完成的。第二，47（B）(3)：为了研究该计算机程序背后的思想及其运作方式的复制，且复制是偶然和自动作为运行程序副本的技术过程的一部分，且程序副本的制作由该程序权利人或被许可人完成。第 47C 规定了为了使原件的所有者或被许可人存储软件复制品，以便在原件丢失，毁坏或不能使用的情况下替代原件使用而进行的复制。第 47D 规定了为了使所有者或被许可人或代表所有人或被许可人行事的人能够独立制作另一个程序（新程序）获取信息以连接到或者与原始程序、任何其他程序一起使用，或与这两者实现互操作而进行的复制或改编。第 47E 规定了为纠正原始程序中的错误而进行的复制或改编，该错误会阻止其运行（包括与其他程序或硬件一起使用）。第 47F 规定以下复制或改编不侵权：为了真诚地测试原件或原件所属计算机系统或网络的安全性，或者是真诚地调查或纠正原件或者原件所属的计算机系统或者网络的安全缺陷或未经授权就可访问的弱点。对于以上除第 47B(1)、47B(2) 条以外的不侵犯计算机程序版权的使用，澳大利亚 2002 版权法修正案在第 47H 条规定了不许通过版权许可合同排除："排除、限制或者具有排除或限制第 47B(3) 款、47C、47D、47E 或 47F 条的协议或协议的条款无效。"[1] 2002 年版

---

[1] 版权法 1968（2002 年 7 月 30 日合并本），2002 年 7 月 30 日，www.wipo.int/wipolex/zh/details.jsp?id=306。

权法加大了对版权人的保护力度,版权人借此不断扩大版权,公共领域被不断压缩,对经济的发展造成了一定影响。澳大利亚政府为了改变这种状况,也为了适应新的数字时代,委派澳大利亚法律委员会调研版权法压缩公共领域的运行状况。澳大利亚法律委员会重点对版权豁免及是否扩大第47H条的适用范围进行调研,最终形成2014年的《版权与数字经济》报告。根据该报告,社会各界对版权许可合同排除版权豁免的态度不一,"对于旨在排除或限制版权的例外性规定的相关合同条款是否具有强制性以及在何环境下具有强制性,存在着不同观点。"[1] 报告大量介绍了代表版权人利益的一些机构对限制或禁止合同排除的反对意见及其理由,也介绍了许多支持版权法立法限制或禁止版权许可合同排除版权豁免的群体及其理由,如图书馆、档案馆、学校和公务人员等。最终,考虑到现有的一些法律如消费者权益保护法、反不正当竞争法规定了一些违反强制性条款的合同无效,"对于合同自由进行不必要的限制,将有损版权领域新兴技术的发展灵活性与适应性"。该委员会提出了两条建议:(1)只可增加对图书馆和档案馆的合同排除进行立法限制;(2)版权法不应对其他合理使用的合同排除提供法定限制。但是,如果合理使用没有运用,则法定的对合同排除的限制应适用于新的公平处理例外。[2]

该报告将合理使用和公平处理做了区分,公平处理是报告建议立法应该新增的一种版权豁免。由此可见,澳大利亚法律委员会并非赞成所有的版权许可合同排除版权豁免都应该在立法上限制。

---

[1] Australian Law Reform Commission (ALRC), "Copyright and the Digital Economy, ALRC report 122, 2014", p.441.

[2] Ibid., pp.452-456.

为了慎重修改版权法，澳大利亚政府又委托澳大利亚生产力委员会对澳大利亚的知识产权状况进行调研，形成了 2016 年《知识产权分析》报告。在合同排除问题上，2016《知识产权分析》报告只是建议禁止版权所有者通过限制性合同束缚消费者权利。

在充分的调研基础上，澳大利亚在 2017 年颁布了版权法新的修正案，即《版权法 1968（2017 年 6 月 23 日修订）》。该次修改保留了第 47H 条关于排除计算机程序版权豁免的合同无效的规定，没有对合同排除其他版权豁免进行限制。

第五节 欧盟的做法

欧盟在 1996 年的《数据库法律保护指令 96/9/EC》中规定了对数据库权利人权利的限制，即合理使用。该指令的第 5 条和第 8 条规定了合理使用，分别是以引用、评论、教学、科研等为目的摘录或传播数据库，使用数据库单个信息或数据库内容的非实质部分，政府部门摘录传播数据库信息等。该指令第 15 条规定"违反第 6 条第（1）款和第 8 条的任何合同条款均无效"。[①] 而该指令的第 6 条第（1）款和第 8 条的内容是对数据库单个信息或数据库内容的非实质部分的合理使用。第 15 条的规定说明，该指令并不是对所有限制数据库合理使用的合同规定为无效，只是规定限制或禁止对数据

---

① Directive No. 96/9/EC of the European Parliament and of the Council of 11 March 1996 on the legal protection of databases, 1996-03-11, http://www.wipo.int/wipolex/en/text.jsp?file_id=126788.

库单个信息或对数据库内容的非实质部分合理使用的合同无效。

2001年欧盟的《欧盟信息社会版权指令》在第6(4)部分规定了版权豁免得到实现的步骤,即成员国版权法可以规定版权人采取使用户能够进行版权例外使用的"自愿措施",如果版权人没有采取措施,成员国可以采取适当措施确保版权例外得到实现。但是,《欧盟信息社会版权指令》又允许权利人可以以格式合同方式事先约定版权限制。例如权利人可以在授权合同或商业模型中决定使用人可以做哪些,不可以做哪些行为,这种法律允许的"自愿措施"实际上就是允许权利人自行设计版权的例外情形。另外,《欧盟信息社会版权指令》的立法前言指出,版权人可以采用技术保护措施,但是技术保护措施的运用应该确保公众能够在自己选定的时间和地点接触版权作品的正常交互式服务。但根据6(4)的第4段的规定,确保公众能够在自己选定的时间和地点接触作品的交互式服务不适用于签订版权许可合同的用户。[①] 这意味着如果相关版权服务已签订了相应的合同,那么对相关作品的使用则需要依据合同条款。这些规定使得许多版权人通过许可合同的方式来限制或排除使用者的合理使用,导致社会公众使用作品的空间越来越小,该指令因此招致不少批评。

为了解决软件方面存在的软件版权人利用合同排除版权豁免问题,2009年欧盟颁布了《欧盟计算机程序法律保护指令2009/24》(以下简称2009指令)。该指令的第8条第2款明确规定了违反第

---

① "Directive 2001/29/EC of the European Parliament and of the Council of 22 May 2001 on the harmonisation of certain aspects of copyright and related rights in the information society", 2001-05-22, http://www.wipo.int/wipolex/zh/text.jsp?file_id=126976.

6条或第5条第(2)款和第(3)款规定的例外情况的任何合同条款均无效。①而2009年指令第6条是关于对计算机程序编译的合理使用的规定,第5条第(2)款和第(3)款是关于软件备份和为了确定软件的思想与原则而观察、研究和测试软件功能而实施的安装、显示、运行、传输或存储行为的合理使用限制的规定。②

2009年指令只是对计算机程序方面的合理使用和合同排除问题进行了约束,其他领域作品的合理使用和合同排除问题仍然存在。为解决版权豁免与版权许可合同的冲突及相关侵害公众利益的问题,减少各国版权制度存在的差异并增加用户通过网络接触作品的机会,欧盟委员会在2015年5月通过了《数字化单一市场战略》(Digital Single Market Strategy)。③2016年9月14日,欧盟委员会正式发布《数字化单一市场版权指令(草案)》(以下简称《版权指令(草案)》)。该《版权指令(草案)》从数字环境下版权的例外和限制、版权许可的改进和促进版权市场运行等方面,采取一些措施解决现有的冲突。2018年7月《版权指令(草案)》在欧盟议会立法表决的最后环节受阻。④2018年9月12日,欧洲议会投票通过了备受关注的版权改革法案《数字化单一市场版权指令》,按照欧盟的立法程序,该法案在欧洲议会通过后还需要交由欧洲理事会进一

---

① "Directive 2009/24/EC Of the European Parliament and of the Council of 23 April 2009 on the legal protection of computer programs", 2009-04-23, https://eur-lex.europa.eu/LexUriServ/LexUriServ.do?uri=OJ:L:2009:111:0016:0022:EN:PDF.

② 《欧共体计算机程序指令》:第5条(2):在使用所必需的限度内,合同不得禁止有权使用计算机程序的用户制作备份。

③ 阮开欣:"《数字化单一市场版权指令》将完善欧盟版权制度",《中国知识产权报》2016年9月30日。

④ 李陶:"欧盟版权制度改革触及谁的利益"。

步磋商，以形成最终的法律文本。① 最终，2019年4月15日欧洲理事会通过了《数字化单一市场版权指令》（以下简称《版权指令》）。

一、修改版权"例外""限制"条款

欧盟《版权指令》主要增加了三个例外与限制条款：文本和数据挖掘、以教学为目的进行数字方式的使用与文化遗产的数字化保存。同时规定与这些例外相冲突的合同条款均不可执行，② 即：

（1）文本和数据挖掘的例外。文本和数据挖掘是为了获得研究者所需要的信息而对数字化的文本和数据进行自动化分析的一种技术。《版权指令》第3条第一款规定，研究机构可以为了科学研究的目的实施文本和数据挖掘而对合法获得的作品进行复制和提取。《版权指令》第4条规定，以文本和数据挖掘为目的，对合法获取的作品或其他内容进行复制与提取的行为属于权利例外。

（2）以教学目的进行数字方式使用。《版权指令》规定了学生和教职人员在教育机构为了教学目的而以数字方式使用作品的不属于版权侵权。但是，这种使用需要对权利人损害提供公平的补偿。

（3）文化遗产的保存。为保存作品或其他内容的目的，以及在此项保存的必要范围内，文化遗产机构可以以任何格式或媒介复制任何由其永久收藏的作品或其他内容。③

（4）与三种例外相冲突的合同条款均不可执行。《版权指令》第

---

① 王子辰："欧洲议会版权法案限制互联网公司权利"，《经济参考报》2018年9月14日。

② 曹建峰、史岱汶："欧盟《单一数字市场版权指令》中译本"，2019年4月11日，https://www.sohu.com/a/307290216_455313。

③ 同上。

7条规定,任何与文本和数据挖掘、以教学目的进行数字方式使用和文化遗产的保存三种例外相冲突的合同条款均不可执行。

二、改进版权许可的条款

改进版权许可的条款主要包括扩大脱销作品和其他作品的许可两方面内容,设置该条款的目的是为了适应数字技术的发展,使版权许可的范围扩大,使版权人在获得利益的同时让数字作品能够通过适宜的版权许可环境广泛传播和被有效利用,从而促进文化的繁荣。

扩大脱销作品的许可是指文化遗产机构基于非商业性目的,对其馆藏的已脱销作品进行数字化或者复制、发行的行为应纳入版权许可的范围。《版权指令》第8条第1款规定,集体管理组织代表其会员同文化遗产机构基于非商业性目的签订非排他性许可协议,以便对文化遗产机构保存的脱销作品进行数字化、传播和向公众提供。[①]

三、强化网络平台服务商的责任

在新媒体时代,随着网络技术和数字技术的发展,传播者对作品进行利用出现了新的商业模式,在新的模式下,创作者并没有获得多少利益,反而是网络服务商这样的传播者获得了超额利益。例如在用户创作内容模式下,用户获得非常少的利益,而互联网平台

[①] 肖艳珠、傅文奇:"欧盟《数字化单一市场版权指令》解读",《图书馆论坛》2018年第4期;European Commission, "Proposal for a Directive of European Parliament and of the Council on copyright in the Digital Single Market", 2016-09-28,https://eur-lex.europa.eu/legal-content/EN/TXT/?uri=CELEX:52016PC0593.

基于用户所上传的版权法所保护的对象，获得了高额的收益。对此，前文已经分析。为了矫正这种利益不平衡，《版权指令》第17条规定了互联网公司对用户上传内容在发布前进行审查的义务。①

四、欧盟成员国法律的相关规定

总体而言，除英国、比利时、瑞士和葡萄牙版权法外，欧洲联盟的其他成员国基本没有在其版权法中就版权合同中可能排除版权例外的问题做明确规定，但也都在着手进行版权法现代化改革。鉴于英国已经于2018年7月12日发布了脱欧白皮书，②且英国版权法修正案在上文已经详细介绍，此处从略。

比利时《版权法》第23条明确规定，根据该法授予的所有法定例外都是强制性的。这就意味着，合理使用、权利穷竭等版权豁免的法律规定必须执行，任何版权许可合同都不能排除，如果排除版权豁免，那么这样的合同无效。从国际角度看，这项法定条款可能产生的后果是，在比利时提供产品和服务的内容提供商将设法避免比利时法律的适用，选择另一实体法作为管理交易法。受保护的比利时用户将比欧洲联盟的其他用户得到更好的保护，这可能会影响欧盟整体层次上对该问题的冲突协调。

瑞士最高法院在一些争议的案件中确认了版权例外规定的强制限制。相关争议是根据博物馆与版权收集协会之间签署的协议，美术馆是否有义务为一个特别展览目录中的一系列艺术品的复制

---

① 曹建峰、史岱汶："欧盟《单一数字市场版权指令》中译本"。
② 查希："英媒：英国发布脱欧白皮书"，2018年7月12日，http://world.huanqiu.com/exclusive/2018-07/12476829.html。

支付费用,尽管作品的预期复制属于瑞士版权法(SCA)专门定义的版权例外范围。最高法院认为,收集协会无权为《版权法》宣布为免费作品的使用获得任何付款,并指出《版权法》的规则是强制性的。

2004年葡萄牙版权法修正案第75条(5)款亦有版权例外为强制性规定的内容。

通过对欧盟及其成员国版权法律制度改革及相关规定的介绍可以看出,欧盟及其成员国已经意识到新媒体时代版权人或"准版权人"获得了超额的收益,许多版权制度出现了严重的问题,既不能保护创作者的利益,也不能很好地维护社会公共利益,所以将版权豁免进行了适当的扩充,并对有的版权例外规定为强制性规定,明确版权许可合同不得排除。如果排除版权例外,那么这样的合同不具有强制执行力。例如欧盟不得通过版权许可合同排除数据挖掘和文本使用、以教学目的进行数字方式使用和文化遗产的保存三种例外规定,排除的合同不具有执行力。英国、比利时、瑞士和西班牙都规定了法定例外是强制性规定,意味着不能通过版权许可合同排除法定例外。

第六节 日本修改版权法应对版权豁免与版权许可合同冲突

日本的版权制度是世界上最严格的制度之一,通过保护版权人的利益,日本的版权产业一直繁荣发展,如漫画产业。由于现行《版权法》过于严苛、烦琐,不仅不能促进创新,反而妨碍创造新商业模式、扼杀创新。即便如此,日本的版权产业界为了更加严格地维护其利益,在版权许可合同中也常采用排除版权豁免的办法限制用户对版权作品的自由使用。日本许多学者纷纷呼吁修改现行版权法,对限制用户版权豁免的版权许可进行适当限制。日本政府也意识到了版权法存在的弊端,开始研究如何逐渐放松对作品使用的限制,同时对利用版权许可合同限制或排除版权豁免的行为进行干预。最终,日本内阁会议在 2018 年 2 月 23 日通过《版权法》修正案并提交国会,2018 年 5 月中下旬,日本国会通过该修正案并于 2019 年 1 月 1 日开始正式施行。①

该修正案修订的主要内容有:(1)可以搜索书籍的关键词。修改前的《版权法》不允许对书籍关键词搜索而展现书籍部分内容,《版权法》修正案允许对书籍关键词搜索以获得部分书籍内容,从而大致了解书籍内容后决定是否需要与权利人合作。(2)互联网企业可以不经过版权人许可就可以使用作品。(3)学校使用不需要版权人授权。为了支持教育事业,日本《版权法》修正案规定,为了教学目的学校使用版权法意义上的作品制作电子版教材或者在网络上向学生传输作品,可以不经过版权人许可,但需要向相关管理组织支付补偿金。(4)允许公益性使用。日本《版权法》修正案规定,盲人书籍制作、图书馆提供馆内借阅等公益性的使用可以无条件使用作品。(5)适当限制通过版权许可合同排除版权豁免。日本《版权法》修正案强调以上新修订的内容属于强制性规定。这意味着对于符合这些规定而使用作品的行为,版权人不能通过版权许可合同限制或排除。

日本《版权法》修正案的通过,是在日本国会及民众都感受到

---

① 王欢:"日本国会通过新《著作权法》书籍数据化降低搜索门槛",2018 年 5 月 22 日,http://www.sohu.com/a/232428896_162522。

了现行《版作权法》太严苛，阻碍了知识的创新活动后进行的一次版权法现代化改革。修订的法律放宽了对版权的保护以促进其运用，规定了"灵活的权利限制条款"，并规定新修订的内容为强制性规定，避免了版权许可合同对版权豁免的排除。新修订的法律规定，在用于技术研发等试验时，只要对版权的使用不以"享受著作物所表现的思想和感情"为目的，原则上就不属于侵权行为。这一规定无疑将降低创新风险和成本，为"破坏性创新"奠定了法律基础。[①] 但是，新修订的内容遭到了产业界的强烈反对。

第七节 香港关于解决版权豁免与版权许可合同冲突的做法

香港特别行政区政府认识到经济的发展与版权制度有着密不可分的关系，对版权保护历来非常重视。面对新媒体时代到来带来的许多版权问题，香港政府积极主导修改版权法。2011年，香港政府向立法会提交了建议修改版权豁免制度的《2011年版权条例修订草案》，许多网民及创作人员认为条例修订是对创作自由的打压。立法会法案委员会虽然支持通过作出适当修订后的条例草案，但由于各种原因，草案失效。2014年6月13日，港府公布了《2014年版权（修订）条例草案》，于6月18日进行首读和二读辩论，未获通过。2015年12月9日，该草案被再次排上立法会议程。[②] 2016年

---

① 沈红辉："日本大尺度修改《著作权法》"。
② 谢琳、杨晓怡："香港版权条例修订草案评述"，《中国版权》2017年第2期；苏锦梁："程序公义应有之义"，2016年10月20日，https://www.ipd.gov.hk/sc/intellectual_property/copyright/ 程序公义_应有之义.pdf。

4月14日香港立法会通过草案休会待续议案,草案至今尚未通过。该草案的主要变化在三个方面。

一、修改、增加了版权豁免情形

增加的版权豁免内容规定在第39及39(A)条,较为重要的有:(1)批评、评论、引用。允许网络用户引用版权作品,以便在网络日志及一些社交网站上使用,方便网络用户的讨论和表达意见。(2)报道和评论时事。现行的《版权条例》第39条仅对有关新闻报道中使用版权作品进行豁免,但网络用户经常使用版权作品来评论政治或时事,为了确保网络用户能够自由评论,修订草案增加了对时事评论使用版权作品的豁免。(3)戏仿、讽刺、营造滑稽及模仿;(4)为了教学而进行的使用和为了使图书馆、档案室和博物馆的日常运作而在符合特定条件下的使用。①

二、修改"传播权利"

根据现行《版权条例》第22(1)(f)条的规定,传播权利是"将该作品广播或将该作品包括在有线传播节目服务内",而草案第9(3)条将传播权利改为"向公众传播其作品",扩大了传播权利的内涵和范围,涵盖了利用所有现有及未来的电子通讯模式传播作品的行为。当然这种传播权利也是受《版权条例》中的版权豁免限制的。

---

① 罗继盛:"港府修订版权草案扩大豁免范围戏仿讽刺免刑责",2014年6月12日,http://paper.wenweipo.com/2014/06/12/YO1406120011.htm。

三、增加了安全港规则

为了保障联线服务商的利益,依据"技术中立"原则,草案第50段(第88A—88J条)增加了安全港规则,规定联线服务商原本没有审查网络上用户上传的内容是否侵犯版权的义务,但是如果版权人因为联线服务商提供的内容侵权而向服务商发出通知,该服务商接到通知后屏蔽或删除侵权内容的则不承担间接侵权责任。同时,它还规定了(a)任何人在通知中提交虚假陈述将招致民事和刑事责任;及(b)联线服务提供者将被建议遵从发布的《实务守则》。①

四、是否禁止版权人通过版权许可合同限制或排除版权豁免

《2014年版权(修订)条例草案》一直不能通过的原因之一,是一些反对派认为应该在草案中增加限制"合约凌驾性条款"。香港的版权法提供了多项版权使用的豁免,允许使用者为某些目的,例如教学、研究、评论等,而公平处理版权作品,不必担心侵犯版权。但与此同时,版权拥有人仍然可以利用合约的方式,同作品的使用者订立合约,限制这些法定版权豁免的实施。这就是所谓合约凌驾性。② 反对派认为应该限制合同的凌驾性,因为版权人会同大型网络平台签订凌驾版权豁免的条款,从而限制这些网络平台的用户,对于这种合同应该规定为无效。但是,草案没有规定这个内容。

---

① 《2014年版权(修订)条例草案》第50段(第88A—88J条)。
② 陈鉴林:"版权法的合约凌驾性",2016年2月4日,http://www.hkcd.com.hk/content/2016-02/04/content_3531400.htm。

反对派为此多次"拉布"阻止立法会对草案的审议,从而导致香港《2014年版权(修订)条例草案》一直不能通过。香港立法会的理由有三点:(1)政策层面:立约自由对香港的自由市场经济十分重要,也是香港合同法的重要基石之一,限制版权人和使用人自行商议版权作品的合同条款会影响立约自由。(2)法律层面:合同是私人协议,制定合同的目的在于规定合同双方的权利与义务,不是合同的缔约方的一般使用者不会受合同条款的约束,不会影响版权豁免的效用,况且现有版权条例已经有条款规定在适当情况下限制订立合同的自由,如有违公共政策的条款可被判定为无效。现行的香港《版权条例》第192(3)条"本部并不影响任何基于公众利益或其他理由而阻止或限制强制执行版权的法律规则。"该条意味着用户可基于公众利益或其它理由而阻止或限制强制执行版权。(3)具体操作层面:现行的版权豁免制度一直有效,并没有实例显示一般使用者在使用版权豁免时受到限制,目前只有英国引入相关条文,但备受争议。①(4)限制合约凌驾性会影响香港的版权贸易。如果限制合同凌驾性,版权人可能不会将一些版权作品授权给香港用户使用,他们可能会选择到没有对版权合同排除进行限制的地区授权使用版权作品,这样会影响香港的版权产业的发展,影响香港的版权贸易竞争力。②

  目前,是否通过立法限制或禁止版权合同排除版权豁免、是否需要扩大版权豁免等问题仍处于讨论之中。

---

  ① 香港特别行政区政府知识产权署:"特别需要版权豁免凌驾合约(contract override)条款吗?" 2014年12月20日,https://www.ipd.gov.hk/chi/intellectual_property/copyright/n_qa7.htm。
  ② 陈鉴林:"版权法的合约凌驾性"。

第八节 一些国家和地区解决版权豁免与版权许可合同冲突改革的启示

随着新媒体时代的到来,网络技术与数字技术的发展使得世界很多国家和地区为应对这些技术变化对版权法带来的冲击而进行版权法现代化改革。这些国家和地区考虑到版权法保护过于苛刻,版权人或传播者利用版权获得的利益远远超过作品的创作者,同时社会公众获取作品信息资源越来越受限,为缓解这样的状况,应对新媒体时代和人工智能时代的到来,这些国家或地区的改革大多针对三个方面:一是修改、增加版权豁免情形;二是在版权法中规定一些版权豁免情形不可排除;三是为提高版权作品的使用效率,方便版权人和使用者,积极建设版权许可集成中心或规范版权许可合同。

一、修改、增加版权豁免情形

由于版权许可合同和版权技术保护措施的综合运用,使得社会公众获得版权作品信息的渠道越来越受限,同时,由于网络技术的发展,出现了社会公众利用新技术而采取一些新的作品使用方式。现有版权法不能解决公众获得作品受限的问题,也不能应对新的使用方式。为此,大多数国家或地区在版权法中修改原有版权豁免,增加了一些新版权豁免情形。

在修改现有版权豁免方面,英国对私人复制、研究学习、教育使用、馆舍使用和公共管理等方面的版权豁免进行了内容上的扩充,放宽了原来苛刻的限制;爱尔兰在版权法草案中扩大了教育例外、研究例外、漫画、讽刺和戏仿的版权例外，为了新闻报道的目的扩大版权作品的公平交易概念；美国拟扩大加密技术研究、图书馆为了保存版本修复和研究目的进行的复制和传播某些作品、基于教育目的使用视听作品等情形的豁免范围；澳大利亚允许图书馆、档案馆和某些文化机构创建、保存副本、更新和简化教育方面的法定许可；欧盟扩大了视听作品和脱销作品的法定许可；日本修改了对作品使用的法定许可；香港拟对批评、评论和引用目的的使用的限制适当修改，以使其更合理。

为应对新媒体时代出现的新的使用作品方式，许多国家或地区增加了版权豁免的情形，如英国增加了滑稽模仿的版权使用豁免和残疾人使用的版权豁免；爱尔兰增加了漫画、讽刺和戏仿新的版权例外、引入文本和数据分析的例外和方便残疾人士使用的例外；美国拟增加旨在帮助残疾人的辅助技术研究的永久性豁免和对诊断、修复活动的豁免；澳大利亚增加阅读障碍者对版权材料的获取例外；欧盟增加了文本和数据挖掘例外、以教学目的进行数字方式和跨境使用的例外与文化遗产的保存方面例外；日本规定可以搜索书籍的关键词、"灵活的权利限制条款"的法定许可、可以为了教育目的使用的法定许可和公益目的使用作品的例外；香港地区拟增加对时事的评论使用版权作品的豁免和戏仿、讽刺、营造滑稽及模仿的合理使用。这些修改，基本上是放宽对版权豁免的限制，激发社会公众对作品的使用热情，以使国家的文化事业繁荣发展。

二、在版权法中规定一些版权豁免情形不可排除

对于许多版权人或"准版权人"以版权许可合同排除版权法规

定的豁免的现象，一些国家或地区非常重视，这类合同是否有效以及是否可以执行，人们争议特别大。这些国家或地区在版权法改革过程中都很慎重地委托专家学者进行了调研。调研结果显示，教育机构、图书馆、博物馆等公益性机构和一些社会公众认为版权人或准版权人不能通过版权许可合同排除版权豁免，主张对这样的排除行为进行严格限制，而版权产业和传播者主张合同自由，版权许可合同可以排除版权豁免。最终，有的国家或地区坚持对排除版权豁免的版权许可合同进行适当限制，有的国家规定版权豁免条款为强制性条款，有的国家或地区只是延用以往法律中对排除某一方面例外的许可合同不具有执行性规定，没有增加新的内容。

在这次版权法改革后修订的版权法中，一些国家或地区明确规定了一些例外情形不能合同排除，排除的合同不具有执行性。如英国、欧盟。英国在以往排除计算机程序副本为了备份使用的合同条款无效规定的基础上，增加了排除以下六个方面版权豁免情形的合同不可执行：合法的私人复制；为了研究或个人学习而使用或对计算机数据分析目的而复制；引用、滑稽模仿；阅读障碍者的使用；教育机构或者代表教育机构的人出于非商业性说明的目的复制相关作品的部分，并且传送给其学员或者职员的；图书馆、档案馆或者博物馆依法的合理使用。爱尔兰在版权法草案中直接规定权利人不得通过合同条款阻止或不合理地限制用户进行版权法所允许的行为。欧盟对版权许可合同排除版权豁免的限制主要有：(1)《数据库法律保护指令96/9/EC》中规定限制或禁止对数据库单个信息或对数据库内容的非实质部分合理使用的合同无效；(2)《欧盟计算机程序法律保护指令2009/24》中规定版权许可合同排除以下合理使用的无效：对计算机程序编译的合理使用、关于软件备份和为了确定软件的思想与原则而观察、研究和测试软件功能而实施的安装、显示、运行、传输或存储行为的合理使用。《版权指令》规定排除为科学研究目的而对作品实施文本和数据分析、以教学目的进行数字方式使用和文化遗产的保存三种例外的合同不可执行。

有的国家规定版权豁免条款为强制性条款或部分是强制性条款，如比利时《版权法》规定所有法定例外都是强制性的，意味着任何版权许可合同都不能排除版权例外强制性规定。瑞士最高法院认定《版权法》的例外规定是强制性的。日本新修订的《版权法》规定新修订的版权例外为强制性的，不可排除。

有的国家没有增加新的排除版权豁免的许可合同无效的规定，而是强调计算机程序方面的合理使用不可排除。美国虽然在司法实践中认同一些排除版权豁免的许可合同的效力，但是如果这样的合同出现了明显的权利滥用，依据"权利不得滥用原则"，也可能被认定为无效。在软件合同方面，对于设置限制的条款违反版权法中的强制性规范的可以不被执行。新加坡《版权法》规定，限制或禁止对计算机程序备份副本和技术性电脑软件的复制豁免的合同无效。澳大利亚在 2002 年对版权法进行的修改中，增加了排除一些对计算机程序合理使用的版权许可合同的无效，《版权法 1968（2017 年 6 月 23 日修订）》没有对排除其他版权豁免的许可合同进行限制。

三、设置版权许可集成中心或规范版权许可合同

为解决版权许可的分散性问题，提高许可效率，英国建立了版权许可集成中心。该集成中心统一了英国的版权许可，方便了分散

的用户登记作品,方便了使用者寻找欲使用作品的权利人,积攒了版权资源,提高了作品许可使用方面的信息透明度。

美国和欧盟则规范了版权许可合同的使用。美国要求提供软件协议的一方将协议以电子方式提供给受让人,在明显的位置或以明显方式标注对被许可方的限制条款,必须及时通知受让人关注此类条款。欧盟扩大了版权许可,并对版权人与传播者之间的合同订立进行干预,主要规定了合同的被许可方或受让方的义务,特别是对版权被许可方或受让方因版权作品获得利益远高于许可或转让合同签订时支付给创作者的费用时,要给原创作者分配适当的报酬。

第六章 新媒体时代版权豁免与版权许可合同冲突的协调

版权豁免有利于社会公共利益的维护，促进知识的传播和创新；版权许可合同是版权人使用作品的方式之一，也能够促进知识的传播，两者在历史上都发挥了极其重要的作用。到了新媒体时代，由于网络技术、数字技术的发展，作品数字化以及作品传播媒介的增多使得版权人无法有效控制作品，侵权大量发生。为改变这种状况，维护自己利益，版权人和准版权人采用在线服务协议或软件许可协议等新型版权许可合同，辅之以版权技术措施，限制和排除用户依据版权法规定的版权豁免的使用。这样的合同阻碍了创新，限制了公众的言论自由，一定程度上侵害了公共利益。我国现有的法律能否规制排除版权豁免的版权许可合同？如果不能，如何解决新型版权豁免与版权许可合同之间的冲突？借鉴一些国家和地区的做法，从我国版权环境实际出发，笔者对此进行了研究。

第一节 可能约束排除版权豁免的版权许可合同的我国法律规定

我国与版权有关的法律法规没有明确的规制排除版权豁免的

版权许可合同的规定，但是，与此问题比较相关的《民法典》《反垄断法》和《消费者权益保护法》等是否能够规制此类合同呢。

一、《民法典》中关于合同的相关规定

版权人提供的用户只有"同意"或"不同意"选项的"点击协议""在线协议"是典型的格式合同。我国《民法典》中与限制排除版权豁免的版权许可合同有关的条款为《民法典》第一百三十二条、第一百五十条、第一百五十一条、第一百五十三条和第四百九十七条。《民法典》第四百九十七条规定了合同格式条款无效的情形：（一）具有《民法典》第一编第六章第三节和本法第五百零六条规定的无效情形；（二）提供格式条款一方不合理地免除或者减轻其责任、加重对方责任、限制对方主要权利；（三）提供格式条款一方排除对方主要权利。该规定涉及的《民法典》第一编第六章第三节为"民事法律行为的效力"，第五百零六条规定了合同中免责条款的无效。而在第三节"民事法律行为的效力"部分，与本主题相关的规定为第一百五十条、第一百五十一条和第一百五十三条。根据《民法典》的以上相关规定，可以归纳出与该主题有关的合同法方面的规定有四种情形：(1)损害社会公共利益的格式条款；(2)违反法律、行政法规的强制性规定的格式合同条款无效；(3)提供格式条款一方免除其责任、加重对方责任、排除对方主要权利的，该条款无效。(4)显失公平的合同可撤销。第二种情形在第四章已经分析，结论是需要在修改版权法的情况下再确定有些排除版权豁免的版权许可合同无效，现有的合同法的这种规定不能完全适用。下面就分析排除版权豁免的版权许可合同能否适用另外三种情形中的某一种解决。

1. 能否适用格式条款损害社会公共利益的无效

维护社会公共利益原则是《民法典》《著作权法》等民事法律规范的重要原则,也是版权法的最终目的,版权法在社会公共利益和私人利益之间维持平衡。社会公共利益一般是某个时期社会里不特定多数人的利益,涉及内容和主体两个方面。社会公共利益的内容往往不太确定,在不同的国家,社会公共利益的内容往往有较大的不同,有的内容国家认为属于公共利益的在另一个国家却认为并不属于。即使是在同一国家,不同的时期社会公共利益的内容是不同的,甚至是在同一时期不同的人对社会公共利益内容的认识也是不一样的,即使同一时期在某一领域有大致共同的内容,但这个内容往往是高度概括而不明确的。如版权法中的社会公共利益涉及到增加学习知识、文化科学和信息的接近与自由流动等。[①] 社会公共利益的主体往往不是个人,是群体,是不特定的多数人。在版权法中社会公共利益的主体可以是社会公众,许多版权人相对于其他作者而言也是社会公共利益主体。因而,社会公共利益的不确定性、概括性及主体的相对性导致《民法典》第一百三十二条不能解决本文的冲突问题。况且,版权人的排除版权豁免的版权许可合同往往是以"点击协议""在线协议"方式出现,当个人需要使用版权人的服务时,才点击接受协议,表明这类协议当事人一方是用户个人,即使合同排除了版权豁免,影响的也是用户个人的利益,而不是社会公共利益。当然,这类协议是一对多,使用的人多,实际上足以影响社会公共利益。但是,按照目前的《民法典》关于合同的规定和《著作权法》的制度设计,个人难以主张版权人提供而自己

---

① 冯晓青:"论著作权法与公共利益",《法学论坛》2004年第3期。

签订的排除版权豁免的合同侵犯了社会公共利益,同时,也难以获得法院支持。

2.《民法典》第四百九十七条的规定能否适用

在传统媒体环境中,涉及版权交易时合同双方可以对协议内容与条件在不违法情况下进行自由协商,但是,在新媒体时代,由于要面对大量的用户,涉及到海量作品,版权人便利用数字与网络技术通过"点击协议""在线协议"等方式与用户交易。这些协议从法律性质上看都属于格式合同。我国《民法典》第四百九十七条规定了格式条款的无效,其中第二项规定"提供格式条款一方不合理地免除或者减轻其责任、加重对方责任、限制对方主要权利"的格式条款无效,第三项规定"提供格式条款一方排除对方主要权利"的格式条款无效。依据我国现有的《著作权法》,版权豁免是法律对版权人权利的限制,并不是赋予社会公众的权利。这些豁免内容是当社会公众中某人被版权人起诉侵犯其版权时的一种抗辩理由,公众只是依据《著作权法》能够对版权作品进行非侵权使用。私人复制这样的例外并没有授予用户法定的权利,因而用户不能依据这些规定对抗版权人违反合同义务和规避技术措施的指控。① 既然合理使用、法定许可等都不是用户的权利,那么,也就不存在版权人要承担使合理使用、法定许可等实现的责任,法律也没有这么规定。排除版权豁免的合同是不允许用户进行版权法允许的使用,直观地看,这种合同并没有加重用户的责任。当然,合理使用、法定许可等不是用户的权利,也就不存在版权人或准版权人作为提供格式条

---

① Yuko Noguchi, "Freedom Override by Digital Rights Management Technologies: Causes in Market Mechanisms and Possible Legal Options to Keep a Better Balance", 11 *Intellectual Property Law Bulletin,* No.1(Fall 2016).

款的一方排除用户作为对方的权利了。因此，对于排除版权豁免的版权许可合同并不能直接适用《民法典》第四百九十七条的规定。

3. 显示公平原则能否解决

根据《最高人民法院关于贯彻执行〈中华人民共和国民法通则〉若干问题的意见（试行）》第 72 条规定，显示公平包括两个方面，一是双方的权利义务明显违反公平、等价有偿原则；二是这种不公平的结果是一方当事人利用优势或者利用对方没有经验而造成的。这两个方面要同时具备，结果的不公平并不是认定显失公平的唯一标准，还需要结合当事人在交易时的意思表示是否是自愿、真实的，是否一方当事人利用了其优势地位或对方没有经验。

我国《著作权法》赋予版权人权利，而同时规定了版权豁免，版权豁免不是用户的权利，只是用户消极应对版权人侵权指控的抗辩理由。这种规定使用户和版权人在合同关系中天然地处于不平等之中。权利人可以主张用户对其版权作品没有自由使用的"权利"，即使用户的使用在版权法所允许的范围之内，而用户不能用这些抗辩去主动对抗版权人的权利。这就造成了版权人具有了优势地位，但是，版权人的优势地位并不是使每一个用户违背真实意思去点击了"同意"。有一些用户为了获得对平台提供的包括版权作品在内的内容的使用和服务，愿意接受放弃合理使用、法定许可之类的排除版权豁免条款的许可协议。这样，合同双方意志表象上看是自由的，意思表示是真实的，从而不存在强迫，不存在利用一方的优势地位，不属于《民法典》第一百五十条的"一方或者第三人以胁迫手段，使对方在违背真实意思的情况下实施的民事法律行为"和第一百五十一条的"一方利用对方处于危困状态、缺乏判断能力等情形，致使民事法律行为成立时显失公平的"，不能适用显示公平条款。但是实质上，非常清楚的是提供格式合同的版权方或"准版权人"提供的排除版权豁免的合同只设置"同意"和"不同意"两个选项，如果用户自由地选择"不同意"，那么如果没有替代该版权方的特定作品时，用户就哪怕连法律不禁止的阅读及相关合理使用也不能了。所以，尽管一些用户知道存在排除版权豁免的内容，并且这种排除是不合理不合法的，但是，他如果不选择同意，就没有可选替代的选项了，于是只好放弃版权法规定的使用而选择"同意"。这样的"同意"选择也是实属无奈。这是版权人或"准版权人"典型的利用其优势地位而设置的合同。但是这样的做法往往不会被认为是版权方或"准版权人"利用了其优势地位，正如在郭力诉微软案中法院所说："使用他人计算机软件，必须得到软件著作权人的书面许可。本案中，被告微软公司在与原告订立计算机软件著作权许可使用合同时采用格式合同形式并无不当。本案中，……原告在知悉涉案软件著作权人的情况下仍决定使用涉案软件，正是其根据合同自愿原则行使自主选择缔约对象权利的体现。"[①] 况且，对于显失公平原则的适用范围、判断标准以及违反这一法律原则的后果方面，法律和判例的规定都非常模糊，这就给适用这一原则对相关合同进行限制造成了障碍。在大多数法院的案件裁判中，法院往往考虑到合同自由以及合同交易的稳定、安全，一般不利用显示公平条款撤销排除版权豁免的版权许可合同。

二、《反垄断法》能否规制

国家为了激励人们创作，通过法律赋予版权人对知识的垄断，

[①] 北京一中院民事判决书（2006）一中民初字第 14468 号。

这是一种合法垄断。"知识产权的这种专有权就是一种垄断性的权利,只不过它是一种法定的垄断权。"[①]但是版权人利用这种合法垄断通过合同排除版权豁免的行为是否是一种《反垄断法》所禁止的垄断行为呢?《反垄断法》第三条规定了三种垄断行为,即滥用市场支配地位、与其他经营者达成垄断协议以及具有或者可能具有排除、限制竞争效果的经营者集中。版权人或"准版权人"的行为只要符合其中任何一个就是垄断行为。而版权人或"准版权人"利用版权许可合同排除版权豁免的行为可能相关的是滥用市场支配地位。滥用市场支配地位的判断标准非常严格,首先经营者必须具备市场支配地位。《反垄断法》第十八条、第十九条规定了市场支配地位确定须考虑的因素。如第十八条规定该经营者在相关市场的市场份额、相关市场的竞争状况、该经营者控制销售市场或者原材料采购市场的能力、该经营者的财力和技术条件、其他经营者对该经营者在交易上的依赖程度、其他经营者进入相关市场的难易程度、与认定该经营者市场支配地位有关的其他因素等。[②]根据法律的规定,许多版权人或"准版权人"很难被认定为具备市场支配地位,因而,版权人或"准版权人"通过版权许可合同排除版权豁免的行为,很难援引《反垄断法》对其进行规制。

三、《消费者权益保护法》能否适用

我国《消费者权益保护法》对经营者的信息披露义务以及格式

---

① 王先林:"竞争法视野的知识产权问题论纲",《中国法学》2009年第4期。
② 《中华人民共和国反垄断法》第十八条。

条款的限制做出了规定。该法第八条规定了消费者的知情权,第二十六条第二款"经营者不得以格式条款、通知、声明、店堂告示等方式,作出排除或者限制消费者权利、减轻或者免除经营者责任、加重消费者责任等对消费者不公平、不合理的规定,不得利用格式条款并借助技术手段强制交易。"和第三款"格式条款、通知、声明、店堂告示等含有前款所列内容的,其内容无效。"第八条规定的是消费者的知情权,该权利的实现有赖于经营者披露与商品和服务相关的信息。版权人或"准版权人"在在线协议或点击协议中已经写明了提供的版权作品或版权作品相关的服务的情况,表明经营者披露了相关信息,即使协议中有排除版权豁免的条款也不能说明经营者阻碍了消费者的知情权的实现,因此,第八条不能适用。第二十六条的两款规定和《民法典》的第四百九十七条规定类似,如上文分析,由于版权豁免中的合理使用、法定许可使用等使用不是用户的权利,因此,对于经营者利用点击协议或在线协议排除版权豁免的行为也无法适用该条规定来解决。

　　上述分析表明,目前没有合适的法律适用于排除版权豁免的许可协议,即使勉强用《民法典》中的格式条款方面的规定限制这样的协议,实际效果也很有限。因为在目前的许可协议设置方面,用户如果不接受排除版权豁免的条款就不能获得与版权作品相关的内容或服务,大多数个人用户可能缺乏法律知识或者考虑到诉讼成本之大等而直接接受协议,不会去法院诉讼。况且,对于排除版权豁免的条款是否无效,以及排除哪些非侵权使用的条款无效,目前都是有争议的。即使有的用户对这种排除版权豁免的协议进行诉讼,胜诉的可能性不太大,如郭力案。即使胜诉,用户能够获得的补偿或赔偿数额微乎其微。更为重要的是，这样的排除版权豁免限制用户非侵权使用的协议大量存在，个人用户在日常生活中可能经常遇到这样的排除或限制合理使用、法定许可等非侵权使用的合同条款，不可能就所有的排除或限制条款进行诉讼。如果用户是图书馆、档案馆等非个人的机构，情况可能会好一些。因为这些非营利性机构相对于个人用户而言还是有谈判能力的，版权人或"准版权人"往往会采用不同于普通用户的专门版权许可使用合同，这些合同中如果有排除版权豁免的条款，这些机构可以适当谈判。版权人或"准版权人"会让这些机构部分实行非侵权的使用，因而这些机构就可能不会积极地对排除版权豁免的许可合同进行诉讼。由于机构从事的非侵权使用与普通个人用户的使用是有差别的，所以即使这些公共机构能够对排除版权豁免的条款提起诉讼，法院的判决结果对于普通个人用户来说也未必会有较大的影响。因此，我们必须寻求新的解决问题的方法。

第二节　协调冲突的理论基础：马克思主义人权理论

人权是人应该享有的权利，人权的主体和人权的内容应该包括哪些，人们的认识不一，因此关于人权的观念也就有很多，主要的人权观念有西方人权观和马克思主义人权观。西方人权观比较注重"权利"，尤其是抽象的所有人的权利，但是由于不同文化和不同的生活方式，在一切场合适用于所有抽象意义人类的"权利"几乎不可能。这也是马克思主义人权观对西方人权观的批判。

一、马克思主义人权理论概述及其发展

(一)人权的主体

马克思主义的人权理论强调人权中的"人",并且不是单个的个人,而是人类。在马克思看来,"人是类存在物……人把自身当作现有的,有生命的类来对待,当作普遍的因而也是自由的存在物来对待……生产生活本身就是类生活。这是产生生命的活动。一个种的全部特性,种的类特性就在于生命活动的性质,而人的类特性恰恰就是自由的有意识的活动……通过实践创造对象世界,即改造无机界,人证明自己是有意识的类存在物,也就是这样一种存在物,它把类看作自己的本质,或者说把自身看作类存在物……因此,正是在改造对象世界中,人才真正地证明自己是类存在物。这种生产是人的能动的类生活。通过这种生产,自然界才表现为他的作品和他的现实。"[1] 在马克思主义看来,"一个人的发展取决于和他直接或间接进行交往的其他一切人的发展"。[2] 作为社会发展的产物,"人是最名副其实的政治动物,不仅是一种合群的动物,而且是只有在社会中才能独立的动物"。[3] 因此,任何人都不能脱离社会而独自发展,都是生活在社会之中,特别是与每一个人自身相关联的集体之中,也都受着社会的政治、经济和文化的影响。近代西方人权思想家认为人权主体应该为抽象的"人",是脱离社会历史和现实生

---

[1] 马克思:《1844年经济学哲学手稿》,人民出版社2000年版,第56—57页。
[2] 刘冲:"马克思主义人权思想研究",吉林大学哲学社会学院博士论文,2007年,第36页。
[3] 《马克思恩格斯选集(第2卷)》,人民出版社1995年版,第2页。

活条件的理性的人。马克思对人权中的"人"的认识恰恰与此相反,认为作为人权的主体的"人"并不是抽象的人,不是脱离现实生活条件、脱离社会的人,而是生活在社会之中,有着七情六欲的具体的人。关注人权,同时也要在市民社会中关注整个人类的权利。

我国大多数学者都主张人权主体并非仅仅限于个人,一些特殊的社会群体,主要是一些弱势群体的人权主体地位应受到重视,如妇女、儿童、老人、残疾人、消费者、犯罪嫌疑人和罪犯、少数民族或种族等等。此外,民族、一国人民自20世纪60年代以来也成为重要的人权主体。[①] 这一认识符合马克思主义人权理论。

(二)马克思主义人权理论内容

除了以上将人权看作是社会中人类的基本权利的思想外,马克思主义人权理论还包括以下几方面:

1. 人权的人性基础。马克思主义人权观的人性论基础强调人的自由自觉的活动以及人的社会性。人权本源上,依据人的自然属性,人有被当做人看待的天性,有不但要活下去,而且要活得好的追求。人权就是源于人的这种需求与利益而产生的,这是人权的目的和根本价值所在。从人权的社会属性维度而言,人生活在人与人之间的社会关系中,而不是一个人生活在世界上。基于人的自然属性与社会属性,在一个社会上,人是一切社会活动的中心主体,有不同于其他动物的人的人格、尊严与价值。一切社会制度的设置及法律与政策的制定和实施,都是为了满足人类的需要与幸福,因而也可以说,都是为了充分实现人权。[②]

[①] 李步云、陈佑武:"论人权和其他权利的差异",《河南社会科学》2007年第1期。

[②] 同上;刘翰、李林:"马克思主义人权观初论",《中国法学》1991年第4期。

2. 人权的经济观。马克思主义认为，社会经济条件是人权产生、实现和发展的基础，"权利永远不能超出社会的经济结构以及由经济结构所制约的社会的文化发展。"①一个社会的经济发展水平直接决定了该社会人权的实现程度。任何国家，公民的人权的享有和实现程度都是与该国的经济发展水平相适应的。因此，人权的实现与人权现象的把握都不能脱离社会物质生活条件。

3. 生存权、发展权是首要的人权。生存权、发展权是最基本的人权，是享受其他人权的前提。生存权同发展权密不可分。联合国通过的《发展权利宣言》指出："发展权利是一项不可剥夺的人权，由于这种权利，每个人和所有各国人民均有权参与、促进并享受经济、社会、文化和政治的发展，在这种发展中，所有人权和基本自由都能获得充分实现。""各国应采取步骤以扫除由于不遵守公民和政治权利以及经济、社会和文化权利而产生的阻碍发展的障碍。"国家、社会和个人的全面发展有利于其他人权的逐步实现。

4. 人权的国家观。自从有了国家之后，人都是生活在国家之中。法定的人权来自于法律，而法律是国家制定的，人权的实现依靠国家，国家是人权的义务主体。国家为了保障公民人权得到实现，承担着积极义务和消极义务。

5. 权利义务统一观。人权有应然人权、实然人权和现实人权，应然人权更多的是一种道德权利，实然人权实际是法定权利，现实人权是在实际生活中人们所享有的人权。无论是实然人权还是现实人权，都包含着权利与义务的统一。没有无义务的权利，也没有无权利的义务。②

---

① 《马克思恩格斯选集(第3卷)》，人民出版社1995年版，第12页。
② 《马克思恩格斯选集(第16卷)》，人民出版社1972年版，第16页。

6.人权的平等观。人权观念渊源于平等观念,其核心内容是平等。从人权观念的发展过程来看,每一个时期人们提出的人权要求以及人权内容,都是围绕着平等而展开。马克思主义是从"人类"角度提出平等问题。并且,人权的平等核心,在于人是平等的自由人,这些自由人组成自由的社会,生活于其中的人们才可能追求平等。① 真正实现人的全面发展,这就要求我们侧重于从弱势群体的角度看待人的权利,制度的安排应该满足弱势群体的最起码的基本生活条件。权利的实现对于国家而言,就是自觉地服从和服务于人权,对强者欲望进行适当遏制,在其一切思考和行动中自觉地坚持以人权为出发点和归属点,建立维护人权的传统,这是国家应当承担的责任。

(三)马克思主义人权理论在当代中国的发展

中国共产党人在继承、运用和发展马克思主义人权观的基础上,结合中国革命、建设和改革开放的实际,将马克思主义人权观中国化,推进了马克思主义人权观的不断发展,创立了中国特色社会主义人权观。② 中国特色社会主义人权观是马克思主义人权理论的组成部分。其中,习近平总书记关于人权的重要观点至少包括:(1)人民幸福生活是最大的人权,要奉行以人民为中心的人权理念,把生存权、发展权作为首要的基本人权,协调增进全体人民的经济、政治、社会、文化、环境权利,努力维护社会公平正义,促进人的全面发展;(2)要加强对人权的法治保障;(3)坚持把人权的普遍性原则和当代实际相结合,走符合国情的人权发展道路;(4)构建人类命

---

① 严存生:《法的"一体"和"多元"》,商务印书馆2008年版,第282页。
② 谷春德:"马克思主义人权观的要旨",《人权》2018年第3期。

运共同体，开创世界美好未来。① 这些人权观点极大地丰富了马克思主义人权理论。

二、以马克思主义人权理论作为协调冲突理论基础的理由

（一）利益平衡理论不适合作为协调冲突的理论基础

利益平衡论不能作为版权法的理论基础。第一，利益平衡论不能揭示版权法的本质特点。利益平衡论者认为，从"利益"的角度考察，可以将版权法看成是在版权人的垄断利益与社会公共利益之间的一种利益分配、法律选择和整合。版权法的利益平衡机制，是国家平衡版权人的专有利益与社会公众接近知识和信息的公众利益以及在此基础之上的更广泛的促进科技、文化和经济发展的社会公共利益的制度安排。② 法律在一定程度上是由利益决定，同时法律对各种利益进行有价值取向的调整，并且为维护社会秩序的稳定，往往要平衡各种利益。法律是为了分配资源平衡利益而存在的，任何一部法律都需要对其调整范围内的利益进行平衡，因而利益平衡并不是版权法所特有的功能。只不过，各部门法由于其调整对象不同，平衡的利益类型不同罢了。第二，利益平衡论没有揭示版权法的客观基础。版权法以版权人利益和社会公众利益关系为基础，并通过激励创作者创作出更多的作品加以调整，从而使社会公众的利益得到最大化的实现，使社会公众有尊严地生活着。由于

---

① 习近平："坚持走符合国情的人权发展道路，促进人的全面发展"，2018 年 12 月 10 日，http://www.gywb.cn/content/2018-12/10/content_5946517.htm。

② 冯晓青："利益平衡论：知识产权制度的理论基础"，《知识产权》2003 年第 6 期。

版权人既包括创作者、一定情况下又包括版权的继受者尤其是投资者，利益平衡论只是说明了版权人与社会公众之间存在关系，并且应该是平衡的关系，没有充分地保障创作者及社会公众的利益，并不能揭示版权法的客观事实——激励创作者实现社会公众利益最大化。另外，在版权人与社会公众的关系上，社会公众利益是矛盾的主要方面，版权人利益是矛盾的次要方面，当然，这并不是说创作者利益不重要。利益平衡论强调平衡两者利益，往往通过限制版权人的权利来实现与社会公众利益的平衡，实践中，这种限制起到了一定的作用，但是相对于对版权人的积极赋权而言，社会公众利益的保障往往是消极的，被动的。第三，利益平衡论强调的是利益为主，在版权法中主要是对维护版权人与传播者的利益平衡和版权人与社会公众的利益平衡，而利益平衡论从来不关注生活中具体的人，尤其是人的尊严。虽然法律调整利益关系，但利益关系是发生在人与人之间的，人才是一切法律关注的重点。现代版权法正是受自由主义理论影响，崇尚经济利益，将利益放在了第一位，人成了为利益而活动的工具或手段。利益平衡理论不能作为版权法的理论基础，而作为版权法一部分的版权豁免制度及版权许可合同问题，当然也不能用利益平衡理论作为解决冲突的理论基础。

（二）马克思主义人权理论符合版权法律理论基础的要求

马克思主义人权理论能够满足作为版权法的理论基础所应具备的条件，可以此作为版权法的理论基础。由此，当然也能够作为解决目前版权豁免与版权许可合同冲突的理论基础

首先，该理论科学而深刻地揭示了版权法的基础。法的基础是社会关系，实质上是一种人与人之间的关系。马克思主义人权理论不仅强调个人人权，还强调人"类"的权利，如受教育权、发展权等。

人包括群体和个人两种存在形态。人不仅属于自然的"人类",而且是社会的人。人与社会的关系是更为重要的关系。人之所以为人区别于动物的本质就在于人需要进行物质的和精神性的社会活动。这一点,世界各种人权观念都是承认的,这种强调社会性的人权理论可以说明版权法中注重社会公众利益这一客观基础。版权人、传播者的利益应该得到保护,但任何人生活不能仅仅关注本人利益,版权人、传播者是一个社会中的人,社会中的他人为其成功提供了环境,版权人、传播者当然要有社会责任感,在实现自己利益的同时更要使他人利益得到实现。

第二,该理论明确地强调人的尊严、人的主体性地位,能够全面地解释版权法的各种现象。马克思主义人权理论从不同角度强调人的主体性地位。人有其人格、尊严与价值。如果一个人的生命、安全与自由得不到保障,他将失去做人的尊严与价值,失去做人的资格。"人是一个自由的个人,一个具有尊严和价值的存在,赋有理性和良知,能够进行道德选择和自由活动的人,这是权利概念的基础。"[①] 在1993年6月维也纳世界人权会议上,苏丹司法部长阿贝德尔·阿齐兹·希多的发言提到"根据尊重人的尊严和尊重人的不受损害、攻击或侵略,自由并安全的生活的权利的原则、价值及出发点,建立了体现人的义务和责任的全面、详细和精神的制度。"伊朗副外长穆哈默德·加维德-托里夫的发言中说"人的尊严、价值和崇高的价值是神的宗教教义的核心部分。因此,它们是普遍的,不依赖条件,超越所有世俗的或地域的界限,不因各族、性别或

---

① 〔美〕L. J. 麦克法兰:"人权的性质",王清劬译,2006年10月31日,http://www.humanrights.cn/cn/rqlt/rqll/xfrqxs/t20061031_170600.htm。

其他表面的属性与障碍而有所区别。"均说明发展中国家重视人的尊严以及人的主体性地位。①马克思主义人权理论更是强调人权的这一特点,强调从人的世界解释人,强调人是人的世界的主体和中心,人具有人的人格、人的价值、人的意义和人的尊严才能够存在,这在当代中国被马克思主义学者概括为"以人为本"。马克思把人类的发展分为三个阶段:自然发生的"人的依赖关系"是人的最初社会形态;"以物的依赖性为基础的人的独立性"是人类发展的第二大形态;"建立在个人全面发展和他们共同的社会生产能力成为他们的社会财富这一基础上的自由个性,是第三个阶段。"②现阶段正处于人对物的依赖性阶段。作为个体的人,在取得了主体地位后又被物化的社会异化了。个人仍然受到物化的社会关系的摆布,处于物的统治之下,社会成员之间的关系也发生了变化,由原来的人的依赖关系转变为对物的依赖关系,在表象上表现为物品化、客体化。③新媒体时代版权人或准版权人以版权许可合同排除版权法上的版权豁免,在根本上是版权人或准版权人不断地追逐利益,忽视并不尊重创作者、社会公众,把创作者、社会公众都当成为投资者、传播者获得利益的工具,实现经济利益的最大化,人被物化的社会真正异化了。人类发展第三阶段,人是目的,利益是实现人的全面发展的手段,所以,版权制度的修改应该围绕人的全面发展而展开,

---

① 欧麦尔·穆斯塔法·蒙塔利尔:"人权具有普遍性,但在解决人权问题时要考虑到这个世界在政治、经济、社会和文化上的巨大多样性",2006年10月23日,http://www.humanrights.cn/cn/rqlt/rqll/fzzgjrqg/t20061023_166459.htm。
② 《马克思恩格斯全集(第46卷)》,人民出版社1979年版,第104页。
③ 王志刚:"人类本性与社会秩序——良好社会秩序的人性根基",吉林大学哲学社会学院博士论文,2007年,第83页。

既要尊重和保护创作者，又要全面地促进版权作品的传播，以使社会公众获得更多的物质、精神享受。只有如此，版权法才能调动创作者的积极性，而不是一味保护投资者、传播者的利益，这样才有更多的人愿意去创作创新。极多的作品贡献的丰富知识在一定程度上促使精神财富和物质财富的极大丰富，人们逐渐地以从作品中获取知识作为生活的一部分，作为精神的享受，这样，社会也就进入良性循环之中。可见，马克思主义人权理论注重现实的人的主体地位，强调人的价值、人的意义和尊严，能够解释版权法及其实践中的各种现象，能够指导解决新媒体时代版权豁免与版权许可合同之间的冲突。

综上所述，马克思主义人权理论能够揭示版权法内在矛盾及其赖以存在的客观基础，强调人的主体地位，尊重人，重视公共利益。以此为逻辑起点，能够科学地揭示版权法的产生和发展、本质和功能等问题，能解释与版权法相关的各种现象和解决新媒体时代版权豁免与版权许可合同之间的冲突。

前文已经介绍过，马克思主义人权理论包含了丰富的内容，具有独特的特点，强调现实人的主体地位、社会利益尤其是弱势群体利益。下面笔者就尝试以马克思主义人权理论为理论基础研究未来版权豁免制度的完善，规范版权许可合同，从而解决新媒体时代版权豁免与版权许可合同冲突问题。

三、利益平衡-协调冲突的原则

利益平衡虽然不能作为解决版权豁免与版权许可合同冲突的理论基础，但是，可以将其作为原则，指导冲突的解决。利益平衡原则的核心内容是：版权制度应当以平衡为原则，在创作者、传播者和使用者之间维持利益上的平衡，在私人利益与公众利益之间保持平衡，从而实现社会利益总量的最合理分配。[①]版权法律制度创设的目的有二：一是要鼓励创新，通过赋予创作者一定的专有性权利，使其得到物质上和精神上的补偿，来调动人们创造的积极性，使得更多的作品产生；二是促进新作品中包含的新知识的传播和利用，从而使社会文化繁荣，推动整个社会的进步，造福于全人类。从国际人权法的角度，《世界人权公约》《经济、社会和文化权利国际公约》以及《关于人的权利与义务的美洲宣言》均是首先规定了参与文化生活、分享科学进步及其产生的福利的权利，然后才对包括版权在内的知识产权进行相应的规定。很显然，对包括版权在内的知识产权的保护不能妨碍其他社会公共利益的实现。因此，版权法律制度一方面赋予创作者版权并予以保护，另一方面又对版权进行适当的限制，以维护社会公众利益，从而实现版权法中各当事人之间利益的平衡。这种平衡在版权法律制度中以及制度的实践中都有所体现，如《中华人民共和国著作权法》第一条规定"为保护文学、艺术和科学作品作者的著作权，以及与著作权有关的权益，鼓励有益于社会主义精神文明、物质文明建设的作品的创作和传播，促进社会主义文化和科学事业的发展与繁荣，根据宪法制定本法。"

所以，在协调解决版权豁免与版权许可合同冲突时，应在以马克思主义理论为理论基础之上，坚持利益平衡原则，指导版权豁免制度的修改、版权许可合同的规范以及其他措施的采用。

---

① 高兰英："知识产权的人权危机：冲突与协调"，《知识产权》2014年第11期。

第三节 完善版权豁免制度

一、区分传统作品与数字作品,有针对性地完善版权豁免制度

传统媒体时代,作品必须借助有形载体而存在,有形载体有长、宽、高,占据一定的物理空间,能够被人力控制和支配。数字时代,改变了作品的存储。由于数字技术的渗透,导致了作品的数字化,包括文字作品、音乐作品和视频在内的所有作品都被计算机转换为只用"0"和"1"这种二进制数码来记载。以书籍、唱盘等有体物为载体的作品随着数字化的转换,开始脱离宿主而独立。[①] 同时,网络也改变了作品的传播方式。公众无需通过购买有形载体或转移有形载体所有权或占有方式就可以获得作品复制件,当网络经营者或网络用户将作品以数字化文件方式上传至向公众开放的网络服务器时,其他用户就可以通过网络将该数字化文件下载至自己的计算机中,从而获得作品的复制件。[②] 负载在有形载体如传统的纸质书籍、录音带和录像带上的作品如果需要复制、销售等,都需要利用这些作品的有形载体。而在网络复制和传播作品时,承载数字化作品的有形载体——硬盘、光盘不会脱离网络服务器转移到收件人,而是硬盘、光盘等不变动情况下,发件人将网络服务器自动产生的一份复制件发送到下载者的计算机,原服务器及硬盘、光盘上还保

---

① 〔日〕北川善太郎:"网上信息、著作权与契约"。
② 王迁:《著作权法》,第178页。

留着这个作品。数字作品便从此不受限制地在网络空间中自由地被传播。

由于非数字化的作品存储和传播都需要依赖有形载体，作品的传播范围和空间有限，版权人通过已有的版权法律制度就能控制作品。社会公众也能依照已有版权豁免法律制度对作品中的知识进行学习和利用而不承担法律责任。即使出现对作品的侵权利用，版权人在发现后能进行相应的控制和维权。但是作品被数字化后，版权人通过已有法律就很难控制自己的作品，大量的未经许可的复制和传播在网络上频繁出现。已有的版权豁免制度使版权人的利益受到不同程度的损害。作品的数字化和现有版权豁免制度带来的版权人利益受损问题，需要专门针对数字化作品制定版权豁免制度。由于现阶段非数字作品仍然存在，如果无视这一现象而只是修改版权豁免制度以解决数字作品带来的问题，就会导致只重视维护版权人利益，而忽视社会公众利益，甚至侵犯到社会公众的受教育权、发展权等人权。澳大利亚、欧盟的版权法改革中严格限制版权豁免条件就已经表明版权范围仍在被扩大、社会公共领域进一步地被压缩。我们可以对于非数字化作品之上的版权使用，仍采用已有的版权豁免制度，只是针对有些缺陷稍加修改。而针对数字化作品的版权使用，可以构建新的版权豁免制度。

我们要尊重法律变革进程中的新兴权利和法益诉求，内在地反映新媒体时代的行为规律和新型法律关系，坚持以马克思主义人权理论为理论基础，以利益平衡为原则，同时在法律概念、法律规则、法律原则中融入互联网、数字化等元素，探索新媒体时代适于数字作品的版权豁免制度，从而塑造新媒体时代的新型版权法法治秩序。

二、规定国家财政资助项目完成的作品版权属于国家,公众可以免费非商业使用

(一)已有关于国家财政资助创作作品的使用的观点

对国家财政资助下创作的作品的使用,已有两种观点。一种是国家利用权力设立公共领域,对提供无形商品给公共领域的人由国家给以补偿,该公共领域的无形商品免费提供给用户。国家依据无形商品提供者劳动量的大小、无形商品的优劣来决定对提供者的补偿程度。① 另一种观点是建议制定开放存取政策,具体内容包括以下四点:(1)对公共资金资助完成的研究论文在期刊和会议上发表的,实行强制性开放存取政策。在发表后一定期限内,将特定版本提交给国家指定的开放存取仓储保存。这个期限应在6个月至1年之内。(2)对公共资金资助完成的研究论文,鼓励作者与出版商协商,将发表版本提交给国家指定的开放存取仓储。对出版商不同意提交的,则要求强制性提交论文元数据(目录、摘要、出处等)。(3)对公共资金资助完成的研究论文,实行鼓励性开放发表政策。在国家认可的开放存取期刊上发表的,视为合格成果,对部分期刊或论文采用国家许可证政策。(4)积极与国外开放存取机构合作,集成外国开放存取资源为我所用,提高中国学术的国际可视度、竞争力,增强学术话语权。② 美国国家科学基金在《成果和管理指南》中专设"科研成果的传播与共享(Dissemination and Sharing of

---

① BG Damstedt, "Limiting Locke: A Natural Law Justification for the Fair Use Doctrine", *Yale Law Journal* 112(5),(March 2003),pp.1212-1213.

② 陈传夫:"公共资金资助的科研成果应实行开放存取",《光明日报》2014年6月23日。

Research Results)"①一章中专门规定由国家资助项目所产生的科研成果(论文,实验数据等)实行成果共享,共享的方式是通过开放存取(Open Access)②来使用科研成果公有领域部分。美国国家卫生研究院(NIH)制定的"国家卫生研究院资助项目科研成果的公共获取政策"明确规定,受 NIH 项目资金资助者在发表了受该项目资助的科研成果后,需要将原稿的电子版提供一份给国家卫生研究院国家医药图书馆公共医药中心(Pub Med Central)。该政策要求并强烈鼓励作者在出版商正式最终出版之日起 12 个月内尽快向公众公布其最终手稿。该规定目的在于使 NIH 资助项目的科研成果被科学界人士或者社会大众共享。③我国科研机构也较早呼吁实施科研成果的开放存取,2004 年,国家自然科学基金委员会主任陈宜瑜和中国科学院院长路甬祥在北京签署《关于自然科学与人文科学资源的开放使用的柏林宣言》,该宣言旨在利用互联网整合全球人类的科学与文化财产,为来自各国的研究者与网络使用者在更广泛的领域内提供一个免费的、更加开放的科研环境。该宣言签署的目的是推动中国科学资源发展,实现全球科学家共享。④宣言签署之后,国家自然科学基金委员会建立了"科学基金共享服务网"对资助的

---

① 美国国家科学基金(NSF),"成果和管理指南(Award and Administration Guide)",2013 年 1 月 18 日,http://www.nsf.gov/pubs/policydocs/pappguide/nsf13001/aag_6.jsp#VID4。

② 开放存取(Open Access,简称 OA)是国际科技界、学术界、出版界、信息传播界为推动科研成果利用网络自由传播而发起的运动。

③ National Institutes of Health (NIH), "Policy on Enhancing Public Access to Archived Publications Resulting from NIH-Funded Research", 2005-02-03, http://grants.nih.gov/grants/guide/notice-files/NOT-OD-05-022.html.

④ 科学网:"第八届开放获取柏林会议在京举办",2010 年 10 月 25 日,http://news.sciencenet.cn/sbhtmlnews/2010/10/237741.html?id=237741。崔政:"当代科学与技术知识所有权问题",浙江大学科学技术与社会研究中心博士论文,2013 年。

科研成果进行共享,但是由于科研成果的版权的存在,权利人往往不同意全文共享,所以共享的科研成果只限于题目、摘要等部分内容,无法通过该网站获取到有关于科研成果的全文。

可见,科研成果的开放共享模式目的是为了解决社会大众获得作品的问题,但是,由于这种模式有一个核心的矛盾是科研作品的版权属于作者,享有版权的作品作者可以共享,也可以不共享,即一些共享的宣言要求作者将科研成果共享,作者也可以以版权对抗。并且宣言也只是倡导性的要求,不具有法律效力。所以,这种模式虽然呼吁的较早,但是并没有很好地实施。

(二)国家财政资助创作作品版权属于国家,公众免费进行非商业性使用的理由

就作品的使用而言,依照第一种观点就是国家专门设立公共领域,在这个领域划拨一笔资金用于补偿那些将作品提供给社会免费使用的作者。当然,作者需要申请才能获得这样的补偿资金。受这样观点启发,笔者认为我国可以采用这样的制度,即所有受到财政资金支持而创作的作品,其版权的署名权属于作者,其余的权利属于国家,由国家提供给社会公众免费非商业使用。理由如下:

(1)财政资金的公共性。财政资金是公民交纳给国家税收的一部分,国家将财政资金设立了各种项目、课题,以科研经费方式支持研究者对各种科技、社会问题进行研究。税收是指国家为了向社会提供公共产品、满足社会共同需要、按照法律的规定,参与社会产品的分配、强制、无偿取得财政收入的一种规范形式。[1]可见,税

---

[1] 〔美〕N.格里高利·曼昆:《经济学原理:微观经济学分册》,梁小民译,北京大学出版社2015年版,第73页。

收的目的是国家为了向社会提供公共产品,满足社会共同需要。国家以经费的方式支持研究者进行研究创作,目的就是希望研究者能够创作出更多的优秀作品作为公共产品提供给社会公众,以满足社会公众对精神文化产品的需要。

(2)财政资金支持的项目目的的公共性。国家通过财政资金支持设立各类项目,核心是引导科学研究,目的是支持研究者解决社会发展中面临的各种重大问题,希望研究者利用公共资金研究社会中某一方面的问题,并最终给出解决问题的科研成果。例如《国家社会科学基金管理办法(2013年5月修订)》第二条规定"国家社科基金用于资助哲学社会科学研究和培养哲学社会科学人才,重点支持关系经济社会发展全局的重大理论和现实问题研究,支持有利于推进哲学社会科学创新体系建设的重大基础理论问题研究,支持新兴学科、交叉学科和跨学科综合研究,支持具有重大价值的历史文化遗产抢救和整理,支持对哲学社会科学长远发展具有重要作用的基础建设等。"[①]2016年修订后的《国家社会科学基金项目资金管理办法》第二条规定:"国家社科基金项目资金来源于中央财政拨款,是用于资助哲学社会科学研究,促进哲学社会科学学科发展、人才培养和队伍建设的专项资金。"

(3)项目成果性质的公共性。受财政资金支持的项目研究成果是项目承担者为了完成某一科研任务而进行的有目的的研究,任何获得财政资金支持的项目承担者都不是漫无目的的研究,都是围绕项目管理者根据社会发展需要设计的项目指南而进行选题及研究。

---

① 《国家社会科学基金管理办法》第二条;胡琼华:"十年来国家社会科学基金出版项目立项统计分析",《中国出版》2016年第6期。

其研究成果和其他知识一样都是利用社会已有的公共知识，利用社会公共资金，在公共知识的基础上进行的再创造。这种再创造的基础已经具有了公共性，再创造的成果一经完成，便脱离了创作者，其价值由社会公众参与而彰显。

（4）排除著作、期刊、数据库公司等出版商依靠作品版权对科研成果公有领域部分进行垄断。现在大量的科研作品的传播是通过著作、期刊出版商进行的。大量的科研作品在期刊发表或者著作在出版社出版时，期刊社或出版社都会收取一笔高昂的版面费或者出版费。如一般的 CSSCI 期刊收取 3000 至 1 万元不等的版面费，出版社则根据著作字数收取 3 万元以上的出版费。原本版权法规定作者创作后应该对自己的作品享有版权，他人使用应该支付报酬。但是，实际上作者并没有从自己的作品中获利，而是出版商通过对科研作品的出版发行，使用作者的复制权、发行权以及通过对作品的使用获得了收益。而出版商使用了作者的科研作品不仅没有支付报酬，反而从作者那里索取高昂的版面费或者出版费，并且通过发行还能获得收益。科研作品为期刊社、出版社等传播者带来了巨额利润，而作者除了获得精神利益外没有任何收益。为完成财政资金支持项目的作者向期刊社、出版社支付的版面费、出版费是来自于项目经费，而这个经费又是国家的财政资金，财政资金是来自于社会公众。也就是说，科研作者通过科研作品这一媒介将社会公众的钱支付给了出版商。这些出版商为了从科研作品中获得高额利润，利用版权制度向使用者收取使用费。这些使用者包括科研人员自己以及其他社会公众，这导致科学界或普通民众为获取原本自己付出智力劳动或付出金钱的成果再次付出高昂的代价。可见，这种出版收费是多么的不公平。更有甚者，一些期刊社依仗着其强势地位，在作者投稿的协议（实质是格式条款）中规定作者所投稿件的版权转移为期刊社享有或授权期刊社享有没有期限的所有财产性权利，由于许多科研作者为了完成在 SSCI 或者 CSSCI 发表论文或者权威出版社出版专著的科研考核的任务需要，也就接受了期刊社或者出版社的不合理的转让或许可除人身权以外版权的协议。一些高校和科研机构以发表了多少篇 SCI、EI、SSCI 收录的论文作为对科研人员的考核指标。受此影响，科研人员积极向 SCI、EI、SSCI 收录的所谓国际核心期刊投稿，而这些被 SCI、EI、SSCI 收录的国际核心期刊上发表的科研论文是国家财政资金支持下创作的，其科研水平较高。但是当我国社会公众需要阅读或合理使用这些科研作品时，往往是借助图书馆，而图书馆必须与外国数据库公司签订合同以高额的价格购买包括这些科研作品的数据库。根据对国内一些大学图书馆的使用数据库的合同调研，汇聚许多文章的国内数据库的使用合同中约定的年使用价格近 40 万元，有的甚至高达 150 万元，而且逐年上涨。例如某大学与同方知网签订的数据库使用合同约定一年的使用费为三十九万余元，《图书馆期刊》对 2009 年度 SCI 核心版收录的部分国家期刊数量和平均价格的统计显示，6000 余种学术期刊的年均价达到了 1302 美元。[①] 这实际上造成了作品传播者对科研成果的垄断。我们必须重视并认真研究这种现象，以便解决这种现象背后的问题。国内外科学界都有抵制网络期刊数据库的言论和行动如抵制学术期刊巨头爱思唯尔（Elsevier）的"反爱思唯尔浪潮"，抵制的学者，已经从 2012 年刚刚上线时的 2600 多人，增加到了 2018 年的 17191

[①] Lee C. Van Orsdel & Kathleen Born,"Reality Bites: Periodicals Price Survey 2009", *Library Journal*, Vol.44, Issue.4,(2009).

人。①利用国家资助完成的科研成果本应该留在公共领域由社会公众使用，但是像爱思唯尔这类学术期刊及数据库公司却垄断了原本应该在公有领域的科研作品，纳税人使用还需要再次出钱购买。同时，由于这类期刊社和数据库公司通过排除版权豁免的版权许可合同辅之以技术保护措施，社会公众连接触这类科研作品的机会也没有了，非常不公平，这是科学界抵制爱思唯尔的真正原因。为了排除期刊、出版社、数据库公司等传播者对科研作品的垄断，需要对由财政资金支持创作的作品除署名权以外的版权收归国家。

（5）除计算机软件版权外法律没有规定国家财政资金支持创作的作品版权属于创作者。许多国家的专利法规定委托发明创造专利权的归属为有约定的按照约定，无约定的由受托人享有。但是考虑到发明创造往往是对国计民生、国民经济发展有重大影响的创新型技术，为了激励公民和科研机构进行创新，对于利用国家财政资金投资进行的发明创造大多数国家规定可以归发明创造者所在的研究机构，由研究机构给作者适当的奖励。如美国专利修正法案《拜杜法案》就有此规定。我国 2008 年 7 月 1 日实施的《科技进步法》第二十条在关于知识产权归属方面也有此种规定。虽然我国和许多其他国家一样规定利用财政资金进行的发明创造由研究机构或项目承担者享有，但是在作品的著作权归属方面除《计算机软件保护条例》第十二条对国家机关分派任务开发的计算机软件规定当合同没有约定时著作权由相应的单位享有外，②并没有明确规定财

---

① 夏乙："赚钱绝不手软，定价看'市场承受能力'：学术圈一霸爱思唯尔又引众怒"，2018 年 8 月 18 日，http://www.sohu.com/a/248636040_610300。
② 《计算机软件保护条例》第十二条：著作权的归属与行使由项目任务书或者合同规定；项目任务书或者合同中未作明确规定的，软件著作权由接受任务的法人或者其他组织享有。

政资金支持创作的科研作品归属于科研机构或者项目承担者。以我国最为重要的科研项目国家自然科学基金和社科基金项目为例,《国家自然科学基金条例》《国家自然科学基金资助项目研究成果管理暂行规定》和《国家社会科学基金管理办法》等规定以及相应的项目申报书和结题书中没有对科研成果版权归属作出具体的规定。但是在《国家社会科学基金重大项目鉴定结项审批书》的"声明"一栏中规定"本申请鉴定结项的研究成果……除涉密内容,全国哲学社会科学规划办公室享有宣传介绍、推广应用本成果的权利,但须保留首席专家和课题组的署名权"。[①] 依据该"声明",首席专家和课题组成员只享有署名权,而科研成果的其他权利该"声明"没有明确说明归属。但是,"宣传介绍"就意味着需要发表成果,需要通过复制、发行、表演、广播、网络传播等方式或手段向社会公众宣传介绍科研成果,离开了复制、发行、广播、网络传播等手段无法进行宣传介绍。而这些宣传手段或方式对应的就是著作权人对作品的运用方式,对应的就是复制权、发行权、表演权、广播权、信息网络传播权。"推广应用"除了每一著作权权项所控制的使用方式以外,还包括许可他人使用、转让、质押等方式。而许可他人使用、转让和质押作品是著作权人的权利。该"声明"将这些权利明确规定为"全国哲学社会科学规划办公室"享有,表明了可能存在两种归属情形,一是科研成果著作权属于全国哲学社会科学规划办公室,一是科研成果著作权属于科研项目承担者,"声明"性质为授权合同,项目组授权全国哲学社会科学规划办公室有专有

[①] 《国家社会科学基金重大项目鉴定结项审批书》的"声明"。

许可使用权。但是，综合"声明"的内容和实践，第一种归属的可能性更大一些。无论以上两种中哪一种归属情况，全国哲学社会科学规划办公室都事实上能够全面使用完成国家资助项目产生的科研成果。另外，虽然目前法律没有明确规定此类科研成果的著作权归属，但是《国家社会科学基金重大项目鉴定结项审批书》的"声明"说明此类科研作品版权除署名权外不能绝对说属于项目承担者，可以由国家享有。美国著名的科学社会学家默顿认为"科学的公有性是从财产公有性的非专门的和扩展的意义上而言的。科学上的重大发现都是社会协作的产物，因此它们归属于科学共同体。它们构成了共同遗产，其中作为提出者个人的份额是极其有限的。"[①]因此，他特别强调科学研究的成果应该属于科学共同体。许多国家知识产权制度没有修改之前规定国家投资的项目产生的知识产权属于国家，只是后来受新经济增长主义理论和产业政策影响，为了促进经济发展才逐步规定国家投资项目产生的知识产权可以由项目承担者享有。但是，仍然规定国家投资的项目产生的知识产权如果涉及国家安全、国家利益和重大社会公共利益的仍属于国家。另外对于国家投资的项目中产生的科研作品的版权归属没有明确规定。

(6)国家财政资金支持的项目产出的科研作品的创作者实际并没有成为真正的版权人或者无法充分实施其版权。前文已经分析，许多科研作品作者为了完成科研任务而不得不向核心期刊交出版费发表科研论文或者出版著作，而期刊社和出版社为了更好地利用作品获利，利用其强势地位通过格式合同要求作者转让或授权许

---

① 〔美〕R. 默顿："科学的规范结构"，林聚任译，《哲学译丛》2000 年第 3 期。

可其版权中的财产权。许多期刊或出版社将这些科研作品数字化后在自己的网站使用或授权给数据库公司使用，从而赚取利益或高额许可费，而科研作品的作者如果想使用作品，还需要支付一定对价，如果需要阅读知网数据库中的某一10页作品，需要支付5元。科研作品的作者并没有通过科研作品获得相当的利益，其获得的仅为精神利益。这种实践违背了《著作权法》的立法目的，即通过赋予创作者版权以激励更多的社会公众参与创作，最终使社会获得丰富的文化产品，带来社会进步。这种实践不仅不能激励创作者，反而由于期刊社、出版社、数据库公司等传播者的垄断而使公众获得作品需要付出高昂的代价，阻碍了社会的进步。从现代人权角度来看，并没有真正维护作者的人权，也影响了社会公众的受教育权、发展权的实现。虽然有些科研作品的版权没有转移，但是，这些科研作品的作者考虑到科研考核任务已经完成，如果再去将科研作品进行发行或作其他利用，需要支付许多费用，代价较大，所以这部分科研作品一旦发表或出版过之后也就束之高阁了，并没有被完全利用，不仅浪费了国家财政资金，也浪费了科研人员的智力。当然，有一些科研人员的科研作品的版权没有转移，科研人员也通过作品获得了许多报酬，但是由于这类作品以许可使用的方式让期刊社、出版社使用，这些出版商通过技术措施、版权许可协议等方式限制或排除社会公众的合理使用，一定程度上也阻碍了文化产品的广泛传播和社会进步。

（三）具体做法

虽然可以规定财政资助项目的科研人员创作的科研作品版权属于国家，但是具体的操作需要仔细设计。科研作品之上往往涉及版权的管理、利用以及维权等。

利用国家财政资金资助项目完成的科研作品是项目成果，可以规定这类成果由项目的管理方代表国家进行管理，例如国家社科基金成果由国家哲学社会科学办公室管理，国家自然科学基金的科研作品由国家自然科学基金委员会管理，教育部的各类项目的科研作品由教育部管理。这类管理主要是对科研作品的质量的鉴定。

在科研作品利用方面，由国家版权局统一管理利用。国家版权局开发作品交易使用平台，该平台可以设置几个板块或区域，其中一个区域为完成国家资助项目的科研作品区域，该区域的作品供中国公民免费的非商业性使用。各类项目的管理者将自己所管理项目的科研作品提交给国家版权局，国家版权局一方面将科研作品以数字形式放置在平台上，另一方面还可以通过招标方式确定一些期刊社或者几家出版社，由这些期刊社或出版社专门对国家财政资金资助的科研作品发表或出版，包括纸质及电子的。同时对期刊社和出版社在作品的价格方面做出明确规定，由出版商规定期刊及著作的价格，价格标准可以规定为高于出版成本的一定的百分比，出版商确定的期刊及出版物的价格报由国家版权局和财政管理部门审批。

国家版权局应该承担起此类科研作品版权的维权职责，可以由国家版权局直属单位中国版权保护中心具体维权，主要针对的是非经国家版权局同意的对科研作品的商业性使用。

综上，国家利用公共资金投资而产生的科研作品版权应归属于国家。这种成果的创作者付出了智力和精力等，应该在项目经费之外给予适当的物质奖励和精神奖励，这样才能激励更多的人进行创作，从而既维护了创作者利益又尊重了社会公众人权，促进了科研作品的传播，同时也能推动经济发展。

三、完善合理使用制度

(一)规定合理使用权

国内外学者对现有的版权法律制度中的合理使用的研究,经常会涉及合理使用性质。关于合理使用的性质目前主要有"权利限制说""侵权阻却说""使用者权利说""法益说""特权说(Privilege)""集体权利说"和"社会共享的公共权利说"等学说。

权利限制说是主流学说,认为版权法赋予版权人以权利目的是为了激励更多的人参与创作,从而为社会带来更多的文化产品,最终目的是为了满足社会公众的文化需要,因此,版权人的权利不应该是绝对的,而应该受到一定的限制,合理使用便是版权限制制度中的一种。代表性专家如董炳和教授。[①] 美国学者约翰·劳伦斯(John S. Lawrence)认为,从使用者利益的角度考虑合理使用制度,应是对版权的重要限制。联合国教科文组织编写的《版权基本知识》认为:"版权的授予是一种有限制的独占——在授予权利的范围和期限上都有限制。""不经作者同意而使用有版权的作品,从这一点来看,这是对版权保护的限制或约束。"[②]

侵权阻却说认为使用人未经许可使用了版权人的作品,但由于使用行为符合法律规定而免于承担法律责任的违法阻却事由。如郑成思先生认为,"本来是版权人的专有领域的东西,被使用(未经

---

① 董炳和:"合理使用:著作权的例外还是使用者的权利",《法商研究》1998年第3期。
② 联合国教科文组织:《版权基本知识》,中国对外翻译出版公司1984年版,第56页。

许可)而应属侵权行为。但由于法律在使用条件及(或)方式上划了一个'合理'的范围,从而排除了对该行为侵权的认定。"①

"权利限制说""侵权阻却说"对合理使用进行性质认定的角度不同,实质是一样的。"权利限制说"是从版权人的角度认为合理使用是对版权人权利的限制,"侵权阻却说"是从使用者的角度提出的侵权抗辩。

国内外有一些专家学者将"合理使用"认定为使用者权利。吴汉东先生认为立法者从立法语言上将合理使用表述为"著作权的限制",但其实质是使用者权利,即合理使用是使用者依法享有利用他人著作权作品的一项利益。②冯晓青教授认为应该将合理使用上升为宪法性权利,因为合理使用体现的是社会公众对版权作品的合理接近,合理使用在合理接近中的公共利益胜过版权人的法定垄断权,而且版权人的版权并不是宪法明确规定的权利,自然让位于宪法性权利。③国外也有学者持此类观点。"合理使用规则并不表现为是对版权作品的个人使用,而是确认后任作者对一部作品的版权进行合理的利用,即意味着是他在行使某种权利。"④"所谓合理使用即是作者以外的其他人对版权作品,不经作者同意而以合理的方式加以使用的特殊权利。"⑤对于"使用者权利说",有一些学者提出了

---

① 郑成思:《知识产权保护实务全书》,中国言实出版社1995年版,第189页。

② 吴汉东:《著作权合理使用制度研究》,中国人民大学出版社2013年版,第133页。

③ 冯晓青:"著作权合理使用制度之正当性研究",《现代法学》2009年第4期。

④ Lydia Pallas Loren & L. Ray Patterson & Stanley W. Lindberg, "The Nature of Copyright: A Law of Users' Rights", *Michigan Law Review*, Vol. 90, No. 6, (1992), pp. 1624-1633.

⑤ Paul Goldstein, International Copyright: *Principles Law and Practice*. New York: Oxford University Press, 2001, p.187.

以下质疑：(1)将合理使用认定为"使用者权"，合理使用的法律关系中将出现一个特定的义务主体(也就是原来的版权人)与众多不特定的权利主体。"著作权人负有不妨碍使用者权利实现的义务，他不得采取任何妨碍使用者合理使用作品的措施，否则使用者可以要求排除妨碍"，但是依照现有法律，使用者在版权人采取了妨碍其实现合理使用的措施时，不能主张排除妨碍，所以合理使用不是一种具体民事权利。①(2)若是把合理使用定性为权利的一种，则版权人只有将这种"使用者权"否定之后才能胜诉，然而在目前的诉讼活动中版权人只要证明自己的权利存在就已足够，是否属于合理使用的证明责任由所谓的"使用权人"承担。(3)权利是可以转移的，但是"使用者权"并不能如其他权利一样进行有效移转，在版权人提起侵权之诉时所谓的"使用权人"只能就自身的使用行为主张合理使用的成立。②(4)需要使用者承担证明合理使用的举证责任，大大加重了使用者的经济负担。③(5)如果是使用者权，那么，与权利相对应的是义务，但是尚未见有立法规定版权人负有不禁止或干涉他人合理使用的义务，也没有看到有立法规定使用者无法实现合理使用时可以获得法律救济。④

在质疑的基础上，学者们提出了"法益说""特权说""集体权

---

① 董炳和："合理使用：著作权的例外还是使用者的权利"，第 37 页；朱理："著作权的边界——信息社会著作权的限制与例外研究"，北京大学法学系博士论文，2006年，第 32 页。

② 孙山："未上升为权利的法益——合理使用的性质界定及立法建议"，《知识产权》2010 年第 5 期。

③ Sun Haochen, "Fair Use as a Collective User Right", 90 *North Carolina Law Review*, No.1. (December, 2011), p.147；阳东辉、张晓："合理使用的性质重解和制度完善"，《知识产权》2015 年第 5 期。

④ 朱理："合理使用的法律属性——使用者的权利、著作权的限制还是其他"，《电子知识产权》2010 年第 3 期。

利说""社会共享的公共权利说"。"法益说"的"法益"可认为是一种未被法典类型化的权利，其性质接近于权利。法律对合理使用的保护是事后的、个案的、被动的，也没有被法律类型化。[①] 特权说认为使用者根据合理使用规定所获得利益是法律规定的反射效果，属于客观权利的范畴。它的范围受到版权法律规定的严格限制。使用者既不可转让该客观权利，又没有实施该权利的独立诉权。使用者根据合理使用所拥有的是一种特权。[②] "集体权利说"将合理使用看作由作为某种社群、社区或组织等即有着共同身份特征的人们享有的集体性权利，这种性质的权利将多数人的利益作为社会或社区或社团组织等成员的整体利益，应该被当作版权法的一种整体设计以保护公众参与到无形的公共空间的集体性权利。[③] "社会共享的公共权利说"是在反对合理使用为"个人权利"或"集体权利说"基础上提出的，认为合理使用是任何社会成员都可以基于公共利益的需要使用他人作品中的知识和信息，这种权利是没有地域和范围限制的。[④]

以上关于合理使用性质的学说是对现有的版权法律制度中的合理使用性质进行的解读，学者们基于不同的立场不同的价值观而给出了不同的认识。这些学说虽然名称不同，但大致可以分为两大类，一类是限制类，包括"权利限制说""侵权阻却说"。另一类是权利类，"使用者权利说""法益说""特权说""集体权利说"和"社会共享的公共权利说"都属于此类，只是略有差别。限制类是

[①] 孙山："未上升为权利的法益——合理使用的性质界定及立法建议"。
[②] 朱理："著作权的边界——信息社会著作权的限制与例外研究"，第33页。
[③] 鄂昱州："著作权合理使用制度法律性质探究"，《学习与探索》2015年第5期；Sun Haochen, "Fair Use as a Collective User Right", p. 164.
[④] 阳东辉、张晓："合理使用的性质重解和制度完善"。

基于现有的版权法律制度中的合理使用规定及实践而进行的解说，权利类是从版权法的立法目的对合理使用性质进行的解说。从合理使用的现行规定及实践来看，权利类的解说有悖于现有的版权法律制度的规定。虽然版权法的目的是通过赋予版权人权利来激励更多的人参与创作，为社会带来更多的新知识，最终促使社会发展，其原则应该是维护版权人、传播者和社会公众利益的平衡。但是现有的版权法的构建是以版权人和传播者的利益为核心，也是以版权人和传播者的权利为重心，加强了对版权人和传播者权利的保护，为了实现利益平衡，才设计了对版权人和传播者权利的一些限制，如构成作品的条件、权利穷竭、法定许可、保护期限及合理使用等。合理使用和其他限制手段一样，只是为了对版权人和传播者权利进行限制而设计的，并没有设计为使用者的权利。受新经济增长主义和产业政策影响，现代的版权法本质不是赋权，而是国家通过该法分配知识资源以促进经济发展，立法者制定版权法时的指导思想更多的是以经济发展为重心。在这一指导思想下，现有的版权法及相关政策几乎都是要加强对文化产业的保护，而保护文化产业，实质是对版权人和传播者权利加大保护。因为支撑文化产业的是作品，作品的版权人及作品的传播者是文化产业的运作人。法律对版权技术保护措施和版权许可合同的保护都是这一指导思想的体现。在以经济发展为重心的指导思想中，社会公众的表达自由、受教育权和发展权等几乎很少被考虑。所以，现有的版权法律制度中的合理使用的性质是权利限制，是对版权人和传播者的权利进行的限制，当使用者因使用而被诉侵权时则成为"侵权抗辩"，总之，合理使用不是使用者的权利。

在新媒体数字时代，版权侵权越来越容易、成本越来越小，也不容易被发现,为了维护自身利益,版权人利用版权合同辅之以技术措施排除使用者的符合版权法规定的使用从而扩张权利,版权法律制度和相关政策为了发展经济也大力支持这样的版权合同和技术措施。对版权合同和技术措施提供法律上的保护,对排除版权豁免的版权合同不给予规制,不仅破坏了版权法的利益平衡,更是侵犯了社会公众的言论自由、受教育权及发展权。为了社会公众的言论自由、受教育权和发展权,需要将合理使用从现有的对版权人和传播者权利的限制的附属地位提升到权利高度,即需要在版权法中赋予社会公众合理使用权。以上关于合理使用性质的第二类认识即权利类实际上是基于对版权法立法目的的理想化期待,是从版权法的应然法层面认识的,但是现有版权法中合理使用不是权利。所以对"使用者权利说"的质疑理由是成立的,因为"使用者权利说"针对的是现有的版权法律制度中的合理使用而分析其性质的。但是,如果在修改后的版权法中设置了合理使用权,这些质疑的理由也就不成立了。除以上理由外,赋予社会公众合理使用权还有以下理由。

第一,使版权法目的从实然变成现实。人类文明的发展历程已经清楚地说明,知识非常重要,而人的发展需要在自由宽松的社会环境中不断地学习知识,为了使人们获得知识,国家就有义务提供知识和环境。一些国际公约和国内法律便是为此而做了相应规定。《世界人权宣言》第27条、《美国宪法》第1条第8款和我国《著作权法》第一条等国际人权公约和一些国家版权相关法律都规定了作者的专有权和社会公众分享作品带来的利益的内容。版权法具有双重目的,即通过赋予创作者权利以激励其创作,最大限度地确保人们获取作品,从而促进社会进步。前者是手段目的,后者是社会目的,通过手段目的来实现社会目的,最终应该是为了繁荣社会文化,促进人们的整体进步。《世界人权宣言》第27条内容的表述顺序也证明版权法的最终目的是促进社会进步。在版权法中,作者、企业和用户分别有三个不同的目标:文化、经济和社会,实现三者的不同目标需要通过创作、传播和学习来完成。学习功能与"接触(access)"相关,版权法的社会目的的实现不仅需要激励创作者创作以产生丰富的文化产品,更需要使用人不断地学习作品,而学习要求不受限制地接触作品。[①]但是为了控制个人用户的行为以及信息的流动,版权人利用排除版权豁免的版权许可合同以及保障合同实施的技术措施,使社会公众无法接触作品,而现有版权法律对此没有明确规定或者说无能为力又使版权人或准版权人私定规则加剧了版权扩张,现在的趋势甚至已经是把激励创作而保护版权人利益的手段目的当作了最终目的。要改变目前的状况,仅依靠修改合理使用中的一些规定,而不改变合理使用的性质和地位是实现不了的。只有将合理使用提升为权利赋予社会公众,才能彻底地改变目前处于附属地位的状况,而社会公众通过对具体权利的运用使得合理使用真正从制度变为现实,也才能使整个社会重视合理使用,重视版权法的最终目的,从而围绕最终目的设计版权法律制度,也才能使版权法摆脱现有的版权过度扩张的困境,使版权法目的从实然状态变成在实践中得到实现。

第二,能够与版权人和传播者抗衡。新媒体时代,社会公众面对排除版权豁免的合同和技术措施的双重使用几乎无能为力。即使社会公众意识到排除版权豁免的版权许可合同不合理不合法,但

---

① Lydia Pallas Loren et al., "The Nature of Copyright: A Law of Users' Rights".

是，这种合同是格式合同，使用者只有两种选择，"同意"和"不同意"。如果不同意，则不能使用提供该合同的公司所提供的软件或知识，调研中有公司指出，如果不同意某公司的排除版权豁免的协议，用户可以选择其他同类型的公司。但是，前文已经统计过，在目前网络中，几乎所有公司的版权许可协议都或多或少地排除了版权豁免，使用者要获得相关信息或者知识，只能从提供同类软件或服务的公司中选取一家并同意其排除版权豁免的协议。技术措施也是如此。这样的合同和技术措施看似针对的是使用某公司软件或服务或作品的某个人，但是实际上所有想使用的人都是这类合同和技术措施排除的对象。这实际上使作为使用人的社会公众无法接触到信息及知识，使用者虽然明白自己阅读版权作品是合理的，或者一些使用者清楚自己阅读版权作品是合法的，但是面对这样的排除版权豁免的许可合同，却无法主动地以自己享有的权利去对抗。即使版权法规定了社会公众可以合理使用，但是合理使用不是公众的权利，社会公众不能以此对排除版权豁免的版权许可合同提起诉讼。在传统媒体时代，通过私人之间的借阅、在公共图书馆阅读或者在书店浏览，使用人都能够接触到作品，不会出现大规模的合理使用被禁止的情况。而在新媒体时代，接触作品都几乎不可能了，更不要说其他的合理使用。美国著名的版权法教授尼默（Nimmer）说虽然合理使用"被传统理论看作是一种法定抗辩……，但是本人认为……将其看作是《1976年版权法》所授予的一种权利更为恰当。"[①] 所以，为了能够与版权人和传播者抗衡，需要设置合

---

① David Nimmer & Melville B. Nimmer, *Nimmer on Copyright*. New York: Matthew Bender Company, Inc.2013, pp.4-47.

理使用权,使社会公众面对排除版权豁免的版权许可合同和禁止合理使用的技术措施时能够提出维权的诉讼进行救济,从而实现版权法中的利益平衡,维护社会公众的表达自由、受教育权和发展权。

第三,我国有将合理使用作为一项权利的先例和基础。依据我国《计算机软件保护条例》第十六条的规定,① 将软件装入一定的装置内、制作备份复制品以及必要的修改都是软件复制品所有人的合理使用,该法律将这些合理使用明确地规定为软件合法复制品所有人的权利。由此说明,给用户赋予合理使用权是有先例和法律基础的。尤其是在新媒体时代,面对限缩公共领域以扩张权利的强势版权人更应该赋予公众合理使用权。

第四,版权公益诉讼学说的缺陷需要合理使用权的设置。面对新媒体时代现代版权扩张及滥用排除合理使用侵犯公众人权的状况,有学者提出构建版权公益诉讼制度。目前,美、法、德、日等国设计了包括版权在内的知识产权公益诉讼制度,我国目前虽然有知识产权公益诉讼的一些实践,但是并没有明确的关于知识产权公益诉讼的规定。版权公益诉讼对限制或排除合理使用的行为有一定遏制作用,但是诉讼往往针对的是权利受到了侵犯,如果不赋予公众合理使用权,公益诉讼的实体权利基础便不存在。况且,诉讼行为是在侵权行为发生之后进行的,属于事后救济,事前的预防却没有,所以在没有赋予合理使用权的情况下,版权公益诉讼缺乏一定

---

① 《计算机软件保护条例》第十六条:软件的合法复制品所有人享有下列权利:(1)根据使用的需要把该软件装入计算机等具有信息处理能力的装置内;(2)为了防止复制品损坏而制作备份复制品。这些备份复制品不得通过任何方式提供给他人使用,并在所有人丧失该合法复制品的所有权时,负责将备份复制品销毁;(3)为了把该软件用于实际的计算机应用环境或者改进其功能、性能而进行必要的修改;但是,除合同另有约定外,未经该软件著作权人许可,不得向任何第三方提供修改后的软件。

的法律基础,也不能很好地保护社会公众利益。另外,已有知识产权公益诉讼制度的国家关于公益诉讼的主体、内容、客体规定各有不同,我国的研究中对于公益诉讼的原告众说纷纭,对于公益诉讼的范围也是各种各样。最后,公益诉讼只是规定人们有资格对侵犯社会公共利益行为进行诉讼,不是赋予相应权利,人们的积极性不会很高。正是基于以上理由,仅仅对排除版权豁免的版权许可合同采用公益诉讼方式进行救济是有些欠缺的,需要确认公众的合理使用权,从而与版权公益诉讼一起构筑起维护公众人权和社会公共利益的防线。

依据前文,依靠国家财政资金支持完成的科研作品除署名权外版权属于国家,由国家版权局具体行使版权人权利,并提供在线公开平台,供社会公众免费的非商业性使用。那么,除科研作品以外的作品就成为了今后版权法中合理使用权的对象。当然,社会公众合理使用权并不是无限制的,在符合法律规定的情况下使用作品,并按照法律规定[①]规范地进行标注和说明版权相关信息。权利与义务相统一,"符合法律规定情况下使用"和"指明作者姓名、作品名称,并且不得侵犯著作权人依法享有的其他权利"是社会公众行使合理使用权的界限,也是其义务。社会公众合理使用权的义务主体是版权人和传播者,这些义务主体不得妨碍使用者的合理使用。法律还需设定救济手段,即赋予权利人以诉权。当义务主体不履行义务时,社会公众可以提起诉讼。公众合理使用权类似环境权,新修订的民事诉讼法中规定了环境公益诉讼,借鉴环境公益诉讼,可以

---

① 《中华人民共和国著作权法》第二十二条:……可以不经著作权人许可,不向其支付报酬,但应当指明作者姓名、作品名称,并且不得侵犯著作权人依法享有的其他权利。

设置版权公益诉讼。

(二)对合理使用立法模式及判断标准进行变革

版权方面的国际公约对合理使用规定了"三步检验法",如《伯尔尼公约》第九条第二款①、TRIPS协议第十三条②和《世界知识产权组织版权条约》第十条,③以上国际公约的规定关于合理使用的"三步检验法"包括以下三步:(1)合理使用只能是某些特殊情形的使用;(2)使用不得与作品的正常利用相冲突;(3)不得无理由地损害作者或权利持有人的合法利益。以上三步缺一不可。特别注意的是,TRIPS协议对第三步的规定不同于另外两个公约,强调的是不得不合理地损害权利持有人的合法利益,而另外两个公约规定的是不得不合理地损害作者的合法利益。权利持有人与作者是有区别的,TRIPS协议的权利持有人就是版权人和准版权人,其除作者外,还包括通过投资和继承而成为版权人的人,如委托作品约定归属的委托人,职务作品的单位、通过购买而成为版权人的买受人以及对版权继承的继承人等,而版权人的版权又可以通过许可方式被传播者获得,从而传播者成为"准版权人"。传统版权法一直遵循版权制度维护作者利益及人权的目的,但是以TRIPS协议为代表

---

① 《保护文学和艺术作品伯尔尼公约(1979年9月28日修订)》第九条:本联盟成员国法律有权允许在某些特殊情况下复制上述作品,只要这种复制不损害作品的正常使用也不致无故侵害作者的合法权益。

② TRIPS协议第十三条:各成员应当将对各种排他权的限制或例外局限于某些特殊情形,而且这些情形是与作品的正常利用不相冲突,不会不合理地损害权利持有人的合法利益的。

③ 《世界知识产权组织版权条约》第十条:(1)缔约各方在某些不与作品的正常使用相抵触、也不无理由地损害作者合法利益的特殊情况下,可在其国内立法中对依本条约授予文学和艺术作品作者的权利规定限制或例外。(2)缔约各方在适用《伯尔尼公约》时,应将对该公约所规定权利的任何限制或例外限于某些不与作品的正常利用相抵触、也不无理由地损害作者合法利益的特殊情况。

的现代版权法不断扩张版权主体、内容和客体,以全面追逐利益。所以,"损害权利持有人"的利益与"损害作者"利益是有很大区别的。我国著作权法律制度中对于合理使用的规定主要体现在《著作权法》第二十二条列举的十二种情形以及《著作权法实施条例》第二十一条的"不得影响该作品的正常使用,也不得不合理地损害著作权人的合法利益。"这种立法符合国际公约判断合理使用的"三步检验法"。当然,我国版权法也追随了 TRIPS 协议的步伐,采用"损害著作权人的合法利益"表述,内含着对作者以外的版权人是要保护的,当然,通过许可方式,获得了永久性许可的传播者也可以打着"保护版权人版权"的旗号限制公众的使用,从而赚取更多的金钱。

  长期以来,法院一直遵循三步检验法解决作品合理使用方面的纠纷。但是随着新媒体时代的到来,数字作品大量出现,对作品的利用方式越来越多,实践中出现了一些新的使用方式,如滑稽模仿、讽刺、同人创作等。对于新的使用方式引发的纠纷,法院运用自由裁量权,在遵循我国版权法关于合理使用规定的基础上,结合美国的合理使用四要素标准判断案件。2011 年 12 月 16 日,最高人民法院颁布了《最高人民法院关于充分发挥知识产权审判职能作用推动社会主义文化大发展大繁荣和促进经济自主协调发展若干问题的意见》(法发〔2011〕18 号),[①] 这一"意见"指导法院将合理使用

---

① 《最高人民法院关于充分发挥知识产权审判职能作用推动社会主义文化大发展大繁荣和促进经济自主协调发展若干问题的意见》(法发〔2011〕18 号)的相关内容为:在促进技术创新和商业发展确有必要的特殊情形下,考虑作品使用行为的性质和目的、被使用作品的性质、被使用部分的数量和质量、使用对作品潜在市场或价值的影响等因素,如果该使用行为既不与作品的正常使用相冲突,也不至于不合理地损害作者的正当利益,可以认定为合理使用。

四要素和三步检验法结合起来对合理使用进行判定。随后一些法院对一些合理使用案件便参考这一意见进行判定。如北京市高级人民法院在2013年的"王莘与北京谷翔信息技术有限公司、谷歌公司侵害著作权纠纷案"中"判断是否构成合理使用的考量因素包括使用作品的目的和性质、受著作权保护作品的性质、所使用部分的性质及其在整个作品中的比例、使用行为是否影响了作品正常使用、使用行为是否不合理地损害著作权人的合法利益等。"[①] 上海知识产权法院在2015年"上海美术电影制片厂与浙江新影年代文化传播有限公司等版权侵权纠纷上诉案"中写到"审查判断是否构成合理使用,应当综合考虑法律规定的各项要件。合理使用的认定应限于特殊情况且与作品的正常使用不相冲突、亦无不合理地损害权利人的合法权益。同时,本案具体适用上述认定标准时综合考虑引用作品的目的、引用作品在新作品中的比例、是否影响权利人正常使用、是否对权利人造成不合理的损害等等。"[②] 但是,也有一些法院不是在我国《著作权法》规定的十二种情形之内判断合理使用。熊琦教授总结了司法实践判断合理使用的三种模式:(1)借助"三步检验法"实现对版权法定例外列举的限制解释,即严格按照三步检验法判断;(2)以版权法上合理使用的一般判定要件替换我国的司法认定标准,即将美国合理使用四要素替换"不得影响该作品的正常使用,也不得不合理地损害著作权人的合法利益";(3)糅合"三步检验法"和美国版权法上的"合理使用四要件"进行"综合考虑",将著作权合理使用的范围扩大到法定例外列举之外的领域。[③]

---

① 北京市高级人民法院(2013)高民终字第1221号。
② 上海知识产权法院(2015)沪知民终字第730号。
③ 熊琦:"著作权合理使用司法认定标准释疑"。

第六章　新媒体时代版权豁免与版权许可合同冲突的协调

　　对于世界范围版权合理使用的立法模式，我国学者大多总结为"具体规定性""抽象规定性"和"抽象规定性＋具体规定性"三种模式。①"具体规定性"模式在立法中不对合理使用的概念、构成要件或者判断标准等一般条款进行规定，仅列举可以构成合理使用的具体情形，如法国、德国的版权合理使用；第二种模式在立法中对合理使用的概念、构成要件或者判断标准等一般条款加以规定，并不列举构成合理使用的具体情形，如美国版权合理使用；第三种模式在立法中既对合理使用的一般条款加以规定，又列举了构成合理使用的具体情形，如国际公约的"三步检验法"。我国的合理使用立法是第一种模式，因为"《著作权法实施条例》第 21 条规定规定貌似'一般条款'而实非'一般条款'，实际上达不到'抽象规定性'立法模式。"②依照前文分析可以看出，我国合理使用法律规定符合"三步检验法"，如果国际公约的三步检验法标准是"抽象规定性＋具体规定性"模式，那么我国的合理使用规定也属于这类模式。该学者对立法模式分类中的"抽象规定"列举不一，在"抽象规定"模式中列举美国合理使用属于此模式，在"具体规定＋抽象规定"模式中认为三步检验法是"抽象规定"。当然，"不得影响该作品的正常使用，也不得不合理地损害著作权人的合法利益"是"抽象规定"，美国合理使用四要素也是抽象的规定。特别注意的是，美国合理使用的抽象性规定四要素只是指导性的，法官还可以考虑其他要素。除四要素外，美国关于合理使用也列举了一些情形。③所以，立法模式中问题的关键是我国现有的合理使用规定中合理使用的特殊

---

① 卢海君："论合理使用制度的立法模式"，《法商研究》2007 年第 3 期。
② 同上文，第 25 页。
③ 李明德：《美国知识产权法（第二版）》，法律出版社 2014 年版，第 378—381 页。

情形是封闭式的，不能较好地解决新媒体时代对数字作品使用形式中合理使用问题。

为解决合理使用制度出现的新问题，学者们纷纷提出了自己的建议。大多数学者建议采用概括加列举的方式。李琛老师认为，我国著作权立法应当改变现行的封闭式，适当地增加立法弹性。著作权法的修订只需保证法官在特殊情况下有依据在立法列举的情形之外认定"合理使用"的机会，而不宜使立法之外的自由裁量成为常态。① 学者李庆保、张艳认为，我国《著作权法》在修法时应摒弃现有的立法模式，改为采用概括加列举的立法模式。这种模式用具体列举明确法律的适用，用一般条款平衡特殊社会现象和技术进步冲击下的利益冲突。②

我国《著作权法（修订草案送审稿）》第四十三条中将关于合理使用的规定在列举合理使用情形之后增加了"不得影响作品的正常使用"和"也不得不合理地损害著作权人的合法利益"，③《著作权法（修订草案送审稿）》在原合理使用十二项基础上加入第十三项，将"其他情形"作为兜底条款，并直接将"三步检验标准"的规定完整移植到其中。④ 对此，学界存在不同的观点。詹启智老师认为，我国作为成文法国家，不宜对合理使用采用开放式立法模式，建议删除第十三项"其他情形"款项。立法上增设"其他情形"将使权利人

---

① 李琛："论我国著作权法修订中'合理使用'的立法技术"，《知识产权》2013年第1期。
② 李庆保、张艳："对我国著作权合理使用制度的反思"，《知识产权》2013年第7期。
③ 《著作权法（修订草案送审稿）》第四十三条。
④ 李明德、管育鹰、唐广良：《著作权法专家建议稿说明》，法律出版社2012年版，第112页。

的合法利益更加难以得到有效保护,可能会破坏著作权法的利益平衡机制。①孙山老师认为,所谓合理使用制度的"一般条款",实际上只是针对具体列举情形的判断标准,兜底规定的增设与法理、实践均不合,纯属多余。在 12 种具体合理使用情形之外还新添了"其他情形"作为兜底规定,此种创新在比较法上亦属罕见。但是,作为权利限制制度的合理使用,立法时不应当存在一种可以通过事后解释的方式而创设的权利限制方式,将其适用到司法实践中也会引发向一般条款逃逸等不合理现象,兜底条款的创设更会使合理使用制度的展开欠缺正当性。②当然,也有学者赞同《著作权法(送审稿)》中的规定。《著作权法(修正案草案)》将"不得影响该作品的正常使用,也不得不合理地损害著作权人的合法权益"加入到第二十二条中,但是没有接受《著作权法(修订草案送审稿)》的增加"其他情形"作为兜底条款。《著作权法修正案(草案二次审议稿)》在《著作权法(修正案草案)》的基础上,在第(十二)项之后增加了第(十三)项"法律、行政法规规定的其他情形。"修改后的《著作权法》接受了《著作权法(草案二次审议稿)》的修改。这一增加实际上接受了《著作权法(修订草案送审稿)》关于合理使用增加第(十三)项"其他情形",只是为了回应学者们的质疑而在"其他情形"之前增加了"法律、行政法规规定"以限制法官自由裁量权。

诚如上文笔者建议一样,我国版权法中应该设立合理使用权,作为一项权利,其内容应该是明确的,有其合理的边界。我国现有

---

① 詹启智:"论合理使用的'其他情形'——对著作权法修订草案送审稿的修订建议",《科技与出版》2014 年第 9 期。

② 孙山:"合理使用'一般条款'驳",《知识产权》2016 年第 10 期。

的合理使用中出现的一些问题，以及版权人担心使用人借助合理使用而通过版权合同排除合理使用的问题都是在新媒体时代作品被数字化后出现的，作品没有被数字化之前，问题不是很严重。因此，对于传统作品的使用还是尊重现有的合理使用法律规定，只是对有些列举进行修改，但是对于数字作品的合理使用应该有新的规定。我国司法实践中已经采用了三步检验法与四要素融合的独特的审查标准来判断各种使用是否为合理使用，那么，今后版权法对于数字作品合理使用的判断可以继续采纳这样的标准。因为，一切法律源自生活，司法实践是生活的最前沿，法院在作出裁决时不仅需要考虑法律的规定，更需要考虑社会实际需要和发展。有学者担心采用兜底性条款会导致法官自由裁量权的滥用或者法官不能准确把握利益平衡的实质而导致权利人的利益受损，这些令人担心的情况可能会发生，但是我国司法体制的改革及法官素质的不断提高将会使这些情况不会大面积出现。另外，自最高人民法院发布的关于合理使用审查标准意见后，法院按照融合的标准判决的案件法律效果和社会效果都较好，这些判决在一定程度上引导了人们的使用行为，使人们清楚怎样才能使自己的使用不侵犯到权利人的权利。法律只是发现规则，将生活习惯与社会规范通过国家意志转化为有法律约束力的规定。因此，对于数字作品的合理使用，在今后的法律中可以采用《著作权法修正案（草案二次审议稿）》的规定，同时融入四要素标准。

综上，对于非数字作品使用是否属于合理使用，如果在不改变现有立法模式的前提下，仅需适当修正和完善相关条文。而对于数字作品的合理使用，我国在著作权法修改时，有必要在原《著作权法修正案（草案二次审议稿）》基础上融入合理使用基本的四要素。① 由此，社会公众的合理使用权就被限定在这两类作品的合理使用范围之内。

（三）适当修改我国传统的合理使用制度

我国学者对于现有《著作权法》有关合理使用情形的修订已经有许多建议，修改后的《著作权法》部分吸纳了学者们的合理建议，在此基础上，还可以根据社会实际需要，借鉴一些国家版权法修改实践增加以下内容。

（1）除"适当引用"情形外，建议加上"讽刺""模仿""滑稽模仿"。即"为介绍、评论……；为讽刺、模仿或滑稽模仿等目的而在作品中适当使用他人作品。使用部分不得构成使用人作品的主要或者实质部分。"

（2）关于"课堂教学和科学研究"的合理使用。我国《著作权法》第二十二条第一款第六项属于课堂教学和科学研究方面合理使用的规定。② 在目前教学中，有的教师出于教学的需要而为学生少量复制一些资料，这种现象大量存在，著作权法的修订应该将此纳入合理使用范围。美国关于版权法第107条的说明中表明，教师为了课堂教学可以以学生人数为限对作品多份复制。③ 英国2014年修改的版权法的第三十二条规定为了教学目的施教者或者受教者（或者是准备施教者或者受教者）非商业性地使用作品是合理使用，

---

① 美国合理使用判定的四要素为：(1)使用的目的与特性，包括该使用是否具有商业性质，或是为了非营利的教学目的；(2)该版权作品的性质；(3)被所使用的部分在原作中所占的比重和地位；(4)使用对原作品潜在市场和价值的影响。参见李明德：《美国知识产权法（第二版）》，第380—382页。

② 《中华人民共和国著作权法》第二十二条第一款第六项：为学校课堂教学或者科学研究，翻译或者少量复制已经发表的作品，供教学或者科研人员使用，但不得出版发行。

③ 李明德：《美国知识产权法（第二版）》，第378—379页。

涉及的使用条款比较多。第三十四条(1)规定在教育单位教师和学生以及其他与该单位之活动有直接联系者为观众而表演文学、戏剧或音乐作品或播放或放映录音、影片、广播或电缆节目，不是侵权。第三十五条规定为了教育目的，图书管理员或者其代表非商业性地复制、录制广播或者复制广播录制品及教育机构或者代表教育机构将上述方法制作的广播录制品或广播录制品复印件传送给其学员或职员不构成对广播版权或其中作品版权的侵犯。第三十六条规定为了非商业性的教学目的教育机构或者代表教育机构的人可以复制相关作品的部分，复制品可以给教师或学生使用，这种复制在任何连续12个月内不得超过作品整体的5%，并且为了此目的进行复制的作品中包含的其他作品也被视为一个独立的作品。① 另外，该种合理使用情形中应该排除以营利为目的的科研教学机构营利性的科学研究和课堂教学。该种合理使用情形建议可以规定为"非营利性教学科研机构的教学或科研人员为学校课堂教学或者科学研究，可以翻译、播放或者少量复制已经发表的作品，但不得出版发行"。

(3)公务合理使用情形。我国《著作权法》规定："国家机关为执行公务在合理范围内使用已经发表的作品。"修改后的《著作权法》没有修改这一项。但是在实践生活中，有些国家机关在执行公务的同时利用他人作品进行微利活动，对权利人的利益造成一定的损害。如王利勇诉宁波旅游局摄影作品著作权侵权纠纷案就是这样。② 另外，应该限定使用的量。可以将此项修改为"国家机关为执行公务在合理范围内非商业性地少量使用已经发表的作品。"

---

① UK Copyright Act, Section 32, 34, 35, 36.
② 程永顺：《著作权纠纷案件法官点评》，知识产权出版社2004年版，第136页。

(4)图书馆合理使用情形。我国《著作权法》第二十二条第一款第八项规定了图书馆合理使用情形,[①]修改后的《著作权法》对此项没有修改。本项规定的合理使用主体是图书馆、档案馆、纪念馆、博物馆、美术馆等,使用目的是"为陈列或者保存版本的需要",使用方式仅限于"复制",使用的对象为"本馆收藏的作品"。这项规定排除了这些馆舍为学生复制少量资料的使用,但很多国家的合理使用中允许图书馆、美术馆等馆舍向阅览人提供少量的复制品,如英国 2014 年修订的《版权法》规定图书馆、博物馆馆舍的管理员可以在有人提出为了研究和学习需要复制要求情况下复制期刊的一份或其他已出版版权作品或录音制品的部分复制件,不收取费用。[②]日本《著作权法》第三十一条也是类似的规定。[③]我国实践中也大量存在这种现象,因此,建议在此项中增加图书馆因学生学习研究需要而为学生复制一份馆藏资料的内容。另外,我国图书馆合理使用仅限于为了本馆保存、收藏版本需要复制"本馆收藏的作品"的规定排除了为其他图书馆因馆藏作品绝版货破损、毁坏情况下提供复制品的情形,此规定不利于文化传播。在英国 2014 年修订的《版权法》中规定图书馆可以在其他图书机构作品出现丢失、破损或毁坏的情况下为其提供替换复制品。日本《著作权法》也规定图书馆

---

① 《中华人民共和国著作权法》第二十二条第一款第八项:图书馆、档案馆、纪念馆、博物馆、美术馆等为陈列或者保存版本的需要,复制本馆收藏的作品。

② UK Copyright Act, Section 37.

③ 《日本著作权法》第三十一条第一款第一项:向公众以提供使用为目的的图书馆和政令规定的其他设施在下列场合,作为非营利性事业可从图书馆等的图书、记录或其他资料复制著作物。(一)应图书馆等的使用者的请求,为供其调查研究用,可提供已发表著作物的部分(发行后经过相当时间,在定期刊物上登载的每篇著作物,则为全部)复制品,并限于一人一份。

"应其他图书馆等的请求,提供因绝版或与此同类理由,而一般难于到手的图书馆资料的复制品。"① 我国为了促进图书馆事业的发展,有利于社会公众的利益,应该在《著作权法》中引入此类条款。

(5)视障者的合理使用。我国《著作权法》合理使用列举的最后一项是为了盲人利益的改作品为盲文版的合理使用。《信息网络传播权保护条例》第六条也有类似规定。② 保护阅读障碍者利益的《马拉喀什条约》在2016年9月30日已经生效,加入的国家纷纷修改自己的版权法完善对阅读障碍者的利益保护。英国2014年修改法案对1988年《版权法》的第31A—31F条及第74条作了修改,主要变化为以下几方面:一是将盲人、视障者和其他印刷品阅读障碍者都纳入到残障人士的范围中,从而使得受益主体增多;二是可以被使用的作品由原来的文学、戏剧、音乐、艺术品、其他公开出版物扩大了,将表演、录音制品、广播等也包括进去;三是例外适用程序更加简便易行。③ 我国签署了《马拉喀什条约》,尚未批准加入该条约。为了加入该条约,我国应该对第十二项规定进行以下修改:(1)依照《马拉喀什条约》第三条规定④ 增加合理使用的受益人。

---

① 《日本著作权法》第三十一条第一款第三项。
② 《信息网络传播权保护条例》第六条:通过信息网络提供他人作品,属于下列情形的,可以不经著作权人许可,不向其支付报酬:……(六)不以营利为目的,以盲人能够感知的独特方式向盲人提供已经发表的文字作品。
③ "Copyright, Designs and Patents Act 1988—As amended by the legislation indicated overleaf", 2014-10-20, https://www.gov.uk/government/uploads/system/uploads/attachment_data/file/308729/cdpa1988-unofficial.pdf.
④ 《马拉喀什条约》第三条规定了受益人包括以下三类人:盲人;有视觉缺陷、知觉障碍或阅读障碍的人,无法改善到基本达到无此类缺陷或障碍者的视觉功能,因而无法像无缺陷或无障碍者一样以基本相同的程度阅读印刷作品;在其他方面因身体伤残而不能持书或翻书,或者不能集中目光或移动目光进行正常阅读的人。转引自王迁:"论《马拉喀什条约》及对我国著作权立法的影响"。

我国目前此项合理使用的受益人仅限于"盲人",《著作权法》应该扩大受益人范围。(2)增加"无障碍格式版"。我国《著作权法》第二十二条和《信息网络传播权保护条例》第六条的规定只允许将已经发表的作品改成盲文出版。"盲文"范围远远小于《马拉喀什条约》规定的"无障碍格式版"。① 根据此规定,"无障碍格式版"包括一切能够代替普通印刷品,使视障者能够欣赏作品的版本,包括"大字版"和有声读物。另外,王迁老师建议应该为视障者增加对"机械"表演权以及为少数民族视障者规定对翻译权的适当限制。② 笔者赞同这些建议。所幸的是,修改后的《著作权法》将《著作权法》第二十二条第一款第十二项修改为:"以阅读障碍者能够感知的无障碍方式向其提供已经发表的作品"。

当然,为防止法官权力滥用,在修改后的《著作权法》实施之前,我国著作权合理使用的司法认定标准应遵循"三步检验法"。③

(四)构建数字作品的合理使用制度

1. 对数字作品合理使用的立法模式

对数字作品合理使用的规定应该比对非数字作品合理使用规定更为严格,采用的标准便是前文所述修改后的《著作权法》规定的合理使用的"十二种情形"+"法律、行政法规规定的其他情形"+"不得影响作品的正常使用,也不得不合理地损害作者的合法利益"+四

---

① 《马拉喀什条约》第二条第二款规定"无障碍格式版""是指采用替代方式或形式,便于受益人使用作品,包括让受益人可以与无视力障碍者或其他印刷品阅读障碍者一样切实可行、舒适地使用作品的作品版本。"转引自王迁:"论《马拉喀什条约》及对我国著作权立法的影响"。

② 同上文,第59页。

③ 熊琦:"著作权合理使用司法认定标准释疑"。

要素。如果对数字作品的使用涉及《著作权法》列举的十二种与对非数字作品合理使用的情形相同，则需要依据修改后的著作权法规定的情形＋"不得影响作品的正常使用，也不得不合理地损害作者的合法利益"＋四要素综合进行判断；如果对数字作品的使用不属于十二种情形而是新的使用方式，同样要依据"不得影响作品的正常使用，也不得不合理地损害作者的合法利益"和四要素综合进行判断。目前，实践中出现的对数字作品新的使用方式如戏仿以及图书馆对数字作品的使用方面是值得重视的。

2. 增加对数字作品戏仿合理使用情形

（1）一些国家对戏仿使用的规定与实践

究竟该如何对于"适当引用"的范围进行限定，戏仿所带来的社会价值是否值得法律为此做出扩大解释，这是涉及经济、社会、个人等层面的交叉问题。

美国司法实践中依照合理使用四要素对戏仿案件进行裁决。美国法院利用四要素分析确定了许多戏仿作品为合理使用。例如，根据使用的目的与特性，法院在考虑商业性因素、转换性使用等方面认定了一些戏仿的合理使用。美国联邦最高法院在坎贝尔诉锐利玫瑰音乐有限公司案（$Campbell\ v.\ Acuff\text{-}Rose\ Music,\ Inc.$）中认为，商业性使用只是判定合理使用的一个因素，应该重点考察戏仿作品对于原作品的转换性。该案法官认为戏仿作品对于原作的转换性越强，其他因素对于判断合理使用的影响力就越弱。在被使用部分占原作的数量与重要性因素方面，在埃尔斯梅尔音乐公司诉国家广播公司股份有限公司案（$Elsmere\ Music\ Inc.\ v.\ National\ Broadcasting\ Co.\ Inc.$）中，被告在一个电视节目中播放了一个小品，该小品对于一首广告歌曲《我爱纽约》进行了戏仿，曲调与之相同，但是将歌词改为了《我爱索多玛》，并重复了三次，应该说这对于原作的使用量是很大的。但是法院认为，这种使用是为了达到讽刺的目的，并且相对于四分钟的小品来说，该歌曲在戏仿作品中出现的时间仅为十八秒，不能认定为大量的引用；另外，法院认为这种戏仿带来的幽默是应该被著作权法所容纳的。[1] 在费舍尔诉迪斯案（*Fisher v. Dees*）一案中，法院认为，即使引用的部分构成新作品很大的一部分，也并不当然排除合理使用的抗辩，但是，照抄照搬不受法律的保护。在该案中，法院认为，为了制造幽默，应当允许戏仿者使用超过唤起原作的数量，特别是当戏仿发生在演讲、歌曲的时候，如果不是对其进行精确的复制，很难进行戏仿。[2] 可见，美国司法中已经确认了在戏仿的过程中使用他人作品可以是合理使用，确认的依据是合理使用四要素标准。

英国版权法案修改后增加了戏仿版权合理使用，该法案第30A条规定，为了讽刺、仿作或戏仿等目的而在作品中使用他人作品、表演或其录制品的，不视为侵犯版权的行为。[3] 澳大利亚《版权法1968（2017年6月23日修订）》第41A条规定，为了戏仿或讽刺目的，对文学、戏剧、音乐或艺术作品，或对将文学、戏剧、音乐作品改编形成的作品的合理使用不构成对作品版权的侵犯。[4] 欧盟在

---

[1] *Elsmere Music,Inc.v.National Broadcasting Co, Inc.*, S.D.N.Y.1980, 482F. Supp.741, 206U.S.P.Q. 913.

[2] *Fisher v. Dees*,794 F. 2d 435（9th cir.1986）.

[3] The Copyright and Rights in Performances（Quotation and Parody）Regulations 2014.

[4] "版权法1968（2017年6月23日修订）", 2017年6月23日, https://wipolex.wipo.int/zh/text/448217。

《信息社会版权指令》第五条 2（K）中规定，为漫画、讽刺或戏仿作品而使用是对复制权的限制。法国在知识产权法典中对于戏仿进行了规定，该法典第 L.122-5 条第 4 款规定："作品发表之后，作者不得禁止……不违反有关规定的戏仿、讽刺模仿及漫画。"[①] 瑞士、西班牙等国在立法上也明确规定戏仿是对版权的限制。香港地区 2014 年版权条例草案也增加了戏仿的合理使用。

以上国家和地区的版权法改革中增加戏仿作品为合理使用的做法表明将戏仿作品纳入合理使用已经成为一种趋势，这是顺应时代发展、技术发展的需要。利用新技术而出现的新的创作方式将会越来越多，我们必须要有面对新问题的勇气，适时地规定新的合理使用情形，而不是一味地回避或者以保护版权人利益为借口而无视新的现象。

（2）明确我国戏仿适用合理使用的范围

在我国，从目的来看，戏仿包括幽默、搞笑，对于原作的抨击或者是对于某一问题的反应。对于原作的抨击所进行的戏仿，与我国现行《著作权法》存在契合之处，也就是该法第二十一条第二款的规定，只不过是将立法者立法意图的"点"向戏仿的"面"的转化而已，这种范围上的扩大应当适用合理使用制度，为了架设这种对接，扩大制度的适用性，有必要对于"适当"进行扩大解释，这点可以在司法解释中进行补充规定。国际上，无论是美国、英国还是法国对抨击原作的戏仿都是予以认可的，这种以抨击原作为中心展开的新型作品形式不但对于淘汰低劣作品、优化资源配置具有重要功

[①] 《十二国著作权法》，《十二国著作权法》翻译组译，清华大学出版社 2011 年版，第 70 页。

能,而且能够繁荣文化市场,是符合世界潮流的。戏仿作品是符合我国《著作权法》中作品的构成条件,但是因为戏仿作品有其明显不同于其他作品的特殊性,必须引用原作的内容,也就是"树立靶子",否则评论无法展开,所以应当对其引用的方式进行特别的规定,这是存在于立法技术上的问题。客观上来说,没有作者愿意别人对于自己的作品进行否定性评价,尤其在网络时代,贬低原作的作品传播的速度令人咋舌,而对于作品的评价直接影响了作品的销量,将这种戏仿作品予以合理使用制度予以规定,才能赋予戏仿以生存的土壤。

　　对于为了评论某一问题所进行的戏仿,我国版权法规定的原意应当是引用的部分与需要评价的问题存在着论证与被论证的关系。反观戏仿,一般情况是将毫无关联的两者放到一起,以一方来映衬另一方,作为一种新的文艺形式,与传统的正向论证相反,戏仿中的论证更加隐晦,这种新的论证方式应当受到肯定。但是,不能将其适用于合理使用,因为一般情况下为了评论某一问题比如某一社会现象而引用其他作品并不是必要的,更准确来说不是离开原作品,戏仿作品就无法生存。戏仿作品可以通过其他形式来实现对于这一问题的评论,对这种"非必要"的使用行为要进行限制,比如《春运帝国》是对中国春节铁路运输现实情况的生动描述,其中使用了《破坏之王》中周星驰排队买演唱会门票来渲染春节购火车票的艰难,这些内容的加入只是为了烘托主题,该使用行为应当受到限制。这种形式的戏仿可以通过与原作者进行协商的方式来获得认可,因为其欲表达的观点并非与原作相对立,也不会贬低原作,如果对这种形式的戏仿放开,就难以掌控使用原作品的限度,难以对原作者的权益进行周全的保护。

对于其它的戏仿形式，比如为了向原作作者致敬或者为了达到幽默搞笑的目的，《大话西游》中对于原作《西游记》进行的戏仿，虽然人物与原作相同，但是人物性格，剧情设计与原作迥异，这种落差追求的是幽默效果，不是评论原作。笔者认为，这种情况不适用合理使用，一方面这一戏仿形式在我国《著作权法》中找不到根据，另一方面这种戏仿并不会贬低原作，客观上戏仿者可以通过获得原作作者的同意来进行戏仿行为，也就是说，这种戏仿行为依然可以适应市场经济，不会导致市场的失灵，这种情况下，法律没有必要进行干预，应当按照意思自治，允许当事人对使用原作品的费用自由协商。

(3) 确定判断戏仿作品合理使用的考量因素

通过上文的分析，我们排除了对于为了向原作者致敬、为了幽默搞笑以及为了评价某一问题进行戏仿适用合理使用制度的可能性，应当进一步探讨的是在认定评价原作的戏仿作品属于合理使用时应当考量的因素。

①对评价原作的戏仿作品构成合理使用时认定因素的探讨

从合理使用的目的和特性方面，我国《著作权法》立法有两个目的，第一是保护作者的著作权以及与著作权有关的权益，第二是鼓励作品的创作和传播，这两者之间是存在着矛盾的，如果对原作者著作权的保护过于严密，则无疑会妨碍新作品的诞生，因为一般情况下创作新作品需要学习利用先前的一些作品，也就是所谓的"站在巨人的肩上"。但是如果允许后来人随意使用作者的作品，则会削弱作者的创作积极性，这样就诞生了合理使用制度。参照我国《著作权法》第二十二条，我们似乎能够发现这样一种倾向，即立法者创立合理使用制度时似乎隐含了这样的意思：使用的行为是非营利性的，或者直接目的并不是营利的。这似乎给我们研究戏仿作品提供了方向，我国的合理使用制度要求使用者的使用行为不以营利为直接目的，这一点跟美国的合理使用制度是吻合的。但是又存在这样的一个问题：戏仿作品到底是不是一个独立的作品呢，如果其是一个独立的作品，为什么它不能以营利为目的。要解决这一问题，还要回到"转化性"使用问题上，也就是与转化性关联起来。参照美国的司法判决，戏仿作品对于原作品的转化性越强，也就是戏仿作品的创新性越强，观点越独立，与原作品的差别越大，则原作品在戏仿作品中所起的作用就越弱，这是一种此消彼长的关系。但是对于"转化性"怎么定义呢？王迁教授在其著作中这样定义：是指对原作的使用并非为了单纯地再现原作本身的文学艺术价值或实现其内在功能或目的，而是通过增加新的美学内容、新的视角、新的理念或通过其他方式，使原作在被使用过程中具有了新的价值、功能或性质。[①]"转化性"强调转化过程表达了作者独立的个人见解，这种见解是对原作的或多或少的否定性评价。笔者认为，当一个戏仿作品的独立创作内容多，观点越独立，其越倾向于一种独立的作品，对其进行商业性限制就应该越弱，反之，它将会受到合理使用制度的严格束缚，这一点也与我国《著作权法》设立目的不谋而合。但怎么具体区分戏仿者是否有营利性呢？简单地将戏仿作品上传到网上难道不会给制作者带来收入吗？这应当分情况，当作者将其发布在个人微博或者个人网页之中的时候，应当可以表明作者的意图并非营利，它只是作者用来增加个人人气，或者表达自己对某一作品的看法。相对的，如果作者允许网站进行转载，在其他网站上刊登或是在一

[①] 王迁：《著作权法》，第334页。

些视频网站上播放,这种行为应当认定为直接的营利性,如果该作品的转化性较弱,该戏仿就不再属于合理使用的范围了。

从原作的性质方面,前面已经提到,就戏仿的本质特点来讲,戏仿要达到其目的,必须要唤起受众对于原作品的回忆,造成一种情节上的错位、视觉上的落差来达到评论原作或者幽默的目的。如果戏仿者戏仿的是一部默默无名的电影或者是一本尚未发表的小说,受众压根就对原作一无所知,可以说这个戏仿是一个失败的戏仿。所以从客观上来说,讨论戏仿对象是否发表的意义不大,本文也不再探讨。但是就戏仿的种类上来讲,笔者认为,可以参看美国司法判例中所陈述的类似歌曲的作品需要对于原作进行精确的复制,因为,相对于电影、书籍,要想读者回忆起原歌曲,如果不对该歌的旋律进行比较完整的引用,很难达到戏仿的效果,只要该歌曲与原作所要表达的主题是对原作的抨击,其转化性较强,就应当认定为合理使用。

就戏仿作品使用原作的数量和质量方面,笔者认为,可以参考美国的"联想"标准。但是如同上文已经陈述的,就"联想"标准也是存在判决上的差异的,有的判例中法院严守该标准,超过了引起读者回忆的量以后,法院就会判决戏仿作品侵权,而有的判例中法院则认为只要是可以促成幽默,超过此限度也可以。就此问题,笔者赞同王迁教授的观点,即引用的部分与评论有关,如果超过"联想"标准的部分实现了"转换性"使用,是为了评论性内容服务的,这应当属于合理使用,反之,则是属于侵权。[①] 就引用的质量来说,也是与戏仿的本质属性相关的,戏仿在对原作进行评论的过程中,

---

① 王迁:《著作权法》,第335页。

难免需要借助于原作的一些内容，尤其是实质性内容。以一部电影为例，其实质内容，应当包括人物的塑造、剧情的安排等，《一个馒头引发的血案》就是对于电影《无极》的剧情设计的粗制滥造、人物塑造的荒诞的尖锐讽刺，这也是评论的初衷所在。如果限制笔者对于原作实质性内容的使用，则会否定戏仿作品本身。所以，认定戏仿作品是否侵权，就实质性内容的引用上，还是要看这种引用是否形成了转化性使用，是否与评论密切相关。

关于戏仿作品使用原作后对原作潜在市场或者价值的影响方面，笔者认为，对于潜在市场的理解，应当包括两方面，一方面是在原作现行流通领域内它的利益上升空间，另一方面是利用原作可以开发的其他领域。这时应当从一般意义上的潜在市场方面考虑，如一本书，它的潜在市场可能包括剧本、电影、游戏等，或者利用一部电影中成功塑造的人物形象进行戏仿来为产品代言等都属于潜在市场，应当对于潜在市场进行客观的评价，以防原版权人的权利过分扩张。有的学者提出判定合理使用时还要考虑诸如原作品的日期以及"二次作品"的经济生命周期和利用率等因素。其实，对于虽然在保护期但是出版时间比较长的作品，建立在其基础上的二次创作不会对其造成经济损害或者这种经济损害可忽略不计。另外，"二次创作"的生命周期越短，其对原作品的损害就越小，同时还要考虑原作品的"市场耗费量"。也就是说，考量原作品受到的市场损害，应当刨除该作品因发行时间、社会进步、跟不上形势等因素所造成的需求量的下降。另外应当区分原作销量的下滑究竟是因为戏仿作品对其进行抨击造成的还是因为戏仿作品替代了原作。所谓"替代"，应当指的是戏仿作品与原作较为接近，其本身"转化性"部分较少，也就是受众观赏完该作品之后，无需再欣赏原作品。

②对于各考量因素优先顺位的探讨

上文已经谈及,本文在认定戏仿构成合理使用时,认为应当从合理使用的目的和特性、原作品的性质、使用的数量和质量、使用对于原作品潜在市场或者价值的影响来综合考虑是否构成对于版权人造成侵害,但是在具体裁判案件的过程中,应当对这几个因素进行先后排序,不然无法作出裁判。

我国的《著作权法》一方面保护作者和相关权利人的权益,一方面对其进行限制,规定了合理使用、法定许可制度,其最终目的在于鼓励作品的创作和传播。《著作权法》对作者赋予权利进行保护,使得权利人公开其作品为代价,换取一定时间内的排他性权利。作为一种网络新型文学形式,戏仿既是现代人表达自由的一种方式,也有利于对劣质作品进行含沙射影的抨击,及早地淘汰劣质产品,为新作品的诞生提供空间。笔者认为,对这种形式的戏仿作品应当鼓励,也就是说在判定戏仿作品是否构成对于原作品侵权时,可以考虑以鼓励创作为第一要义。尽管戏仿作品不应当以营利为目的,但是,这种形式的戏仿在网络上的传播,或多或少地会带给制作者某些隐形利益,例如名气的提升。随着社会的发展,这种商业性的评价因素不应当是占据第一顺位的。只要这种戏仿对于原作进行了"转化性"使用,并且这种转化对原作进行了彻头彻尾的抨击,其更应当定性为一种独立的作品,其与原作品的关系越来越淡化。

以目的、行为、结果的三元结构对其影响因素进行分析,可以将其使用目的界定为商业性意图的分析;行为界定为使用的特性,也就是转化型的强弱;原作品的特性(使用行为以此为基础);以及使用的数量和质量;结果定性为对于原作品潜在市场或者价值的影响。上面已经提及,商业性在认定侵权中的次要地位,而转化性使用相对于侵权结果的判断来讲是正相关的关系,也就是说转化性越强,被定性为合理使用的可能性就越大。而使用的数量和质量依据作品的类型,作品类型的不同,理论上来说可进行复制的比例应当不同。引用的数量与实质性内容越多,被认定为合理使用的可能性就越小,所以说,可以将作品的性质归入使用的数量和质量,而这一点与最终结果的判断呈现的是负相关的关系。就结果也就是对于原作品潜在市场或价值的影响来说,其最终是由正相关与负相关这两个因素所决定的。因为其转化性越强,其越倾向于独立的作品。相反,使用的数量越多,引用原作的实质性内容越多,就越容易被受众所混淆,其取代原作的可能性就越大。所以说最终判断影响合理使用的因素就是转化性使用和引用原作的数量和质量,这两者分别与结果呈现正相关与负相关的关系,也应当在认定侵权时居于第一顺位。而作为使用目的的商业性使用以及使用结果的对于原作品潜在市场或价值的影响应作为第二顺位予以考量。

我国在今后修改版权法时,应该增加戏仿的合理使用情形,并对戏仿的适用范围、判断标准以及判断的优先顺位做严格规定。

3. 增加文本和数据挖掘的合理使用

《欧盟数字化单一市场版权指令》草案对文本和数据挖掘做了定义:"为了生成模式、趋势、相关性等信息而对数字格式的文本与数据采取的任何自动分析技术。"[1] 文本和数据挖掘往往是对数据进行抓取、复制、处理、分析,往往是科研机构在进行这样的工作。[2]

---

[1] Directive on Copyright in the Digital Single Market, Article 2.
[2] 唐思慧:"大数据环境下文本和数据挖掘的版权例外研究",《知识产权》2017年第9期。

新媒体时代同时也是大数据时代，大数据的产生、运用、抽象都需要以数据为基础，而这些数据很多就存在于作品之中，文本和数据挖掘又是数据产业发展的基础，也是科技创新的基础。我国《著作权法》及《信息网络传播权保护条例》中的版权豁免都不能适用于文本和数据挖掘，因此，使用者只能通过版权人授权才能使用。一方面文本和数据挖掘主体往往是科研机构，另一方面文本和数据挖掘的对象是海量的，同时有的数据无法识别来源。最后，数据挖掘有利于科技创新，所以，很多国家和地区版权法中规定了文本和数据挖掘的例外，如英国、澳大利亚、欧盟等。我国应该学习和借鉴国外的立法，为适应大数据时代，规定文本和数据挖掘的合理使用。当然，对于该项合理使用，应该严格限定使用的主体、目的和范围等。

第四节　构建数字作品发行权穷竭制度

一、欧美在数字作品适用发行权穷竭方面的不同态度

新媒体时代出现了数字作品，随之也就出现了数字作品之上的发行权是否存在穷竭问题。美国和欧盟的司法实务对此做法不同。美国国会大厦唱片公司诉雷迪吉案（*Capitol Records, LLC v. ReDigi Inc.*）和凡纳诉欧特克公司案（*Vernor v. Autodesk, Inc.*）的判例，不仅不承认通过网络下载上传的数字作品，而且有实体载体的软件作品也不适用权利穷竭,否定了数字作品适用发行权穷竭。①但是UsedSoft公司诉甲骨文公司案(*UsedSoft v. Oracle*)却承认,数字作品适用版权发行权穷竭制度。2006年,德国的UsedSoft公司从一些企业购买了许多多余的甲骨文公司的软件使用许可证,只有持有甲骨文公司许可证的人才能依据许可证使用甲骨文公司相应的软件。UsedSoft公司将购买的许可证出售给那些不愿高价从甲骨文公司购买正版软件的用户,低价购买了甲骨文公司许可证的用户便可以登录甲骨文公司网站并下载许可证所许可的软件进行使用。甲骨文公司认为UsedSoft公司的行为违反了使用授权协议,侵犯了自己的版权,因此向德国慕尼黑高等地方法院起诉,要求应用软件公司立即停止侵权,请求得到法院支持。被告不服向德国联邦最高法院提起上诉,后该案送交欧洲联盟法院审理。甲骨文公司认为根据1991年版权指令权利用尽原则的适用必须是以出售为前提,因此UsedSoft公司的转售行为不能适用该原则,再者甲骨文公司认为版权指令第四条规定发行权只在版权人第一次销售或转移所有权的情况下权利用尽,并且仅适用于有体物,从网络上下载的软件并不适用。欧洲联盟法院根据版权指令第四条的立法目的认为:该指令适用于任何形式的电脑程序,并不分有形载体还是无形载体,从网络上下载,均可适用发行权穷竭原则。考虑到版权指令第四条立法目的,2012年7月欧盟法院认定所有的软件版权人在将无论有载体的软件还是数字软件卖出去获得销售资金之时其发行权就终止了。该判例确定了两方面事实:一是软件如果被永久授权被许可人

---

① "Capitol Records, LLC v. ReDigi Inc.", 2013-12-18, https://en.wikipedia.org/wiki/Capitol_Records,_LLC_v._ReDigi_Inc;"*Vernor v. Autodesk, Inc.*", 2009-01-20, https://en.wikipedia.org/wiki/Vernor_v._Autodesk,_Inc.

使用，那么该行为就是商品销售；二是以数字方式销售软件适用发行权穷竭，购买者可以转售。[①] 法院确认了甲骨文公司发行权用尽，认为数字作品适用发行权穷竭，UsedSoft公司有权转售软件。

有关数字作品是否适用发行权穷竭的争论不断，上述美国和欧盟的司法实务对此也是不同的态度。那么在新媒体时代下发行权穷竭是否还能适用？

二、数字作品适用发行权穷竭的必要性

（一）数字环境下适用发行权穷竭的理论分析

依据我国《著作权法》第十条第六项关于发行权的规定，发行包括两个要件：一是向公众提供作品的原件或复制件；二是提供的方式是出售或赠与。大多数学者认为，发行权概念只适用于作品有形复制件载体的转移，网络传播不属于发行权控制的发行行为。[②] 但是依据我国的《著作权法》可以发现，法律并没有明确限定"有形复制件"为发行权的客体。也就是说，依据法律规定，"有形复制件"并没有明确为发行的构成要件之一，数字作品转售仍属于发行权控制的发行行为。[③] 人们之所以出现争议，关键是在对于"发行权"及"发行权穷竭"的理解上。因此，我们有必要分析发行

---

① 何炼红、邓欣欣："数字作品转售行为的著作权法规制——兼论数字发行权有限用尽原则的确立"。"UsedSoft v. Oracle", 2012-07-03,http://curia.europa.eu/juris/document/document.jsf?text=&docid=124564&pageIndex=0&doclang=EN&mode=req&dir=&occ=first&part=1&cid=2559113.

② 王迁：《知识产权法教程（第五版）》，第136页。

③ 何炼红、邓欣欣："数字作品转售行为的著作权法规制——兼论数字发行权有限用尽原则的确立"。

权行使过程、其中的权利转移和发行权穷竭的实质。我国《著作权法》规定的发行，只是提供作品的原件或复制件，一篇论文写在纸张上，这篇论文是作品，纸张是该论文的载体。当作者将这篇论文复制50份，那么，这篇论文作品仍然是一篇，不会因为复制而出现50篇论文，论文作品的载体纸张相应的有50份，论文作者对论文享有著作权，对论文的载体纸张享有所有权。如果作者将论文卖给他人，由于论文依附于纸张上，那么，他同时销售了这50份纸张。此时，论文作者行使了他对论文的发行权也行使了他对纸张的所有权。购买其中一份的受让人购买了对作品的使用权，也购买了此份纸张。如果受让人不再需要该论文，依据所有权规则，他有权将纸张出卖，但是因为纸张上有不属于买者的论文作品，而他没有销售论文作品的权利，即发行权，此时出现了矛盾。为了使作品能够流通，也为了使受让人的所有权能够实现，同时因为论文作者通过第一次销售论文作品已经获得了一定的经济利益，所以国际上有了发行权穷竭制度，即论文作者因为第一次销售了他的附载在已经销售出去的纸张上的论文，发行权就不能再由其享有了。如果说，作者有一个发行权的总量，那么，许许多多的该作品的复制件之上的一份发行权的总和就构成了作者的发行权总量。此时，受让人购买的纸张上的作品的发行权实际转移到了受让人，所以受让人行使其对纸张所有权时也在销售论文作品，即在行使发行权。也就是说，受让人转卖时，既转卖了承载作品的纸张，也转卖了纸张上的作品。如果仅仅转卖了纸张，一则无人二次购买，再则无人支付高于几张纸的价格。在没有数字化技术之前，作品及作品的复制件只能依附在纸张、布料等载体上，作品不能离开载体而传播。但是，数字化技术出现了，数字作品还是需要依附在载体上（如电脑、手机），但是在传播时可以脱离原来的载体。那么，当数字作品脱离原来载体到达买受者载体上时，买受者载体上的数字作品就是复制件，只是以数码形式出现。目前我们应该适应新技术的发展，遵循知识产权法定主义，确定发行权既包括有形载体复制件的转移，也包括无形载体复制件的转移。况且，我国许多法律文件将网络传播认定为"发行"。① 版权人将数字作品出售或赠与，其提供的就是作品的复制件，受让人获得的便是数字作品的复制件，符合版权法关于发行权的规定。因此，许多人认为发行权穷竭的条件之一是"有形载体"的转移，数字作品出售受让人获得数字作品这一过程不存在有形载体的转移，所以对于数字作品不能适用发行权穷竭，这一理由是不成立的。

数字作品出售或赠与后，受让人或用户获得的是数字作品复制件的版权人被穷竭的发行权。数字作品是受让人购买后通过网络下载或者运营商免费供用户下载，例如音乐、电子书等，但本质上依然是对作品的出售。传统的发行使得受让人或受赠人获得了有形载体作品复制件的发行权，同样，以数字作品形式获得作品复制件也是取得了该版权作品复制件的发行权，即购买者获得了该一份数字作品复制件的发行权。因此数字商品在互联网上的出售与实践中物质载体作品的发行行为并无本质区别。②

---

① 最高人民法院、最高人民检察院在2004年联合发布的《关于办理侵犯知识产权刑事案件具体应用法律若干问题的解释》中第十一条规定：通过信息网络向公众传播他人作品的行为，应当视为《中华人民共和国刑法》第217条规定的"复制发行"；两高在2005年10月13日发布的《关于办理侵犯著作权刑事案件中涉及录音录像制品有关问题的批复》中指出，未经录音录像制作者许可，通过信息网络传播其制作的录音录像制品的行为，应当视为刑法第217条第3项规定的"复制发行"。

② 陶乾："电子书转售的合法性分析"，《法学杂志》2015年第7期。

第六章　新媒体时代版权豁免与版权许可合同冲突的协调

数字作品适用发行权穷竭符合利益平衡精神。如果不对版权人的发行权进行适度的限制，那么势必导致版权人与使用者利益的不平衡，由此给社会经济和个人的生活带来诸多不便，如增加交易成本、阻碍商品流通、妨碍公民社会生活等。公众虽不知"权利用尽"或"权利穷竭"等诸多不同的称谓，但其早已深入人心，视为自己天然的权利。数字环境下也需要追求利益平衡。如果不适用发行权穷竭，当用户阅读数字作品的电子阅读器丢失后，由于数字作品上的加密系统与硬件设备的紧密关联，用户不能对数字作品进行复制，用户只有再次购买电子阅读器和原本自己早已拥有过的电子书，这导致了重复购买。如果对数字作品不适用发行权穷竭，版权人会通过对其作品的后续处分而持续获利。因为此时受让人或受赠人就是数字作品复制件的发行权人，其享有对数字作品的处分权。同时，版权人对出售后的作品发行继续控制，既不利于商品流通，也损害数字作品复制件受让人或受赠人的利益。因此如果对数字作品不适用发行权穷竭就会损害数字作品复制件受让人或受赠人的利益，而不公正的增加版权人的利益控制权，造成了事实上利益的不平衡。当然，由于发行权穷竭适用中数字作品转移时的无形性，也由于受让人购买的数字作品之上只有该一份数字作品发行权，那么，随着这份数字作品再销售，该数字作品之上的一份发行权随着数字作品转移而转移。况且，如果不对受让人或者受赠人再次转移数字作品复制件的行为进行一定约束，可能会损害版权人利益。所以，可以在立法中规定版权人以外的销售方销售数字作品复制件时应同时消除销售方储存器中存储的该数字作品，确保流转的一直是该特定作品的复制件。这可以通过技术方式实现。2013年亚马逊和苹果公司申请的二手交易数字作品专利中，便有此功能。

通过网络上传和下载的方式转售数字作品与复制问题。一直以来，一些版权人或出版商认为通过网络上传和下载的方式销售数字作品必然伴随着复制，而复制权属于版权人独占，未经授权上传和下载侵犯了权利人的复制权。数字作品购买者欲通过网络销售作品，首先需要将作品上传至某一平台，在受让人购买后通过下载上传的作品而完成交易。这是一个典型的或者基本的交易流程，转售人上传作品和购买人下载作品都涉及复制问题。学者质疑数字作品适用发行权穷竭，就是因为以上原因。从形式上看这些行为确属未经授权的复制行为。购买者从权利人处购买了数字作品，为了方便购买者使用作品，权利人会允许购买者在不同的终端下载及使用。例如我们在一个手机上购买几首歌曲后不仅可以在此手机上下载收听，也可以在其他手机上下载收听，同时也可以在电脑终端、平板终端，或者不同系统之间下载收听，对这一作品进行了多次下载。应用软件亦是如此，购买后在多平台多终端都可下载使用，这也是版权人或其授权人所允许的。事实上数字作品一直就伴随着此类"复制"行为，出版商出售数字作品需要"复制"，受让人下载使用需要"复制"，不同平台或终端共享需要"复制"，数字作品的传播也存在此类复制行为，此种"复制"并没有损害版权人的利益，却增强了数字作品流通性。传播范围更广泛，版权人所获利益更大，是数字作品的一个基本属性。因此，要把侵犯版权的复制行为和为满足数字作品流通的复制行为区分看待。"正如欧盟法院在上述裁决中所指出的，对于数字商品的买受人，其将软件下载和存储到本地磁盘中的行为，不构成侵犯版权人的复制权，因为此时的复制，是使其能够按合同目的使用其购买的软件的必要复制。这一原则被称为是'必要复制'原则。"[①]可见,如果合法的购买者购买数字作品后,下载该数字作品过程中涉及的复制,是合法购买后获得数字作品的必要复制,没有这样的复制,购买者不能获得该数字作品,这样的下载不构成侵权。

(二)数字作品适用发行权穷竭制度的现实基础

当下数字作品越来越多,急需解决相关版权问题。互联网以其具有的传播速度快、成本低、受众面广等多方面的优势,越来越受欢迎;作品借助网络也可以实现更大范围的传播,权利人把作品数字化后借助网络销售传播来实现其财产权利,而有些作品就是数字环境下的产物,如软件、数字音乐等。在传统媒体时代,这些数字作品需要借助磁盘等有形载体传播,但其传播的广度和深度远不及网络传播,而现在我们正处于数字作品快速发展的时代。

截至 2017 年年底,我国数字出版产业累计用户规模达到 18.25 亿人(家/个)。2017 年,我国数字出版产业依旧保持快速发展势头,全年整体收入规模为 7071.93 亿元。其中,在线教育、移动出版、互联网广告、网络游戏收入位于前四位。互联网期刊收入 20.1 亿元,电子书收入 54 亿元,数字报纸(不含手机报)收入 8.6 亿元,在线音乐收入 85 亿元,网络动漫收入 178.9 亿元,移动出版(移动阅读、移动音乐、移动游戏等)收入 1796.3 亿元,网络游戏收入 884.9 亿元,在线教育收入 1010 亿元,互联网广告收入 2957 亿元。[②]我国目前的数字出版业是一个规模巨大并持续快速发展的市场。未来数字作品会越来越重要,消费数字作品会成为主流,到那时数字作品是

[①] 陶乾:"电子书转售的合法性分析"。
[②] 李明远:"中国数字出版产业年度报告发布累计用户规模达到18.25亿人" 2018 年 7 月 27 日, http://www.yangtse.com/app/ent/2018-07-27/593747.html。

否适用发行权穷竭的问题就会更加突出。当一个社会大部分人主动选择或被迫选择数字作品时，本身就会关注自身的权利，这种权利也不应该被忽视。如果数字作品不能适用发行权穷竭，版权法建立的利益平衡制度就会被打破，因此发行权穷竭的适用也是社会发展的需要。

数字作品的再次销售市场在逐渐产生和发展。在荷兰，一家名为 Tom Kabinet 的公司于 2013 年建立了一个销售二手电子书的网站，该二手电子书网站适用于所有电子书的转卖者。任何人如果不想继续拥有合法获得的电子书，可以在该网站填写销售信息，有合适的买家后就可以转卖该电子书。在 UsedSoft 公司诉甲骨文公司案中，应用软件公司通过向其他企业购买的方式获得了许多二手软件许可证，然后转售给其他用户，其他用户利用该许可证可以使用甲骨文公司的软件。这实质上也是一个二手交易平台。苹果、亚马逊向美国专利商标局申请了有关二手数字作品销售的专利。我国目前还没有成熟的二手数字作品销售平台，显然我们同欧美成熟的市场相比还有很大差距。

欧美数字版权市场较中国要成熟的多，版权保护体系更完善，消费者有付费消费的习惯，正因为如此才存在数字作品二手交易的巨大市场，才有了二手数字作品销售平台和亚马逊及苹果这样的大公司进行数字作品二手交易的专利布局。我国目前的版权保护尚存在许多问题，盗版和侵权还是普遍存在的，许多用户可能并没有通过正当途径获取数字作品，也没有付费消费的习惯，就音乐作品而言，更多的是免费下载。不过这种状况将会随着版权法律制度的改革、权利人版权维权力度加大和国家对版权保护的不断加强而逐渐好转。

建立数字作品二手交易市场有利于版权的保护。在传统有形载体的作品下，不仅存在一个由经销商直接销售给消费者的"一级市场"，而且还存在一个由一个消费者转售给其他消费者的"次级市场"，即二手市场。二手市场的存在能实现物尽其用、促进商品流通，是很多人获取物质利益的重要途径。一些消费者能通过二手市场获得廉价的商品以满足自己的需求，这也是市场满足多层次需要发展的结果。虽然一些权利人主张数字作品不同于传统作品而不应适用发行权穷竭，但并不妨碍数字作品二手市场的产生，如美国 eBay 公司、前述案件中 Tom Kabinet 公司等销售二手数字作品的平台。这些平台较为规范，要求转售人要保证删除备份原件，有些用合同约束转售者，有些通过技术措施保证数字作品的唯一性，由此可以看出正规平台在销售二手数字作品时，权利人的利益是被考虑在内的。

数字作品的二手市场不同于传统物品的二手交易市场，数字作品没有载体，易于复制，会产生多个复制件。一个规范的平台通过各种技术措施尽力确保只有一个复制件或原件存在，是保护版权的体现。如果没有一个交易平台，侵权复制行为是难以控制的，版权人的利益难以保障，因此国外二手交易平台是值得肯定的。在国内，还没有出现类似的二手数字作品交易平台，但仍可通过其他途径获得二手数字作品，比如通过社交通讯软件发布信息。数字作品不适用发行权穷竭并不会解决数字作品的转售问题，反而可能产生损害版权人利益的结果。因为数字作品的转售既有现实的需求：数字作品市场持续发展，规模不断扩大，消费者持有的闲置数字作品会不断增加，消费者有转售的需要；也有数字作品转售的利益驱动：通过转售可以获取利益，购买者可以获取廉价的作品。西方经济学

"经济人假设"表明，每个人进行各种活动的目标为追求自身利益的最大化。如果正当的途径不能满足利益需求，人们可能会采取非常规的手段来实现自己的利益，而这些手段能否维护版权人的利益完全依靠出售者的自觉性。事实上有些人为了牟取更大经济利益，可能会"一物多卖"，比如通过提供应用平台账号密码实现软件多次销售，这种行为严重损害了版权人的利益。

如果适用发行权穷竭，建设一个受约束的规范的数字作品二手交易市场平台，平台上的交易受到法律保护并且买卖双方都能从中获利，这样的平台与交易制度必然会引导消费者去规范的二手市场购买数字作品。所以，将发行权穷竭原则适用于数字作品不仅不会损害版权人的利益，还会在一定程度上遏制混乱的二手市场，更好地保护版权人的利益。

数字作品适用发行权穷竭可以在一定程度上促进作品的创作。版权制度通过赋予权利人在一定时间内的垄断权利，进而鼓励知识创造，促进人类社会的发展。版权人所享有的权利是有期限的，版权人不可能永远躺在版权上享有永久的利益，给版权设定时间限制是激励创作的重要因素。随着技术的发展和人们需求的多样化，数字作品需要更新优化并增加新功能，很难想象用户会用着几年甚至几十年前的软件。承认适用发行权穷竭以便更好地实现数字作品的转售，一定程度上会促进版权人去开发创作新的作品，通过不断优化产品的性能促使消费者去购买新的软件；假如数字作品版权人对转售行为继续控制，虽看似最大限度的保护版权人的财产权，但在某种程度上使版权人变得懒惰，最终也不利于创新和发展。版权人直接销售的市场与二手数字作品市场的良性竞争，会不断地激励新的作品创作，这也是版权法律制度目的所在。

三、构建数字作品适用发行权穷竭的具体操作

1. 规范数字作品转售平台

数字作品转售平台是基于数字作品转售所建立的网络交易平台，或者说其建立就是为了通过提供数字作品转售服务来获取市场利润。该平台与数字作品交易平台有很大的相似性，甚至一些数字作品交易平台本身也提供数字作品转售服务，但两者不同之处在于：(1)交易的对象不同，一个以"二手"数字作品为交易对象，一个以"一手"数字作品为交易对象；(2)注意事项不同，一个须要求"二手"数字作品的来源合法和权源合法，另一个只要求获得版权人的合法授权即可。

数字作品之所以必须经过转售平台进行交易，其必要性和意义在于：(1)增强版权人的控制力。在网络环境下数据可以在网络空间随意游走，面对漂浮不定的交易，版权人无法就哪些是销售哪些是转售进行明确的排查。如果要求数字作品转售必须经过转售平台进行交易，那么版权人只要对转售平台进行审查即可，有利于其对作品销售和转售的整个市场进行一个宏观的把握。当然也有利于其进行价格指导，否则游散的转售必然打乱其价格布局，导致价格不能控制，甚至可能导致定价被转售者所控制的情形。(2)避免分散化的侵权导致维权不能。版权人维护自己利益很重要的一个方面就是对侵权进行打击，能否有效打击侵权至关重要。如果不能有效打击一个正在发生的侵权，不仅版权人的利益无法得到维护，还会导致侵权进一步的肆意发生。在网络环境下，如果不能对数字作品转售进行有效控制，一旦分散化转售导致了分散化侵权，那么

直接的后果便是维权成本增加或在技术上维权不能。因此,有必要让版权人通过转售平台来对数字作品转售进行控制,以免发生分散化的维权不能。(3)有利于固定违法证据,便于举证。数字作品转售平台不但提供了转售服务,而且对于每一笔转售都可以进行详细的记载,包括交易的主体、交易对象和交易时间等。交易详情的记载可以证明转售是否侵权,极大降低了举证的难度和成本。

2. 必须使用"转移+删除"技术

"转移+删除"技术是随着数字作品转售所兴起的技术,它的功能也在于保证数字作品的合法转售。该技术可以保证数字作品从转售者那里被删除,否则转售者有可能保留已转售的数字作品。

虽然数字作品转售者往往会在转售以后将数字作品删除以避免侵权,但是,当强制删除技术未使用时,不可否认有些意图不轨的转售者会私自保留该数字作品以供自己或他人使用,这种私欲虽然违法但却是人之本性。即如果不适用"转移+删除"技术,则数字作品转售发生侵权的可能性很大。从维权成本上来说,预防所付成本远远小于维权所付成本,事先预防侵权总比侵权发生以后再去请求赔偿容易许多。这也是法律鼓励交易双方在合同中约定双方权利、义务及相关注意事项的原因,通过约定可以大大提高交易的安全性和效率。因此,应该保证使用"转移+删除"技术,对转售者进行技术规制,避免发生复制侵权。

3. 保持转售价格与版权人销售价格等幅

在网络环境下,数字作品的非物质性导致其无损耗,销售中的数字作品和转售中的数字作品没有任何质和量的区别。在市场交易背景下,两个没有任何区别的同类作品是可以进行相同定价的,当然也可以进行不同定价。即转售价格和销售价格之间可以相同,也可以不同。此处所发生的问题便是:(1)如果转售价格等于或者高于销售价格,产生的结果便是转售者获得了与物质载体作品转售相比较多的利润。在转售者已经使用了数字作品的情形下,如果允许其转售并获得利润,那么转售者将毫发无损或者获得利益,这明显不符合公平原则。(2)如果转售价格低于销售价格,虽然转售者获得的利润减少了,但是会发生另一个问题,销售者在价格方面的市场竞争力降低了。物质载体作品转售中价格虽然也比较低,但因为其具有可损耗性,加之销售渠道不那么畅通,导致了其转售者的市场竞争力远远低于销售者。但数字作品转售在价格降低的同时不产生任何损耗,而且销售渠道畅通,导致的结果便是转售者的市场竞争力反而高于销售者。由此可知,转售价格的自由定价会造成版权人与转售者之间的不公。

在这种因为定价而导致的不公平之中,最好的办法就是通过转售平台对转售价格进行控制,使得转售者的竞争力不高于版权人。价格控制的方法是使转售价格与销售价格保持在相同的幅度之内。市场价格是变动的,受到供求关系的影响,很难规定两者价格相同。在一个等幅范围内,也有利于版权人和转售平台之间的协调,强制规定价格相同将导致维护成本增大。如果转售价格高于销售价格,消费者必然不会选择高价的数字作品,则会不当限制转售者的数字作品转售,剥夺其转售利益;如果转售价格低于销售价格,消费者必然也不会选择高价的数字作品,则会不当提升转售者的市场竞争力。在此种情况下如何保护版权人的利益,可以借鉴《著作权法(修订草案送审稿)》第十四条规定的追续权制度中的利益分享。①

---

① 《著作权法(修订草案送审稿)》第十四条:美术、摄影作品的原件或者文字、音乐作品的手稿首次转让后,作者或者其继承人、受遗赠人对原件或者手稿的所有人通过拍卖方式转售该原件或者手稿所获得的增值部分,享有分享收益的权利,……。

类似的利益分享权利可借鉴适用于数字作品转售后的利润分配，确保转售利润在转售者、转售平台和版权人之间按照合理比例进行分配，弥补版权人的亏损利润。

4.利润由转售者、销售平台和版权人按照合理比例分配

在网络环境下，要使得版权人处于优势竞争地位，不致因为低于转售者遭受不当损失，只能使转售价格和销售价格保持在一个相同的幅度内。那么此时面临的问题便是转售者所得利益如何分配？由其单独享有还是与其他主体按照比例分配？

首先，对于转售所得利益中有一部分必然是要用于支付转售平台的服务费用的，这在转售和销售过程中都会发生。这是一种"必然的交易成本"，在市场环境下有其存在必然性。

其次，表面看转售者支付服务费用以后，其所获利益往往会低于其购买该数字作品时所支付的对价。例如在理想状态下，某人花20元购得某电子书籍，阅读两月后仍以20元通过转售平台出售，此时所获20元利润支付给转售平台2元以后剩余18元。乍看起来转售者最终获得了18元，比当初支付的20元低。但是如果把视角转到版权人的销售中仍然如此，其通过销售平台以20元价格销售的电子书籍，最终在支付给销售平台2元以后所得利润也是18元。此时，对比转售者和版权人的最终利润，可知两者所获利润相同。但通过公平原则可知，转售者因为在阅读过程中已经实际享受了某部分利益，如阅读利益，获取了部分知识，此时如果继续获得与版权人相同的利润，势必导致转售人除了支付"必要的交易费用"别无损失；而转售行为可能会减少销售量和销售利润，对版权人而言必有损失。因此版权人当然有权利从转售利润中拿走一部分作为补偿，转售者也当然应该拿出一部分转售利润补偿版权人。

最后，转售利润应该在转售者、转售平台和版权人之间按比例分配。至于具体比例为何，这不是一个学理上可以解决的问题，需要在实践中由当事人之间通过市场话语权的竞争和意思自治的约定来解决。可以肯定的是转售平台的利益分配肯定会由其在转售协议加以约定，往往都是格式条款，其也经常通过收取一定数额或一定比例的费用作为服务费，争议不大。对于转售者和版权人之间的利润分配往往需著作权集体管理组织与转售平台协商确定，转售者很难参与其中。转售者的利益往往是国家通过强制性立法保障其最低利润分配比例来实施保护。因此，目前，不太可能设计出具体的转售利润分配比例，有待实践中转售平台、著作权集体管理组织和国家各方权衡决定。

第五节　区分限制排除版权豁免的版权许可合同

版权豁免与版权许可合同冲突主要表现为权利人利用合同限制或排除使用者依据版权法可以被豁免的使用行为。这是新媒体时代数字作品大量出现后版权人为了维护自己的利益，追求利益最大化所采取的办法。如前文所述，版权许可合同从过去发展到新媒体时代，对规范版权市场交易，促进作品的流通发挥了重大作用，在新媒体时代需要继续重视版权许可合同。那么，对于排除版权豁免的版权许可合同是否需要限制？如果限制应该如何限制呢？第四章在对排除版权豁免的许可合同的效力进行分析后，笔者认为，依据现有的《著作权法》和《民法典》，这类合同要视情况来确定其条款是否有效。违背强制性法律规定的合同条款无效，违背任意性规定的合同条款可以执行。但是目前有些豁免情形需要进行强制性规定的，《著作权法》没有规定，一些豁免情形是否属于《著作权法》的强制性规定也不是很明确。因此，需要在《著作权法》中对哪些是可以被合同排除的情形进行明确规定。

一、是否限制排除版权豁免的版权许可合同的争议

对于排除版权豁免的版权许可合同是否需要进行限制的问题，学术界和实务界存在着两种观点，一种是不需要限制，另一种是需要限制。

费舍尔第三、雷蒙德·尼默、罗特施泰因（Rotstein）等教授及版权企业认为不需要限制，主要有以下理由。(1)版权许可合同的内容设定是合同自由原则的体现。调研中许多版权企业认为合同内容以及用户接受该合同与否是合同自由的体现，如果给予限制，反而干涉了合同自由原则。合同自由在电子商务活动中尤为重要，要发展基于创新型商业模式下的新产品与新服务，最为基本的是让合同双方获得自由订立许可证协议的权利。公司是否拥有决定特别许可证条款的权利，对于发展上述新商业模式至关重要。这些许可证条款包括许可证有效期、地理区域限制、技术平台限制等方面内容。只有合同自由才能调动版权人利用版权资源的积极性，版权市场才能活跃。一些学者认为版权许可合同中的内容起源于市场的自发行为，市场会自动对版权许可合同的应用作出反应，这种反应会导致版权人对他们的策略作出相应的调整，因而对排除版权许可的合同进行限制是没有必要的。况且，用户在购买与版权相关的产品或服务时，会对产品或服务的具体情况进行比较，包括是否存

在限制，从而作出理性的选择，即在价格大致差不多的情况下，限制较少的产品或服务优先被选择。(2)如果限制合同排除，将会导致不确定性。版权企业认为合同订立后具有法律上的稳定性，版权法中的一些豁免性规定不是很确定，如合理使用中一些情形的适用范围与适用条件可以有不同的解释。所以，允许行为人使用协议进行协商，能够为合同双方提供一个令人满意的实用性商业解决方案，并且能够增加其法律确定性并减少风险。(3)如果限制合同排除，将会影响国家的竞争力。一些版权企业和有些学者认为，如果合同排除受到限制，我国对外国文化产品的吸引力将会减少，外国企业将不在中国投资发展，而是转向没有限制的国家，如此一来我国的国际竞争力将会下降。(4)合同促进了作品传播，有利于公共利益。这类合同虽然排除一些版权豁免，但是允许用户免费或较低成本地使用产品或服务，既有利于用户，也会激励版权人积极开发和传播版权产品，以使更多的人获得版权产品，有利于公共利益。况且，合同只是发生在当事人之间，对其他人没有任何影响，对公共利益也没有伤害。(5)如果对合同排除版权豁免进行限制，扩大版权豁免，会导致版权人收入减少，伤害创作的积极性。

大卫·尼默、余彼特(Peter K. Yu)和朱莉·科恩(Julie E. Cohen)等教授以及高校图书馆系统主要从经济效益、公共利益等角度分析，认为需要限制排除版权豁免的许可合同，理由如下：(1)合同自由不能违背公共利益原则。任何市场不可能是完全自由的，必须受制于法律规制。版权人在版权市场上属于强势群体，单个的用户面对版权企业的不公平的合同可选择的机会不多。如果放任市场自由和合同自由，那就不需要版权法，特别是版权法为维护版权人利益而对公众使用版权作品设定的限制，如设计的各种版权权利便是不允许公众实施这些权利控制下的行为。如果一切任由市场调节，坚持合同自由，版权人的权利将最终根本得不到保障。制定版权法的目的就是要平衡版权人和社会公众之间的利益，并且公众的利益乃至社会最终的进步才是版权法的最终目的，公共利益要优先于合同自由。市场的调节有利于作品传播，但是市场的调节是有限的，社会公众的有些作品使用行为不能仅仅依靠市场调节，还需要通过法律专门保护。如为了教学，教师将一些版权作品复印给学生并对其中内容进行讲解，这有利于学生获取知识，开阔思维，这是国家应该给予学生的福利，也是学生享有受教育权的应有之义。如果没有相关版权豁免，版权人对这种使用进行限制，将会损害学生的利益。版权许可合同虽然由版权人与用户个人单独签订，但是这类合同是格式合同，适用于所有选择该服务或产品的用户，众多用户构成一个广泛的群体，所以格式合同的内容影响的不再是个别用户，而是整个用户群体。合同中排除版权豁免不再仅限于某个签订合同的用户，而是所有签订合同的用户，影响极其广泛。从而，涉及的是社会公共利益。(2)消费者对版权产品的选择非常有限。版权产品不同于其他产品，可以替代的非常少甚至是没有。在版权产品市场中，每个版权作品有其自身的特色，如不同的电影反映的作品主题、故事情节、人物形象等各有差异，因而用户对版权作品的选择也依其个人喜好而不同。可见，版权产品的内容特性是用户购买与否的关键因素。然而这些版权作品的供应商往往只有一个或者很有限的几个，替代性产品也少。(3)版权人处于强势的交易地位，通过格式许可合同把版权豁免内容排除，而版权用户不能对条款进行谈判，特别是这类合同相对一方往往是单个用户，他们的声音很弱小也难以得到体现。这类合同极大地压缩了版权豁免制度的适用范围,扩张了版权人的权利,极不公平。(4)国外版权产品投资者投资于某一国家,主要是该国的版权市场健康、有序,法治保障健全,市场获利机会多,而正常的限制版权豁免许可合同的规定对其影响不大。况且现在对排除版权豁免的许可合同进行限制的国家逐渐增多,即使国外一些版权人因为我国限制排除版权许可合同而逐渐减少在我国的版权产品投资,但是最终因为限制的国家增多,还是会回归到市场环境好的国家。

笔者赞同对排除版权豁免的许可合同进行适当限制。除了以上理由外,排除版权豁免的版权许可合同一定程度上侵犯了社会公众的人权。发展权和受教育权是人权的内容之一。发展权包括经济发展和精神利益的发展。而精神利益发展是通过对知识产品尤其是作品的学习使用而从中汲取知识的营养,从而丰富自己的知识、拓展自己的思维,在此基础上才能创新,才能发展。受教育权是每个公民应有的人权,是人们在学习阶段国家保障的权利。人们受教育权的一个基本内容是对作品的学习和利用。国家为了保障公民的这些人权内容得到实现,在版权法中规定了利于人们学习汲取知识的内容,如版权豁免。但是,如果版权许可合同排除这些豁免,无疑是排除了国家对公民人权的保障。

因而,需要对排除版权豁免合同进行限制。早在1997年,美国议员里克·布彻(Rick Boucher)和汤姆·坎贝尔(Tom Campbell)在提出的"布彻-坎贝尔议案"的"SEC. 7. PREEMPTION"部分时就主张在美国版权法第301条上增加两项内容,规定以下条款无效:(1)如果授权条款限制对非版权内容的任何形式的利用,或(2)废除或限制版权法第107至114条及第117及118条所指明的对专有权的限制，并且这样的条款没有协商过。①

二、一些发达国家或地区对排除版权豁免的版权许可合同的限制模式

面对新媒体时代版权人利用版权许可合同排除版权豁免的现象，世界上一些发达国家和地区做法不一。根据第五章的研究，一些发达国家或地区针对该问题的做法基本上可以概括为以下几种模式。

（一）禁止版权许可合同排除任何版权豁免

采用这种模式的国家主要有比利时、瑞士，这两个国家法律都规定版权豁免内容是强制性的规定，这就意味着版权人不能通过许可合同排除版权豁免。英国政府在2011年12月举行的版权咨询会议上提出过这种模式，但是由于版权人利益集团的反对，最终在2014年颁布的版权法修正案中没有对排除版权豁免的版权许可合同全部禁止。2018年2月日本政府向国会提交的《版权法》修正案规定可以适当限制版权许可合同排除版权豁免。该修正案明确规定新修订的版权合理使用内容属于强制性规定，这意味着对于符合这些规定使用作品的行为，版权人不能通过版权许可合同限制或排除。

（二）禁止版权许可合同排除部分版权豁免情形

英国2014年版权法修正案在原版权法的基础上修改和增加了

---

① Rick Boucher & Tom Campbell, "Digital Era Copyright Enhancement Act", H.R. 3048,105th Congress(1997)，1997-11-13, https://www.congress.gov/105/bills/hr3048/BILLS-105hr3048ih.pdf.

版权豁免条款。英国版权豁免涉及私人复制、研究和学习、文本和数据挖掘、图书馆使用、引用、滑稽模仿、视障者使用、教育使用、公务使用等方面。但是,依据英国《版权法》第32条至第36条(A),明确规定排除版权豁免的版权许可合同不可执行的只针对部分版权豁免使用,包括私人复制、研究及学习使用。在教育版权豁免方面,修订后的版权法仅规定合同条款排除教育机构或者代表教育机构的人出于非商业性说明的目的复制相关作品的部分,并且传送给其学员或者职员的,该条款无效。而对于以下两方面教育机构的使用没有限制版权许可合同的排除:(1)教育机构非商业性说明的目的录制广播和对录制品复制传给其学员或职员的;(2)远程教育的使用。依据修改后的《版权法》第40条(A)至第44条(A),版权法也没有规定所有排除馆舍版权公平使用的版权许可合同都无效,只有对以下四种情况的使用进行排除是无效的:(1)图书馆在特定条件下可以将自己制作已出版作品的部分或全部的复制品提供一份给其他图书馆,并且其他图书馆不是出于商业目的的需要;(2)图书馆、档案馆或者博物馆的普通员工、管理员或馆长,为了保存或者替换收藏的作品可以制作作品复印件以备永久收藏,不侵犯版权,并可以在其他机构作品出现丢失、破损或毁坏的情况下为其提供替换复制品;(3)第75条(1)"为档案馆存放之目的而对广播的录制,或制作这类录制品的复制件,不侵犯广播节目或其中所含作品之任何版权。"(4)图书管理员可以在有人提出为了研究和学习需要复制的要求情况下复制期刊的一份或其他版权作品的部分复制件,不收取费用。而对于馆舍通过技术终端向研究或学习的公众传播作品或者提供作品和向公众提供未出版作品的复制品的行为可以通过许可合同排除。另外,英国《版权法》第50条(A)规定,对于排除合法使用计算机程序复制本制作备份进行合同排除的，该条款无效。

欧盟在1996年的《数据库法律保护指令96/9/EC》第15条规定了如果数据库许可合同限制或禁止对数据库单个信息或对数据库内容的非实质部分合理使用，该合同无效。该指令并不是对所有限制数据库合理使用的合同规定为无效。2009年《欧盟计算机程序法律保护指令2009/24》第八条第二款明确规定了违反软件备份和为研究软件功能而实施的安装、显示、运行、传输或存储行为的合理使用任何合同条款均无效。欧洲理事会2019年4月15日通过的《数字化单一市场版权指令》规定任何与文本和数据挖掘、以教学目的进行数字方式使用和文化遗产的保存三种例外相冲突的合同条款均不可执行。

(三) 只允许合同排除计算机软件或数据库合理使用以外的版权豁免

澳大利亚在软件复制方面的规定，2017年版权法修正案没有修改2002版权法修正案在第47H条的规定。第47H条规定了软件许可人不得通过合同排除法律允许的反向工程、备份、安全性测试和错误连接等使用行为，"排除、限制或者具有排除或限制第47B(3)款、47C、47D、47E或47F条的协议或协议的条款无效。"

新加坡2006年修订的版权法中规定限制或禁止对计算机程序备份副本和技术性电脑软件的复制豁免的合同无效。

(四) 综合考虑相关原则和法律进行判断

美国是这种模式的典型代表。美国司法上对于排除版权豁免的版权许可合同效力的认识有一个变化。在1996年普若克公司诉增登伯格案之前，排除版权豁免的许可合同条款无效。在该案之后，排除版权豁免条款有效。同时,美国司法中长期存在的禁止版权滥用原则对于利用版权许可合同限制或禁止版权豁免的行为有所约束,一些法院依据该原则拒绝强制实施排除版权豁免的版权协议。但是,许多法官坚持合同自由原则而认为此类合同应该被执行。

立法方面,1999 年 UCITA 第 105 条强调了基本公共政策的重要性,规定违反联邦法或违反基本公共政策的软件合同不可执行。当然,具体案件的判断,该法规定还需要综合消费者权益保护法、著作权法和反不正当竞争法等相关法律规定去判定排除版权豁免的压缩包合同是否执行,软件权利人的执行利益应服从禁止该条款执行的公共政策。2009 年《软件合同法规则》规定不是所有排除版权豁免的许可合同都不可执行,而是要根据不同情形进行处理,只有协议条款违反版权法中的强制性规范才可以不被执行。美国并没有在立法上对合同排除进行限制。美国的制定法中除了版权法第 301 条涉及到版权法优先,对排除版权豁免的版权许可合同的效力和执行问题,有的州立法规定了其有效可执行,但是有很多州反对。

一些国家根据自己国家的实际情况采用了以上限制排除版权豁免合同的五种模式中的一种。结合前文的分析,笔者认为我国对于排除版权豁免许可合同的限制应该根据合同的具体类型以及版权豁免的具体情形在我国版权法中予以明确、详尽的规定。

三、不同的排除版权豁免的版权许可合同适用不同的限制

(一)违反重要公共政策的排除版权豁免的合同无效

公共政策是国家公权力部门为解决公共性问题、达成公共目标

按照一定程序制定的实现公共利益的方案。公共政策是国家公权力部门为了公共利益围绕社会性问题和社会利益而制定，是对社会公共利益的权威性分配。① 公共政策是国家公权力部门为了公共利益而制定，因而具有权威性。大陆法系国家和英美法系国家都有关于违反公共政策的合同效力方面的规定。大陆法系对于违反公共政策的合同往往区别情况采用无效合同规定，美国则规定为一般不可强制执行。美国《第二次合同法重述》第178条规定，假设法律已经规定合同内容或其他某一条款是不可执行的，或者如果执行这些明显地超出了公共政策所允许的范围，则这些内容或条款是不可执行的。美国将违反公共政策的合同与违反法律的合同并列为不可强制执行，可见美国对公共政策是非常重视的。依据该条规定，不是所有违反公共政策的合同都不可强制执行，而是有所权衡的。美国判断一项合同是不是违反公共政策而不被强制执行的标准是：拒绝强制执行的利益要明显超过予以强制执行所获得的利益。② 例如违反贸易自由的合同、违反婚姻自由的合同、违反言论自由的合同等。我国《民法典》规定了民事活动要遵守法律，法律另有规定的，依照其规定。依据该规定，如果法律规定某类民事活动需要遵循政策的，则需要遵循政策。但是，如果合同的订立与履行没有遵守国家政策，那么这样的合同效力如何，目前没有明确的法律规定。我国有一些公共政策已经被上升为国家法律，判断违反已经上升为国家法律的公共政策的合同效力，可以依据《民法典》第

---

① James E. Anderson, *Public Policy-making: An Introduction, Fifth Edition.* Boston: Houghton Mifflin Company, 2003, p. 135.
② 黄忠："合同自由与公共政策——《第二次合同法重述》对违反公共政策合同效力论的展开"，《环球法律评论》2010年第2期。

一百五十三条。对于"法律、行政法规的强制性规定"的判断，虽然最高人民法院解释为效力性强制规定，[①]但什么是违反效力性强制规定，学者们和法官们的认识并不一致。2016年6月30日，最高人民法院在泡崖乡政府与顺达公司林地租赁合同一案[②]中认定判断是否违反效力性强制性规定的标准是"行为是否严重侵害国家、集体和社会公共利益"，重点突出了"严重"一词。至此，排除版权豁免的版权许可合同在以下两种情形下无效：(1)违反了上升为法律的公共政策导致损害社会公共利益，(2)违反了法律、行政法规中效力性强制规定导致严重侵害国家、集体和社会公共利益的。但是，如前文分析，在线服务协议或软件许可合同的直接点击者往往是单个的个人，这种排除版权豁免的许可合同影响或损害的也只是相对方的利益，而不是社会公共利益。这是许多人反对对排除版权豁免的许可合同进行限制的非常重要的理由。虽然这种在线服务协议或软件许可合同是针对不确定的多数人，涉及人数众多，应该说损害了社会公众利益，但是依照目前的法律，即使某个用户针对这种在线许可协议提出诉讼，法院也很难认定合同损害社会公共利益。新媒体时代，许多国家版权法现代化改革的趋势是放宽对版权豁免的限制，提高作品使用效率，对违反公共政策的合同视情况规定为无效或不可强制执行。另外，对于还没有上升为法律的公共政

[①] 我国原《合同法》第五十二条第五项规定违反了"法律、行政法规的强制性规定"的合同无效，《最高人民法院关于适用〈中华人民共和国合同法〉若干问题的解释（二）》进一步将该项解释为违反法律、行政法规的效力性强制规定的合同无效。

[②] 最高人民法院在泡崖乡政府与顺达公司林地租赁合同一案中认定："判断某项规定属于效力性强制性规定还是管理性规定的根本在于违反该规定的行为是否严重侵害国家、集体和社会公共利益，是否需要国家权力对当事人意思自治行为予以干预。"见最高人民法院（2016）最高法民申1223号。

策，如果非常重要，也是不能违反的。为此，在我国版权法修改中，应该增加以下条款：排除版权豁免的版权许可合同违反了重要的公共政策，合同不予执行所维护的利益明显超过合同执行后获得的利益的，该合同无效。

（二）区分与个人用户订立合同和与单位用户订立合同的效力

个人相对于版权企业而言是弱势的一方，对于网络上的"点击合同""在线协议"往往无法同版权方或"准版权人"进行协商，也很难有能力为自己行为辩解。况且，大多数个人是为了非营利目的而使用作品。因此，与个人用户订立的合同中如果存在排除版权豁免的内容，该条款无效。而与单位用户订立的排除版权豁免的许可合同不显失公平和不违反公共政策的可以不直接规定为无效。因为单位往往有能力与版权服务商进行谈判。

如何判断个人用户的合理使用，在对于技术措施及版权合同进行限制以利于用户合理使用的研究中有学者建议设专门机构进行确认。[①] 有学者建议，在版权法中规定设置一个受理用户合理使用的机构，由该机构对用户的主张进行审查。机构给予审查通过的用户一个使用密码。用户获得密码后只能自己使用，不能转送给他人。机构在允许用户使用并发给密码后记录该用户的身份信息以及用户名、密码等，以确保用户是合理使用。这些信息有利于识别用户，潜在地使用户不敢进行非合理使用，也可以为日后版权人提起诉讼提供证据。建议者提出机构可以在以下三种模式中选择一种：第一种是版权人自己设置与自己的主要业务相独立的专门机构

---

① Yuko Noguchi, "Freedom Override by Digital Rights Management Technologies: Causes in Market Mechanisms and Possible Legal Options to Keep a Better Balance".

或者让自己内部某一部门专门从事这种审核工作。第二种是政府将审核是否是个人用户以及是否是个人合理使用等工作安排给某一部门，成为该部门的职能之一。建议者认为，合理使用的用户数量大，潜在的纠纷多，如果都进行诉讼，司法成本很大。而政府部门预先对个人合理使用进行审核，效率高，事后的纠纷将大大减少。第三种是由政府设立或者委托独立的第三方来审核，政府只是进行宏观管理。[①]

这三种机构设置都不适合于判断个人用户及其是否合理使用。第一种设置是版权人自己设置机构来判断用户是否个人以及是否合理使用，版权人设计排除版权豁免合同目的就是不想让用户免费使用，追求利益最大化。现在让他们自己判断及审核，他们绝对会拒绝许多个人用户的合理使用请求。[②] 第二种机构设置是无视政府管理成本，将市场化的行为让政府参与，无形中也扩大了政府权力。第三种相对合理，但是由于设置一机构专门进行这种审核，其工作量也是非常巨大的。因为几乎所有的人都可能需要合理使用，机构将需要大量资源应对申请。

笔者认为，可以进行如下设计：版权人和准版权人提供针对个人用户的协议和单位用户协议两种不同的协议。针对个人用户的协议不允许排除版权豁免。针对企业的协议，排除版权豁免协议如果会显失公平或违反公共政策，那么禁止对这类版权豁免情形通过合同排除。在个人用户协议内容页面，设置个人信息相关栏目，由

[①] Stefan Bechtold, "Digital Right Management in the United States and Europe", *American Journal of Comparative Law,* Vol. 52 (Spring 2004), p.325.

[②] Dan L. Burk & Julie E. Cohen, "Fair Use Infrastructure for Copyright Management Systems", *Harvard Journal of Law and Technology*, Vol.15 (January 2001), pp.41-83.

个人用户填写或者在个人用户注册时要求用户填写真实信息。对于填写信息不真实的可以拒绝用户提出的合理使用请求。由于现在网络用户都实现了实名制，用户的 IP 也能跟踪，所以个人用户填写的信息是否真实，通过技术操作很容易查实。版权服务商在注册页面增加一项"个人用户"和"单位用户"，在提供的"点击合同"或"在线协议"页面仍设置"同意"或"不同意"选项。这样的设置确保了个人用户可以进行版权豁免的使用，如果个人用户对版权材料的使用不是合理使用，而是侵权使用，网络服务商通过技术设置也能跟踪发现。

（三）排除软件合理使用及反向工程的许可合同无效

《计算机软件保护条例》第十六条和第十七条规定的是关于软件作品的合理使用和反向工程的部分内容，目前已经在《著作权法（修正案草案）》的第四十八条以及《著作权法修正案（草案二次审议稿）》第五十条作了规定，但是不全面。反向工程主要是为了获得软件作品的思路、原理等对合法获得的他人计算机软件进行反编译、反汇编等，从而在此基础上设计新的软件。对软件作品的合理使用和反向工程是软件创新的基础性工作，大多国家都对软件作品的合理使用和反向工程做出了相关规定。为了防止软件版权人或"准版权人"通过版权许可合同排除对软件作品的合理使用和反向工程，许多国家或地区立法规定排除反向工程的合同无效，如美国、澳大利亚、欧盟、新加坡等。为了维护软件使用人与软件权利人之间的利益平衡，促进我国软件产业的创新发展，我国可以依据前文所述，根据许可使用对象区别规定禁止软件作品合理使用和反向工程的合同效力。对于软件包形式的软件许可协议，因使用者无法和版权人或准版权人进行许可内容的协商，所以一旦协议禁止合理使用和反向工程，则协议无效；如果软件许可协议的相对方是可以商谈的机构用户，那么，禁止合理使用和反向工程的条款的效力由双方协商。

第六节　规制版权许可合同及其使用

虽然新媒体时代版权人或"准版权人"利用版权许可合同排除版权豁免，扩大其权利，侵害社会公众的言论自由、受教育权和发展权，影响了社会公共利益，但是创新各种版权交易模式，有利于版权作品的传播，利于版权产业的发展，从而促进经济、文化等方面的发展。因此，版权许可合同仍有必要存在，但需要规范此类合同以及此类合同的使用。前一节对"个人用户"版权许可协议的格式要求方面已经提出了一些建议。除此以外，还需要从以下两方面规范版权许可合同及其使用。

一、规制版权许可合同

大多数版权人或"准版权人"在提供的版权许可合同中排除版权豁免时不采用特别标识，同时由于这类在线服务协议或软件许可协议条文多、字体小且非常的繁琐，致使用户往往不看或不认真看协议内容。我国《民法典》第四百九十六条明确规定了提供格式条款的一方的免责条款的提请注意义务。但是版权人和"准版权人"不按照法律规定的要求采用特殊标志。版权人和"准版权人"一般是知道用户对密密麻麻的小字体文字会心烦看不下去，但仍然采用这样的无特殊标志的协议,目的就是让用户不要阅读协议内容就点击"同意"。这是典型的以不合乎法律要求的合同获取超越法律赋予的权利,以谋取更多的利益。

《民法典》颁布之前的《合同法》及《最高人民法院关于适用〈中华人民共和国合同法〉若干问题的解释(二)》的第六条规定,提供格式条款的一方在提供的格式合同中应该采用区别于其他文字的特别标识,并且需要非常醒目足以引起合同另一方注意。明确规定了版权人和"准版权人"等提供格式合同一方的免责或限制对方责任的提请注意义务。依据法律的有关规定,版权人和"准版权人"提供的版权许可协议应该做到以下几方面:

(1)提请注意的合理程度。版权人和"准版权人"应该在提供的服务许可协议的开头部分提醒用户注意协议中的限制和禁止条款,告知用户阅读协议内容。协议中的提醒、告知、免责和限制用户的条款要做到语言清楚、无歧义,专业术语要给予解释说明。提起注意和告知只需要"足以"引起用户的注意就可以了。

(2)提请注意的方式。根据《民法典》的规定,提供格式合同的一方应采取"合理的方式"提请对方注意免责和限制条款。"合理的方式"就是"足以引起对方注意的文字、符号、字体等特别标识"。版权人和"准版权人"提供的许可协议中关于排除用户版权豁免的条款需要特别标识,可以在这样的条款中加特别符号,可以用区别于其他条款文字的大字号和字体,也可以采用文字、符号、字体以外的有特点的标识,只要是引起用户注意的特别标识就行。但是,如果版权许可协议中大部分条款都给予同样的特别标识,可能并不能使用户注意到其中的免责和限制用户责任的条款。因此,提请注意时采用的方式是否符合法律要求关键在于是否"足以引起用户的注意"。

二、构建个人用户型版权许可合同告知审查制度

（一）构建告知审查制度的理由

1. 根据上文的建议，版权许可协议中排除版权豁免的条款，可以区分不同合同类型而确定有的无效，该立法建议是一种事后救济。由于使用版权许可协议的用户有的权利意识强或者协议排除版权豁免对其利益影响大而可能选择诉讼，但是，更多的用户可能考虑到诉讼成本大或者自己单个力量较弱而放弃要求司法机关确认许可协议无效的诉讼。基于此，可以考虑进行事前预防。

2. 在线许可协议往往只有"同意"和"不同意"两个选项，这主要是版权许可协议提供方为了方便及效率考虑而设计的，如果如调研中一些公众所建议的那样增加一个可以协商之类的选项，则非常不实际，因为许多在线提供版权服务的版权方或"准版权人"面对的用户非常多，有的是几千万的用户。如果增加一个可以协商的选项，那么，每一个准备使用服务的用户或者大多数用户选择了协商选项后，版权方或"准版权人"就要与这些用户进行商谈，用户之多，版权人或"准版权人"投入的人力财力成本增大，非常不现实。而只有"同意"和"不同意"两个选项，对用户而言如果不同意也就不能使用平台服务，如果同意就可能承受版权豁免被排除的不利后果，而与此同时，这些服务平台提供的与版权作品有关的服务往往又是独特的，用户没有其他的类似平台可以选择。所以，如果不设计一个新的事前预防制度，对用户很不公平。

（二）告知审查制度内容

告知审查制度主要包括以下内容：

(1)在版权管理部门工作职能中增加一个职能：受理审查版权许可合同是否存在排除版权豁免的情形。版权管理部门可以将这项工作分配给其某一职能部门，由该部门专门接受此类申请，并对申请进行审查，以确定版权许可协议是否排除版权豁免，并作出提供版权许可协议方修改与否的裁决。

(2)版权协议的版权人或"准版权人"在在线服务协议上提供服务方联系人及联系方式。

(3)当用户发现版权许可合同有排除版权豁免的条款时，首先联系服务方，告知其协议存在的排除版权豁免的条款。

(4)提供协议的一方接到告知后给予该用户答复，并有权决定修改或不修改该条款。

(5)用户对不修改排除版权豁免条款的可以向版权管理部门申请对该协议进行审查。

(6)版权管理部门在审查阶段，可以通知协议提供方答辩。

(7)审查作出裁决后，将裁决通知申请人和协议提供方。裁决修改协议条款的，协议提供方需要遵照执行。

(三)引入行政管理部门的主要原因

该制度构建中，需要有行政管理部门进行相关管理，具体理由如下：

(1)维护公共利益的需要。版权法设置版权豁免制度的目的不是限制版权作品的使用，而是通过限制版权人的权利鼓励版权作品的使用和传播，使社会公众能够获得文化产品，社会公众通过对文化产品的学习欣赏而不断提升自己，积淀知识，从而也能够创造新知识，最终促使社会的文化繁荣。版权人通过版权许可协议排除或限制版权豁免，创设了私人秩序，强化了版权保护，垄断了版权利益，但使社会公众很难获得文化产品，阻碍了公众获得知识信息的通道，损害了社会公众利益，最终会导致社会公众的知识水平整体下降，从而会阻碍中国社会的进步。

（2）需要国家进行宏观管理以维护正义的文化市场秩序。信息需要自由流通，知识信息更是这样，版权人排除版权豁免，通过契约实现信息自由流通是很难实现的，需要管理部门和法律保障公众合理使用。① 版权人或"准版权人"通过排除版权豁免的许可协议构建了新的规则，通过这种规则形成了一种私人秩序。这种秩序不是市场自发调节形成的，是通过版权人一方的强势地位以及利用大力保护知识产权的环境而形成的。这是类似于"专制"的秩序，这样的秩序使人们生活于禁锢之中，不是正义的秩序。与公共秩序相比，私人秩序追求经济利益优先，并没有考虑公共利益。……结果，发展于市场的使用条款有可能被那些倾向于经济权优先的人的利益所支配。②

长此以往，就会阻碍社会进步而招致人们反抗，最终会导致无序。日本是版权保护非常严格的国家，学校的试题若出现作家作品则需要经过该作家同意，将餐厅享有版权的菜肴拍照后传播也是侵权；日本对数字作品保护严苛，不能从网上获取资料，学者做研究和撰写论文时，只能频繁地去到图书馆和书店搜寻与收集需要的资料。苛刻的版权法保护，使日本人在文化生活中处处小心，如履薄冰，甚至有日本学者认为，近年来日本学术水平提升滞后，与

---

① 〔日〕北川善太郎："网上信息、著作权与契约"。
② Niva Elkin-Koren, "Copyright Policy and the Limits of Freedom of Contract", p.105.

严苛的版权法有很大的关系。[①] 为了改变严苛的版权法，日本进行了版权现代化改革，放宽了对版权豁免的限制，对作品的使用自由度大大增加。为了追求正义的秩序，国家对社会出现的这种通过取代版权法的规则而创设私人秩序的现象不能无动于衷，不能继续扮演"守夜人"角色，而是需要积极干预，以防止文化市场的无序发展。当然，国家干预版权许可需要在法律中明确规定及确定干预的边界。

第七节　构建包括版权的知识产权公益诉讼制度

一、版权公益诉讼制度的必要性

（一）利于形成完整的救济

上文虽然建议将来版权法规定一些情形的排除版权豁免的版权许可合同为无效，但要具有实效，还需利益受此类合同影响的用户提起诉讼。使用版权许可协议的用户如果维权意识强或者协议排除版权豁免对其利益影响大而可能选择诉讼，但是，更多的用户可能考虑到诉讼成本大或者自己单个力量较弱而放弃要求司法机关确认许可协议无效的诉讼。基于此，有必要构建版权公益诉讼制度，以配合无效制度从而形成对用户完整救济。

[①] 蒋丰："日本版权保护'开口子'只因时代所迫"，2018年3月1日，http://www.sohu.com/a/224674847_570249。

（二）维护社会公共利益

知识的传承与共享是人类社会发展的基础，赋予创作者版权也是为了这个目的。版权虽然是私权，但不同于一般的私权。TRIPS协议虽然在序言中规定知识产权为私权，并要求全体成员承认；但是，在协议序言中要求成员国"承认各国保护知识产权体制的基本目标是保护公共利益，包括发展和技术目标；"第七条中又明确规定了知识产权保护要有助于技术传播和社会福利，使创造者和使用者都能实现利益最大化。这些规定确立了知识产权保护的目标：有益于创造者和使用者的相互利益，有益于社会公众，最终促使社会整体发展。该目标明确地表明知识产权保护不能仅局限于私权。在新媒体时代，作者创作的作品往往通过转让或许可方式由一些大公司享有，他们成为了版权人或"准版权人"，他们不仅依照版权法的规定享受着版权，而且还通过排除版权豁免的版权许可合同、版权技术措施等私定规则获得远远超过版权法规定权利之外的特别权利，不断侵吞公共领域，目的都是为了自己的私利。他们有财力和人力，非常强大，而版权许可合同的用户们往往是单个的个人，无力与强大的公司抗衡，所以，为了维护社会公共利益，有必要设置版权公益诉讼。

二、现有法律、司法解释中公益诉讼范围与主体

（一）现有法律、司法解释中公益诉讼范围

2012年《民事诉讼法》修改增加的第五十五条规定了公益诉讼，2017年7月1日修改后实施的《民事诉讼法》第五十五条在原来第五十五条基础上增加了第二款，规定人民检察院可以提起公益

诉讼。2017年6月修改通过的《行政诉讼法》第二十五条第四款规定了行政公益诉讼的主体和公益诉讼案件范围。

对于民事公益诉讼范围,学界有三种意见,第一种观点是严格限定说,认为民事公益诉讼范围只有污染环境和侵害众多消费者合法权益的行为,至于是否纳入更多的"损害社会公共利益"的行为,应该由法律或司法解释明确。① 第二种意见是,该条规定了两类可以公益诉讼的行为:一类是污染环境类的行为,如乱排污水、污染大气、破坏生态等;一类是侵害众多消费者合法权益的行为,如药品食品安全等。② 第三种观点认为,这一表述将公益诉讼案件的范围限定为三类:一类是污染环境案件,一类是侵害众多消费者合法权益案件,一类是其他损害社会公共利益的案件。③ 此条认定的关键是"损害社会公共利益",第五十五条"污染环境和侵害众多消费者合法权益的行为"是此条列举的损害社会公共利益的行为,这两类案件当然属于公益诉讼范围。但是否包括其他损害社会公共利益的案件,可以依据相关的法律和司法解释来判断。2013年修改通过的《消费者权益保护法》是在2012年《民事诉讼法》增加公益诉讼之后的修改,主要为了保持法律的协调一致。《消费者权益保护法》第四十七条规定是在说明《民事诉讼法》的"侵害众多消费者合法权益的行为"的所指。2018年3月2日最高人民法院和最高人民检察院联合发布了《最高人民法院、最高人民检察院关于检

---

① 江必新:《新民事诉讼法理解适用与实务指南(修订版)》,法律出版社2015年版,第215页。

② 杨荣馨:《〈中华人民共和国民事诉讼法〉释义》,清华大学出版社2012年版,第97页。

③ 江必新主编:《〈中华人民共和国民事诉讼法〉修改条文解读与应用》,法律出版社2012年版,第74页。

察公益诉讼案件适用法律若干问题的解释》第十三条解释"人民检察院在履行职责中发现破坏生态环境和资源保护、食品药品安全领域侵害众多消费者合法权益等损害社会公共利益的行为，拟提起公益诉讼的，……"第十三条的解释还是涉及"污染环境和侵害众多消费者合法权益的行为"的公益诉讼案件，没有扩大，即两类公益诉讼：环境公益诉讼和消费公益诉讼。其中，检察院提起民事公益诉讼的是环保类和食药品安全类。而对于消费公益诉讼，2016年5月1日实施的《最高人民法院关于审理消费民事公益诉讼案件适用法律若干问题的解释》第二条详细列举了五种消费行为可以属于消费公益诉讼范围。

  学者们对于行政公益诉讼的行政范围，认识也是不一，有的认为是严格依照法律规定为四类，但是还应该扩大范围。[①] 有的认为应该综合判断。[②] 依据《行政诉讼法》第二十五条第四款的规定和《最高人民法院、最高人民检察院关于检察公益诉讼案件适用法律若干问题的解释》第二十一条解释："人民检察院在履行职责中发现生态环境和资源保护、食品药品安全、国有财产保护、国有土地使用权出让等领域……"，司法解释的公益诉讼范围与《行政诉讼法》的一致，即环保类、食药品安全类、国有财产保护类和国有土地使用权出让类等四类案件，没有拓展案件范围。

  以上依据现有法律和司法解释分析，可以发现《民事诉讼法》

[①] 杨解君、李俊宏："公益诉讼试点的若干重大实践问题探讨"，《行政法学研究》2016年第4期；秦前红："检察机关参与行政公益诉讼理论与实践的若干问题探讨"，《政治与法律》2016年第11期。

[②] 秦鹏、何建祥："检察环境行政公益诉讼受案范围的实证分析"，《浙江工商大学学报》2018年第4期。

和《行政诉讼法》中关于公益诉讼范围规定中的"等"字是"等内等"，也就是法律规定的两类民事公益诉讼和四类行政公益诉讼。因此，知识产权类案件不被包括在目前公益诉讼范围内。

（二）现有法律、司法解释中公益诉讼的主体

目前，根据《民事诉讼法》第五十五条两款的规定，能够提起公益诉讼的主体为"法律规定的机关和有关组织"以及人民检察院。不是所有的现存机关都有资格提起公益诉讼，因为该条规定的"机关"前面的限定词是"法律规定的"，也就是说，只有法律专门规定授权了的机关才具有提起公益诉讼的资格，如法律规定人民检察院可以提起民事、行政公益诉讼，再如《海洋环境保护法》第八十九条第二款授权海洋环境监督管理权的部门对破坏海洋的行为提起公益诉讼。

"有关组织"是单指法律规定的，还是没有法律规定的组织也可以提起民事公益诉讼？学者们有争议。依据《消费者权益保护法》第四十七条的规定，提起消费公益诉讼的"有关组织"只能是中国消费者协会和在省、自治区、直辖市设立的消费者协会。而2016年2月通过的《最高人民法院关于审理消费民事公益诉讼案件适用法律若干问题的解释》第一条第二款在《消费者权益保护法》规定的提起诉讼的主体之上增加了"法律规定或者全国人大及其常委会授权的机关和社会组织提起的消费民事公益诉讼，适用本解释。"该规定将提起诉讼的主体拓展，即还可以有以下四种主体：(1)法律规定的机关，如人民检察院；(2)法律规定的社会组织；(3)全国人大及其常委会授权的机关；(4)全国人大及其常委会授权的社会组织。可见，《民事诉讼法》中规定的提起公益诉讼的"有关组织"只能是法律规定的以及司法解释拓展的。《环境保护法》对环境类公益诉

讼的主体中"有关组织"还有条件要求。以上法律规定及司法解释表明公民不能作为民事公益诉讼主体。

《行政诉讼法》第二十五条第四款的规定表明，行政公益诉讼主体只有人民检察院。

三、构建包括版权的知识产权公益诉讼制度的建议

前文分析表明，版权公益诉讼非常有必要。那么，如何构建版权公益诉讼制度呢？在我国的实践中已经有了专利公益诉讼，2006年8月张平、陶鑫良、单晓光、朱雪忠及徐家力五位教授请求宣告皇家飞利浦电子有限公司专利无效。2004年，在伟哥专利授权之日，与辉瑞公司没有任何利害关系的一名公民向专利复审委员会提出了无效申请。在美国、欧盟、印度都有知识产权公益诉讼制度及实践。[1] 以上这些知识产权公益诉讼的实践以及国外关于公益诉讼制度的规定都为我国知识产权公益诉讼制度的构建提供了素材。当然，版权公益诉讼可以和商标权公益诉讼、专利权公益诉讼合在一起，称为知识产权公益诉讼。

《英雄烈士保护法》第二十五条关于检察机关依法对侵害英雄烈士的姓名等损害社会公共利益的行为提起公益诉讼的规定，再次说明公益诉讼的范围都是由法律加以规定。那么，我国知识产权公益诉讼也应当由法律规定。在我国《著作权法》修改时，可以增加一条关于"版权人利用版权许可合同排除版权豁免损害社会公共利

---

[1] 徐家力："律师与知识产权公益诉讼"，2015年7月10日，http://blog.sina.com.cn/s/blog_3fe560cb0102vnia.html。

益的行为,法律规定的机关和有关组织可以向人民法院提起诉讼。"当然,如果我国版权法修改一时还不能通过,也可以对现有的《民事诉讼法》关于公益诉讼的规定进行扩大解释以满足当下需要。因为《民事诉讼法》第五十五条第二款已经规定了"等损害社会公共利益的行为",虽然依据目前的法律规定,"等"是"等内等",但是,扩大版权、专利权等滥用知识产权的行为,明显侵害的是社会公共利益,尤其随着科学技术的快速发展,国际知识产权保护强化的趋势越来越明显,滥用知识产权侵占公有领域的行为将会越来越严重。因此,我国应该将包括版权在内的知识产权公益诉讼纳入《民事诉讼法》的公益诉讼范围中,不需要修改《民事诉讼法》,只需要全国人大及其常务委员会进行立法解释。

对包括利用版权许可合同排除版权豁免的行为在内的滥用知识产权行为提起诉讼的主体可以按照目前《民事诉讼法》的规定,由消费者协会和人民检察院提起。上文建议在我国版权法修改时增加一条"版权人利用版权许可合同排除版权豁免损害社会公共利益的行为,法律规定的机关和有关组织可以向人民法院提起诉讼。"中的"法律规定的机关和有关组织",依据目前的《民事诉讼法》、《行政诉讼法》和相关司法解释,法律规定的机关是检察机关,法律规定的组织是消费者协会。我们遵循这样的规定。之所以由消费者协会对利用版权许可合同排除版权豁免的行为提起公益诉讼,还因为一方面与单个的个人用户相比,这些组织更为强大,专业知识较个人用户要丰富,资源更为充足。另一方面,如果法院判决版权许可合同中某一条款无效,该案中版权人或"准版权人"就需要修改或删除这样的排除版权豁免的条款,所有当时和之后使用该版权人或"准版权人"的版权作品的用户都不用再受该条款约束。检察机关是国家的法律监督机关,也是公共利益的维护者。2017年北京举办的国际检察官联合会年会的主题为"为公益服务的检察",习近平发去的贺信称"检察官作为公共利益的代表,肩负着重要责任"。[①]可见,检察机关成为知识产权公益诉讼的提起主体是正当的。"知识产权作为产权的重要类型,当其属于国有财产时,其所有权行使后果与国家利益和社会公共利益密切相关。在国有财产保护领域,对于在国有知识产权使用、收益、处分过程中造成国有财产流失的违法行为,检察公益诉讼能够依法发挥公益保护作用。"[②]

[①] 转引自苗生明:"努力践行检察官公共利益代表职责使命",2017年11月5日,http://www.spp.gov.cn/llyj/201711/t20171105_204124.shtml。

[②] 于潇:"最高检:积极探索知识产权检察监督职能整合",2018年4月25日,https://www.chinacourt.org/article/detail/2018/04/id/3280852.shtml。

结　语

随着网络传播技术和数字技术的发展,版权作品传播的媒介越来越多,版权人或准版权人不能再像传统媒体时代那样控制版权作品的传播,侵权越来越严重。为防止侵权,维护自己权利,版权人或准版权人采用软件许可协议或在线服务协议的方式排除版权法规定的版权豁免,网络上众多的用户不能进行法律所许可的使用,便出现了版权豁免与版权许可合同的冲突。这种冲突触及了版权法律制度,打破了版权人、传播者和使用者之间的利益平衡,阻碍了使用者受教育权和发展权的实现,限制了创新,严重地影响了使用者日常学习和知识的获取。

版权豁免与版权许可合同冲突是多种原因综合形成的,较为重要的原因是新自由主义、新经济增长理论以及国家产业政策理论合力影响下,从国家到产业到社会都非常重视版权产业的发展,版权产业也不断地采用新模式极大扩大规模,社会公众的版权法上的利益被忽视了。当然,新媒体技术的发展导致传统的版权豁免制度已经严重影响版权产业的发展也是冲突的主要原因。版权法从一开始便不是纯粹的法律问题而更多的是产业政策问题。利益从来就是人类生活的焦点。从所有权到文学产权,从文学产权到版权,从复制权到公开表演权再到翻译权等,无不是利益推动的结果。[①] 因

---

① 吴伟光:"版权制度与新媒体技术之间的裂痕与弥补",第71页。

此，冲突的实质是版权人或准版权人追逐利益，是版权人或准版权人利用私权利构建的秩序与法律规制的秩序的冲突。一些国家和地区也遇到了版权豁免与版权许可合同冲突的问题并在积极应对。我国如何协调两者之间的冲突？本书以马克思主义人权理论为理论基础，以利益平衡原则为指导，在借鉴一些国家和地区经验的基础上，提出了完善版权豁免制度，限制和规范排除版权豁免的版权许可合同及其使用，构建知识产权公益诉讼等意见建议。

本书较为全面地分析总结了新媒体时代版权豁免与版权许可合同冲突的表现及原因，剖析了版权人或准版权人如何利用版权制度及新型版权许可合同交易模式追逐利益，有助于发现版权法及版权许可合同方面存在的问题，揭露过度保护版权导致侵犯作者、社会公众人权的问题；提出要完善版权豁免制度、规范版权许可合同，以解决新媒体时代出现的诸多版权问题，保护作者的人权，激励创作热情，从而繁荣我国文化事业，促进社会不断进步。在新媒体时代，版权人或准版权人利用版权许可合同排除版权豁免，造成公共领域的知识和信息越来越少，社会公众对知识和信息使用处处受限，版权人、准版权人和社会公众之间利益极其不平衡，严重影响了知识的创新和社会进步。如何解决这一问题以实现共赢，促进我国社会主义文化的繁荣和经济发展，需要人们的共同努力。本书作了初步的努力，但是由于版权豁免与版权许可合同冲突问题是一个涉及多领域的复杂问题，在研究探索过程中难免有不足之处。今后，对于本书中提出的一些建议笔者将进一步深入研究。

参考文献

一、中文著作与译著

〔美〕阿尔温·托夫勒:《创造一个新的文明——第三次浪潮的政治》,黄明坚译,上海三联书店1996年版。

〔美〕阿瑟·奥肯:《平等与效率》,王奔洲译,华夏出版社1987年版。

〔美〕安守廉:《窃书为雅罪——中华文化中的知识产权法》,李琛译,法律出版社2010年版。

〔美〕保罗·戈斯汀:《著作权之道》,金海军译,北京大学出版社2008年版。

〔澳〕彼得·达沃豪斯、约翰·布雷斯维特:《信息封建主义:知识经济谁主沉浮》,刘雪涛译,知识产权出版社2005年版。

〔澳〕彼得·德霍斯:《知识财产法哲学》,周林译,商务出版社2008年版。

〔美〕博登海默:《法理学——法律哲学与法律方法》,邓正来译,中国政法大学出版社2004年版。

〔澳〕布拉德·谢尔曼、〔英〕莱昂内尔·本特利:《现代知识产权法的演进——英国的历程(1760—1911)》,金海军译,北京大学出版社2006年版。

程永顺:《著作权纠纷案件法官点评》,知识产权出版社2004年版。

崔国斌:《著作权法原理与案例》,北京大学出版社2014年版。

崔建远:《合同法(第六版)》,法律出版社2016年版。

崔建远:《准物权研究》,法律出版社2012年版。

〔美〕德伯拉·L.斯帕:《技术简史——从海盗船到黑色直升机》,倪正东译,中信出版社2016年版。

〔美〕德雷特勒:《知识产权许可》,王春燕等译,清华大学出版社2003年版。

董进宇:《宏观调控法学》,吉林大学出版社1999年版。

冯晓青:《知识产权法哲学》,中国人民公安大学出版社2003年版。

〔日〕富田彻男:《市场竞争中的知识产权》,廖正衡等译,商务印书馆2000年版。

〔美〕N. 格里高利·曼昆:《经济学原理(第二版)(上册)》,梁小民译,北京大学出版社2001年版。

〔美〕N. 格里高利·曼昆:《经济学原理:微观经济学分册》,梁小民译,北京大学出版社2015年版。

〔英〕哈耶克:《通往奴役之路》,王明毅、冯兴元等译,中国社会科学出版社1997年版。

〔英〕哈耶克:《致命的自负》,冯克利译,中国社会科学出版社2000年版。

韩世远:《合同法总论》,法律出版社2011年版。

何怀文:《中国著作权法——判例综述与规范解释》,北京大学出版社2016年版。

胡泳、王俊秀:《连接之后:公共空间重建与权力再分配》,人民邮电出版社2017年版。

季卫东:《法治秩序建构》,中国政法大学出版社1999年版。

江必新:《新民事诉讼法理解适用与实务指南(修订版)》,法律出版社2015年版。

江必新主编:《〈中华人民共和国民事诉讼法〉修改条文解读与应用》,法律出版社2012年版。

金海军:《知识产权私权论》,中国人民大学出版社2004年版。

〔美〕卡尔·劳斯迪亚、克里斯托夫·斯布里格曼:《Copyright!模仿如何激发创新》,老卡等译,中信出版社2015年版。

〔德〕克劳斯·施瓦布:《第四次工业革命——转型的力量》,李菁译,中信出版社2016年版。

〔德〕克里斯多夫·库克里克:《微粒社会——数字化时代的社会模式》,黄昆等译,中信出版社2018年版。

〔法〕克洛德·科隆贝:《世界各国著作权和邻接权的基本原则——比较法研究》,高凌瀚译,上海外语教育出版社1995年版。

孔祥俊:《网络著作权保护法律理念与裁判方法》,中国法制出版社2015年版。

〔美〕劳伦斯·莱斯格:《代码2.0:网络空间中的法律》,李旭、沈伟伟译,清华大学出版社2009年版。

〔美〕劳伦斯·莱斯格:《思想的未来:网络时代公共知识领域的警示喻言》,李旭译,中信出版社2004年版。

李琛:《论知识产权法的体系化》,北京大学出版社2005年版。

李琛:《著作权基本理论批判》,知识产权出版社2013年版。

李明德、管育鹰、唐广良:《著作权法专家建议稿说明》,法律出版社2012年版。

李明德:《美国知识产权法(第二版)》,法律出版社2014年版。

李响:《美国版权法:原则、案例及材料》,中国政法大学出版社2004年版。

李雨峰:《枪口下的法律:中国版权史研究》,知识产权出版社2006年版。

李雨峰:《中国著作权法:原理与材料》,华中科技大学出版社2014年版。

〔美〕理查德·A.波斯纳、威廉·M.兰德斯:《知识产权法的经济结构》,金海军译,北京大学出版社2005年版。

〔美〕理查德·A.波斯纳:《论剽窃》,沈明译,北京大学出版社2010年版。

〔德〕利娅·利普希克:《德国著作权法》,范长军译,知识产权出版社2013年版。

联合国教科文组织:《版权基本知识》,中国对外翻译出版公司1984年版。

梁慧星、陈华彬:《物权法(第六版)》,法律出版社2016年版。

梁慧星:《民法解释学》,法律出版社2015年版。

梁慧星:《民法总论》,法律出版社2011年版。

梁志文:《数字著作权论——以〈信息网络传播权保护条例〉为中心》,知识产权出版社2007年版。

〔美〕路易斯·亨利·摩尔根:《古代社会(上)》,杨东莼译,商务印书馆1977年版。

〔德〕罗纳德·巴赫曼、吉多·肯珀等:《大数据时代下半场——数据治理、驱动与变现》,刘志则等译,北京联合出版公司2017年版。

〔美〕罗纳德·V.贝蒂格:《版权文化——知识产权的政治经济学》,沈国麟、韩绍伟译,清华大学出版社2009年版。

〔英〕洛克:《政府论(下篇)》,叶启芳、瞿菊农译,商务印书馆1964年版。

吕世伦:《马克思恩格斯法律思想史》,法律出版社2001年版。

马克思:《1844年经济学哲学手稿》,人民出版社2000年版。

《马克思恩格斯选集(第16卷)》,人民出版社1972年版。

《马克思恩格斯选集(第2卷)》,人民出版社1995年版。

梅术文:《著作权法上的传播权研究》,法律出版社2012年版。

〔法〕孟德斯鸠:《论法的精神》,许明龙译,商务印书馆2012年版。

〔英〕米尔恩:《人的权利与人的多样性——人权哲学》,夏勇译,中国大百科全书出版社1995年版。

〔匈〕米哈依·菲彻尔:《版权法与因特网》,郭寿康、万勇等译,中国大百科全书出版社2009年版。

〔美〕默顿:《科学社会学》,鲁旭东、林聚仁译,商务印书馆2000年版。

〔加〕尼科·斯特尔:《知识社会》,殷晓蓉译,上海译文出版社1998年版。

〔美〕诺姆·乔姆斯基:《新自由主义和全球秩序》,徐海铭、季海宏译,江苏人民出版社2000年版。

《十二国著作权法》,《十二国著作权法》翻译组译,清华大学出版社2011年版。

沈德咏主编:《最高人民法院关于合同法司法解释(二)理解与适用》,人民法院出版社2009年版。

宋海燕:《娱乐法(第二版)》,商务印书馆2018年版。

宋海燕:《中国版权新问题——网络侵权责任、Google图书馆案、比赛转播权》,商务出版社2011年版。

〔美〕苏珊·K.塞尔:《私权、公法——知识产权的全球化》,董刚、周超译,中国人民大学出版社2008年版。

孙昊亮:《网络环境下著作权的边界问题研究》,法律出版社2017年版。

〔日〕田村善之:《日本现代知识产权法理论》,李扬译,法律出版社 2010 年版。
王利明:《合同法研究(第一卷)》,中国人民大学出版社 2015 年版。
王迁:《网络环境中的著作权保护研究》,法律出版社 2011 年版。
王迁:《知识产权法教程(第五版)》,中国人民大学出版社 2016 年版。
王迁:《著作权法》,中国人民大学出版社 2015 年版。
王天一:《人工智能革命——历史、当下与未来》,北京时代华文书局 2017 年版。
王筱雯:《程焕文之问——数据商凭什么如此狠?》,国家图书馆出版社 2016 年版。
王渊:《现代知识产权与人权冲突问题研究》,中国社会科学出版社 2011 年版。
王泽鉴:《民法思维:请求权基础理论体系》,北京大学出版社 2013 年版。
王泽鉴:《民法学说与判例研究》,北京大学出版社 2016 年版。
王泽鉴:《民法总则》,北京大学出版社 2009 年版。
王泽鉴:《人格权法:法释义学、比较法、案例研究》,北京大学出版社 2013 年版。
王泽鉴:《债法原理》,北京大学出版社 2009 年版。
〔英〕R.J.文森特:《人权与国际关系》,凌地、黄列等译,知识出版社 1998 年版。
吴汉东、胡开忠:《无形财产权制度研究》,法律出版社 2005 年版。
吴汉东:《知识产权基本问题研究》,中国人民大学出版社 2009 年版。
吴汉东:《知识产权总论》,中国人民大学出版社 2013 年版。
吴汉东:《著作权合理使用制度研究》,中国人民大学出版社 2013 年版。
熊琦:《数字音乐之道——网络时代音乐著作权许可模式研究》,北京大学出版社 2015 年版。
熊琦:《著作权激励机制的法律构造》,中国人民大学出版社 2011 年版。
〔古希腊〕亚里士多德:《政治学》,吴寿彭译,商务印书馆 1997 年版。
严存生:《法的"一体"和"多元"》,商务印书馆 2008 年版。

严存生:《论法与正义》,陕西人民出版社1997年版。

严存生:《西方法律思想史》,法律出版社2004年版。

杨红军:《版权许可制度论》,知识产权出版社2013年版。

杨荣馨:《〈中华人民共和国民事诉讼法〉释义》,清华大学出版社2012年版。

易建雄:《技术发展与版权扩张》,法律出版社2009年版。

应明、孙彦:《计算机软件的知识产权保护》,知识产权出版社2009年版。

于玉:《著作权合理使用制度研究——应对数字网络环境挑战》,知识产权出版社2012年版。

〔美〕约翰·冈茨:《数字时代盗版无罪?》,周晓琪译,法律出版社2008年版。

〔英〕约翰·帕克:《全民监控——大数据时代的安全与隐私困境》,关立深译,金城出版社2015年版。

〔荷〕约斯特·斯密尔斯、玛丽克·范·斯海恩德尔:《抛弃版权:文化产业的未来》,刘金海译,知识产权出版社2012年版。

〔美〕泽莱兹尼:《传播法:自由、限制与现代媒介》,张金玺、赵刚译,清华大学出版社2007年版。

张今:《版权法中私人复制问题研究——从印刷机到互联网北京》,中国政法大学出版社2009年版。

张平:《知识产权法》,北京大学出版社2015年版。

张文显:《二十世纪西方法哲学思潮研究》,法律出版社1996年版。

张文显:《法哲学范畴研究》,中国政法大学出版社2001年版。

张文显:《马克思主义法理学——理论、方法和前沿》,高等教育出版社2003年版。

赵昆华:《开放版权许可协议研究》,知识产权出版社2017年版。

郑成思:《版权法》,中国人民大学出版社1997年版。

郑成思:《知识产权保护实务全书》,中国言实出版社1995年版。

郑成思:《知识产权论(第二版)》,法律出版社2003年版。

〔日〕中山信弘:《多媒体与著作权》,张玉瑞译,专利文献出版社1997

年版。

朱苏力:《法治及其本土资源》,中国政法大学出版社 2004 年版。

〔日〕竹内弘高、野中郁次郎:《知识创造的螺旋知识管理理论与案例研究》,李萌译,知识产权出版社 2010 年版。

最高人民法院知识产权审判庭:《最高人民法院知识产权审判案例指导》,中国法制出版社 2017 年版。

二、中文论文

"爱尔兰政府计划改革《版权法》",《中国知识产权》2016 年第 10 期。

〔美〕奥德丽·R.查普曼:"将知识产权视为人权:与第 15 条第 1 款第 3 项有关义务",《版权公报》2004 年第 1 期。

〔日〕北川善太郎:"网上信息、著作权与契约",渠涛译,《外国法译评》1998 年第 3 期。

蔡明诚:"论智慧财产权之用尽原则——试从德国法观察,兼论欧洲法之相关规范",《政大法律评论》1990 年第 41 期。

蔡元臻:"新媒体时代著作权法定许可制度的完善——以'今日头条'事件为切入点",《法律科学》2015 年第 4 期。

曹伟:"软件反向工程——合理利用与结果管制",《知识产权》2011 年第 4 期。

陈兵:"欧盟《数字化单一市场版权指令(草案)》评述",《图书馆》2017 年第 9 期。

崔政:"当代科学与技术知识所有权问题",浙江大学科学技术与社会研究中心博士论文,2013 年。

董炳和:"合理使用:著作权的例外还是使用者的权利",《法商研究》1998 年第 3 期。

董万程,王继君:"《民法总则》中的效力性强制性规定立法问题研究",《法律适用》2017 年第 11 期。

杜志浩:"法定主义、兜底条款与法官造法——《著作权法》第十条第一款第(17)项的解释论",《财经法学》2018 年第 1 期。

鄂昱州:"著作权合理使用制度法律性质探究",《学习与探索》2015年第5期。

冯晓青:"利益平衡论:知识产权制度的理论基础",《知识产权》2003年第6期。

冯晓青:"论著作权法与公共利益",《法学论坛》2004年第3期。

冯晓青:"知识产权、竞争与反垄断之关系探析",《法学》2004年第3期。

冯晓青:"著作权法中思想与表达'二分法'的法律与经济学分析",《云南大学学报法学版》2004年第1期。

冯晓青:"著作权合理使用制度之正当性研究",《现代法学》2009年第4期。

高兰英:"知识产权的人权危机:冲突与协调",《知识产权》2014年第11期。

苟正金:"拆封许可与公共领域",《西南民族大学学报》2011年第7期。

苟正金:"软件拆封许可研究",西南政法大学民商法学院博士论文,2010年。

谷春德:"马克思主义人权观的要旨",《人权》2018年第3期。

管育鹰:"我国著作权法定许可制度的反思与重构",《华东政法大学学报》2015年第2期。

何怀文:"网络环境下的发行权",《浙江大学学报(人文社会科学版)》2013年第5期。

何炼红、邓欣欣:"数字作品转售行为的著作权法规制——兼论数字发行权有限用尽原则的确立",《法商研究》2014年第5期。

侯为民:"两种不同'市场决定性作用'的理论辨析——兼评新自由主义'市场决定论'的谬误",《毛泽东研究》2018年第3期。

胡开忠、赵加兵:"英国版权例外制度的最新修订及启示",《知识产权》2014年第8期。

胡开忠:"广播电台电视台播放作品法定许可问题研究——兼论我国《著作权法》的修改",《知识产权》2013年第3期。

胡琼华:"十年来国家社会科学基金出版项目立项统计分析",《中国出版》2016年第6期。

胡玉萍:"美国多元文化教育的理论困境与转向",《北京行政学院学报》2012年第4期。

黄国彬:"许可协议对我国可适用于图书馆的著作权例外的挤压研究",《情报理论与实践》2012年第4期。

黄汇:"版权法上公共领域的衰落与兴起",《现代法学》2010年第4期。

黄汇:"寻求著作权制度理论解放的力量——评李琛教授《著作权基本理论批判》之两题",《知识产权》2013年第12期。

黄玉烨:"知识产权与其他人权的冲突与协调",《法商研究》2005年第5期。

黄玉烨:"著作权合理使用具体情形立法完善之探讨",《法商研究》2012年第4期。

黄忠:"合同自由与公共政策——《第二次合同法重述》对违反公共政策合同效力论的展开",《环球法律评论》2010年第2期。

吉利恩·达维斯:"权利集体管理中的公共利益",《版权参考资料》1990年第2期。

李步云、陈佑武:"论人权和其他权利的差异",《河南社会科学》2007年第1期。

李琛:"论我国著作权法修订中'合理使用'的立法技术",《知识产权》2013年第1期。

李庆保、张艳:"对我国著作权合理使用制度的反思",《知识产权》2013年第7期。

李雨峰:"表达自由与合理使用制度",《电子知识产权》2006年第5期。

梁志文、蔡英:"数字环境下的发行权穷竭原则——兼评欧盟法院审理的Oracle公司诉UsedSoft公司案",《政治与法律》2013年第11期。

梁志文:"论版权法上使用者利益的保护",《法律科学》2013年第6期。

梁志文:"论知识产权法的合同限制",《国家检察官学院学报》2008年第10期。

梁志文:"著作权合理使用的类型化",《华东政法大学学报》2012年第

3期。

林楠:"三步检验法的司法适用新思路",《西南政法大学学报》2016年第6期。

林在志、钟奇:"网络时代的格式合同——论拆封合同与点击合同",《国际贸易问题》2001年第2期。

刘冲:"马克思主义人权思想研究",吉林大学哲学社会学院博士论文,2007年。

刘翰、李林:"马克思主义人权观初论",《中国法学》1991年第4期。

刘璐:"消费公益诉讼的法律构造",《法学》2013年第7期。

露西·吉博、刘跃伟:"为在公共利益传播知识任务方面版权和邻接权限制和例外的性质与范围:对其适应数字环境的展望",《版权公报》2003年第4期。

卢海君:"论合理使用制度的立法模式",《法商研究》2007年第3期。

吕炳斌:"版权登记制度革新的第三条道路——基于交易的版权登记",《比较法研究》2017年第5期。

罗静:"知识产权许可的反垄断立法规制",湖南大学法学院博士论文,2008年。

马长山:"智能互联网时代的法律变革",《法学研究》2018年第4期。

毛勒堂、张健:"分配正义——经济哲学的检审",《吉首大学学报(社会科学版)》2011年第6期。

梅术文:"论技术措施版权保护中的使用者权",《知识产权》2015年第1期。

潘爱国:"论公权力的边界",《金陵法律评论》2011年第4期。

秦珂:"图书馆在与数据库出版商博弈中的自我拯救",《图书馆论坛》2015年第8期。

秦鹏、何建祥:"检察环境行政公益诉讼受案范围的实证分析",《浙江工商大学学报》2018年第4期。

秦前红:"检察机关参与行政公益诉讼理论与实践的若干问题探讨",《政治与法律》2016年第11期。

屈华:"我国图书馆版权合理使用制度的重构",《图书馆理论与实践》2016年第9期。

阮开欣:"软件许可合同中禁止反向工程条款的效力研究——美国法律制度及其借鉴",《科技与法律》2010年第6期。

沈红辉:"日本大尺度修改《著作权法》",《环球》2018年第7期。

孙昊亮:"表达自由权在版权制度中的实现——以网络戏仿作品版权纠纷为视角",《社会科学家》2015年第12期。

孙昊亮:"网络著作权边界问题探析",《知识产权》2017年第3期。

孙山:"合理使用'一般条款'驳",《知识产权》2016年第10期。

孙山:"未上升为权利的法益——合理使用的性质界定及立法建议",《知识产权》2010年第5期。

唐山清:"论公共利益与个人利益的辩证关系",《社会科学家》2011年第2期。

唐思慧:"大数据环境下文本和数据挖掘的版权例外研究",《知识产权》2017年第9期。

唐艳:"数字化作品与首次销售原则——以《著作权法》修改为背景",《知识产权》2012年第1期。

陶乾:"电子书转售的合法性分析",《法学杂志》2015年第7期。

田晓玲:"著作权集体管理的适用范围和相关问题研究",《知识产权》2015年第10期。

王东君:"数字版权管理的法律限制问题研究",武汉大学法学系博士论文,2011年。

王迁:"论《马拉喀什条约》及对我国著作权立法的影响",《法学》2013年第10期。

王迁:"论版权法对滥用技术措施行为的规制",《现代法学》2018年第4期。

王迁:"论网络环境中的'首次销售原则'",《法学杂志》2006年第3期。

王迁:"论著作权法中的权利限制条款对外国作品的适用——兼论播放作品法定许可条款的修改",《比较法研究》2015年第4期。

王清、唐伶俐:"国际版权法律改革动态概览",《电子知识产权》2014年第5期。

王先林:"竞争法视野的知识产权问题论纲",《中国法学》2009年第4期。

王煜:"构建我国版权合理使用制度与技术措施协调机制",《出版发行研究》2018年第8期。

王渊:"三网融合中的版权问题与对策研究",《中国科技论坛》2013年第1期。

王志刚:"人类本性与社会秩序——良好社会秩序的人性根基",吉林大学哲学社会学院博士论文,2007年。

吴高臣:"论戏仿的法律保护",《法学杂志》2010年第10期。

吴光荣、赵刚:"消费者团体提起公益诉讼基本问题研究",《法律适用》2015年第5期。

吴汉东:"著作权法第三次修改草案的立法方案和内容安排",《知识产权》2012年第5期。

吴伟光:"版权制度与新媒体技术之间的裂痕与弥补",《现代法学》2011年第5期。

"习近平的创新观",《华东科技》2018年第5期。

肖艳珠、傅文奇:"欧盟《数字化单一市场版权指令》解读",《图书馆论坛》2018年第4期。

谢琳、杨晓怡:"香港版权条例修订草案评述",《中国版权》2017年第2期。

熊琦:"互联网产业驱动下的著作权规则变革",《中国法学》2013年第6期。

熊琦:"论著作权合理使用制度的适用范围",《法学家》2011年第1期。

熊琦:"软件著作权许可合同的合法性研究",《法商研究》2011年第6期。

熊琦:"网络时代著作权法与合同法的冲突与协调",《法商研究》2008年第2期。

熊琦:"网络授权使用与合理使用的冲突与竞合",《科技与法律》2006年第5期。

熊琦：“著作权法定许可的正当性解构与制度替代”，《知识产权》2011 年第 6 期。

熊琦：“著作权法定与自由的悖论调和”，《政法论坛》2017 年第 3 期。

熊琦：“著作权合理使用司法认定标准释疑"，《法学》2018 年第 1 期。

徐干忠：“识别效力性强制性规定的方法"，《人民司法》2011 年第 12 期。

徐瑄、张汉华：“计算机开源软件许可证的许可条款性质认定——美国联邦巡回上诉法院第 2008-1001 号裁决评析"，《知识产权》2014 年第 6 期。

薛虹：“论开放的版权限制与例外"，《中国版权》2012 年第 6 期。

严玲艳、傅文奇：“利益相关者视角下的图书馆电子借阅服务研究"，《图书情报工作》2016 年第 6 期。

阳东辉、张晓：“合理使用的性质重解和制度完善"，《知识产权》2015 年第 5 期。

杨斌、刘智鹏：“论网络授权合同与著作权限制的冲突与协调"，《湖北社会科学》2012 年第 5 期。

杨解君、李俊宏：“公益诉讼试点的若干重大实践问题探讨"，《行政法学研究》2016 年第 4 期。

易健雄：“版权扩张历程之透析"，《西南民族大学学报（人文社科版）》2009 年第 6 期。

余盛峰：“失败的知识产权？——从中国视频企业的版权原罪说起"，《法律和社会科学》2016 年第 1 期。

余盛峰：“知识产权全球化：现代转向与法理反思"，《政法论坛》2014 年第 6 期。

虞崇胜、邹旭怡：“秩序重构与合作共治：中国网络空间治理创新的路径选择"，《理论探讨》2014 年第 4 期。

詹启智：“论合理使用的'其他情形'——对著作权法修订草案送审稿的修订建议"，《科技与出版》2014 年第 9 期。

张陈果：“解读'三步检验法'与'合理使用'——《著作权法（修订送审稿）》第 43 条研究"，《环球法律评论》2016 年第 5 期。

张鸿雁:"数字版权交易平台建设研究",《中国报业》2017年第10期。

张今:"数字环境下的版权补偿金制度",《政法论坛》2010年第1期。

张军华:"我国著作权法为图书馆赋权的制度模式选择",《图书情报工作》2018年第4期。

张曼:"TRIPS协议第13条'三步检验法'对著作权限制制度的影响——兼评欧共体诉美国'版权法110(5)节'案",《现代法学》2012年第3期。

张平:"知识产权政策的合同法分析(下)美国对拆封许可法律效力的论证",《WTO经济导刊》2007年第4期。

赵力、罗晓萌:"公共图书馆视角下版权限制与许可协议协调发展研究",《图书馆建设》2017年第2期。

郑成思:"私权、知识产权与物权的权利限制",《法学》2004年第9期。

周辉:"技术、平台与信息:网络空间中私权力的崛起",《网络信息法学研究》2017年第2期。

朱理:"合理使用的法律属性——使用者的权利、著作权的限制还是其他",《电子知识产权》2010年第3期。

朱理:"著作权的边界——信息社会著作权的限制与例外研究",北京大学法学院博士论文,2006年。

朱苏力:"戏仿的法律保护和限制——从一个馒头引发的血案切入",《中国法学》2006年第3期。

三、英文资料(论文、著作与研究报告等)

Anderson, James E., *Public Policy-making: An Introduction, Fifth Edition*, Boston: Houghton Mifflin Company, 2003.

Australian Law Reform Commission (ALRC), "Copyright and the Digital Economy, ALRC report 122, 2014", 2014-02-13, https://www.alrc.gov.au/sites/default/files/pdfs/publications/final_report_alrc_122_2nd_december_2013_.pdf.

Baker, Jonathan B., "Product Differentiation through Space and Time:

Some Antitrust Policy Issues", 42 *Antitrust Bull.*, No.5(1997).

Barnett, Jonathan M., "Why Is Everyone Afraid of IP Licensing? " 30 *Harv. J. L. &Tech.*, 2017.

Bechtold, Stefan, "Digital Right Management in the United States and Europe", *American Journal of Comparative Law*, Vol. 52 (Spring 2004).

Bhatia, Gautam, "Fair Use, the Three-Step Test, and Access to Knowledge: A Doctrinal, Rights-Based Approach", 2016-09-18, https://papers.ssrn.com/sol3/papers.cfm?abstract_id=2634314.

Bohannan, Christina, "Copyright Preemption of Contracts", 67 *Maryland Law Review*, 2008.

Boucher, Rick & Tom Campbell, "Digital Era Copyright Enhancement Act", H. R. 3048, 105th Congress(1997), 1997-11-13, https://www.congress.gov/105/bills/hr3048/BILLS-105hr3048ih.pdf.

Breyer, Stephen, "The Uneasy Case for Copyright: A Study of Copyright in Books, Photocopies, and Computer Programs",*Harvard Law Review*,Vol.84, No.2, 1970.

Burk, Dan L. & Julie E. Cohen, "Fair Use Infrastructure for Copyright Management Systems", *Harvard Journal of Law and Technology*, Vol.15 (January 2001).

Cohen, Julie E., "Copyright and the Jurisprudence of Self-help",13 *Berkeley Tech. L. J.*(January 1998).

Cohen, Julie E., Lydia Pallas Loren, Ruth Gana Okediji & Maureen A. O'Rourke, *Copyright in a Global Information Economy*, New York: Aspen publisher, 2010.

Copyright Review Committee (Ireland), "Modernising Copyright", 2013-11-28, https://dbei.gov.ie/en/Publications/Publication-files/CRC-Report.pdf.

Cornish, William R., "The Author as Risk—Sharer", *Columbia Journal of*

Law and the Arts, Vol. 26, No. 1, 2003.

Damstedt, BG, "Limiting Locke: A Natural Law Justification for the Fair Use Doctrine", *Yale Law Journal*, 112(5), (March 2003).

Davies, Philippa, "Access v Contract Competing freedoms in the context of copyright limitations and exceptions for libraries", 35 *European Intellectual Property Review*, No.7(2013).

Denicola, Robert C., "Mostly Dead? Copyright Law in the New Millennium", 47 *Journal of the Copyright Society of the U.S.A*, No.1(2000).

Determann, Lothar, "Digital Exhaustion: New Law from the Old World", 33 *Berkeley Tech. L. J.* 177, 2018.

Easterbrook, Frank H., "Contract and Copyright", 42 *Hous. L. Rev.*, 2005.

Elkin-Koren, Niva, "Copyright Policy and the Limits of Freedom of Contract", 12 *Berkeley Technology Law Journal*, No.1 (Feb.2014).

Elkin-Koren, Niva, "The New Frontiers of User Rights", 32 *American University International Law Review*, No.1 (2016).

European Commission, "Proposal for a Directive of European Parliament and of the Council on copyright in the Digital Single Market", 2016-09-28, https://eur-lex.europa.eu/legal-content/EN/TXT/?uri=CELEX:52016PC0593.

Fisher, William W. & Urs Gasser & Derek Bambauer, "Itunes: How Copyright, Contract, and Technology Shape the Business of Digital Media—A Case Study (GREEN PAPER V.1.0)", Berkman Center for Internet & Society at Harvard Law School Research Publication No. 2004-07. https://ssrn.com/abstract=556802.

Fisher, William W., "Theories of Intellectual Property". In Stephen Munzer (eds), *New Essays in the Legal and Political Theory of Property*, Cambridge: Cambridge University Press, 2000.

Fisher, William W., "Symposium on the Internet and Legal Theory: Property and Contract on the Internet", 73 *Chi.-Kent L. Rev.*, 1998.

Gervais, Daniel J., *(Re)Structuring Copyright: A Comprehensive Path to International Copyright Reform*, Cheltenham: Edward Elgar Publishing, 2017.

Gimbel, Mark, "Some Thoughts on the Implications of Trusted System for Intellectual Property Law", *Stanford Law Review* Vol.50, No.5,(May 1998).

Goldstein, Paul, "Fair Use in a Change World", 50 *Journal of Copyright Society of the U.S.A.*, No.1(2003).

Goldstein, Paul, *International Copyright: Principles Law and Practice*, New York: Oxford University Press, 2001.

Griffin, James, "The Interface between Copyright and Contract: Suggestions for the Future", *European Journal of Law and Technology*, Vol.2, No.1, 2011.

Guibault, Lucie, *Copyright Limitations and Contracts—An Analysis of the Contractual Override ability of Limitations on Copyright*, Hague: Kluwer Law International, 2002.

Heide, Thomas, "Copyright, Contract and the Legal Protection of Technological Measures—Not 'the Old Fashioned Way': Providing a Rationale to the 'Copyright Exceptions Interface'", *Journal of the Copyright Society of the U.S.A.*, Vol.50, 2003.

Hinkes, Eric Matthew, "Access Controls in the Digital Era and the Fair Use/First Sale Doctrines", *Santa Clara Computer & High Tech. L.J.*, Vol.23, No.4(2006).

HM Government, "Modernizing Copyright: A Modern, Robust and Flexible Framework", 2014-06-03, http://webarchive.nationalarchives.gov.uk/20140603094128/http://www.ipo.gov.uk/response-2011-copyright-final.pdf.

Hugenholtz, P. Bernt, "Copyright, Contract and Code: What Will Remain of the Public Domain?", 26 *Brooklyn Journal of International Law*, (1), 2000.

Ian Hargreaves, "Digital Opportunity—A Review of Intellectual Property and Growth", 2011-05-28,https://assets.publishing.service.gov.uk/government/uploads/system/uploads/attachment_data/file/32563/ipreview-finalreport.pdf.

Idris,Kamil, *Intellectual Property: A Power Tool for Economic Growth*, Geneva: World Intellectual Property Organization, 2003.

Irish Government,"Copyright and Other Intellectual Property Law Provisions Bill 2018",2018-03-20,https://data.oireachtas.ie/ie/oireachtas/bill/2018/31/eng/initiated/b3118d.pdf.

Jacques, De Werra, "Moving Beyond the Conflict between Freedom of Contract and Copyright Policies: In Search of a New Global Policy for Information Licensing Transactions", 25 *Columbia Journal of Law and the Arts*, No.4 (2003).

Kretschmer, M., E. Derclaye, M. Favale & R. Watt, "The Relationship between Copyright and Contract Law: A Review commissioned by the UK Strategic Advisory Board for Intellectual Property Policy", 2015-07-30, http://ssrn.com/abstract=2624945.

Litman, Jessica, "Real Copyright Reform", 96 *Iowa L.Rev.*No.1, (2010).

Loren, Lydia Pallas, L. Ray Patterson & Stanley W. Lindberg, "The Nature of Copyright: A Law of Users' Rights", *Michigan Law Review*, Vol. 90, No. 6, 1992

McGeveran, William & William W. Fisher, "The Digital Learning Challenge: Obstacles to Educational Uses of Copyrighted Material in the Digital Age (A Foundational White Paper)", 2006-08-10, http://cyber.law.harvard.edu/publications.

Merges, Robert P., "The End of Friction? Property Rights and Contract in the 'Newtonian' World of On-Line Commerce" ,12 *Berkeley Tech.L.J.*,

(September 1997).

Michael, Birnhack, "Judicial Snapshots and Fair Use Theory", *Queen Mary Journal of Intellectual Property,* Vol. 5, No. 264(2015).

Minassian, Apik, "The Death of Copyright: Enforceability of Shrink wrap Licensing Agreements", 45 *UCLA L.Rev.*, No.2,(1997).

Moffat,Viva R., "Super-Copyright: Contracts, Preemption, and the Structure of Copyright Policymaking", *U. C. Davis Law Review*, Vol.41, No.1 (2007).

Moore, Roksana, "Principles of the law of software contracts—The way forward?", *Computer Law & Security Review*, Vol. 26, Issue 4 (July 2010).

Moscon, Valentina, "Copyright, Contract and Access to Knowledge: A Comparative Analysis", 2014-02-03, https://ssrn.com/abstract=2389392.

Nimmer, David & Melville B. Nimmer, *Nimmer on Copyright*, New York: Matthew Bender Company, Inc.2013.

Nimmer, David, "The Metamorphosis of Contract into Expand", 87 *Cal. L. Rev.*, No.1(January 1999).

Nimmer, Raymond T, "Copyright First Sale and the Overriding Role of Contract", 51 *Santa Clara L. Rev.*, No.4 (2011), http://digitalcommons.law.scu.edu/lawreview/vol51/iss4/8.

Nimmer, Raymond T, "Information Wars and the Challenges of Content Protection in Digital Contexts", 13 *Vand. J. Ent. & Tech. L.* 825, 2011.

Nimmer, Raymond T., "Breaking Barriers: The Relation between Contract and Intellectual Property Law", 13 *Berkeley Tech. L.J.*, 1998.

Noguchi, Yuko, "Freedom Override by Digital Rights Management Technologies: Causes in Market Mechanisms and Possible Legal Options to Keep a Better Balance", 11 *Intellectual Property Law Bulletin*, No.1 (Fall 2016).

Nozick, R., *Anarchy, State, and Utopia*, Oxford: Basil Blackwell Publisher,

1974.

Patry, William F., *Fair Use Privilege in Copyright Law,* Arlington: Bureau of National Affairs, Inc., 1986.

Posner, Richard A., *Law and Literature*, Cambridge: Harvard University Press, 1998.

Productivity Commission (Australia), *Intellectual Property Arrangements: Productivity Commission Inquiry Report*, Canberra: Report No 78 (2016).

Rub, Guy A., "Copyright Survives: Rethinking the Copyright-Contract Conflict", 103 *Virginia Law Review*, 2017.

Schechter, Roger E., "The Unfairness of Click-On Software Licenses", 46 *Wayne L. Rev.* 1735(Winter 2000).

Senftleben, Martin, "The Perfect Match: Civil Law Judges and Open-Ended Fair Use Provisions", *American University International Law Review* 33, 2017.

Sganga, Caterina, "Right to Culture and Copyright: Participation and Access", 2015-05-14, https://papers.ssrn.com/sol3/papers.cfm?abstract_id=2602690.

Sun, Haochen, "Fair Use as a Collective User Right", 90 *North Carolina Law Review*, No.1 (December, 2011).

Tamura, Yoshiyuki, "Rethinking the Copyright Institution for the Digital Age", *WIPO Journal* 1, 2009.

The UK Intellectual Property Office, "Copyright and the Value of the Public Domain", 2015-02-20, http://ssrn.com/abstract=2571220.

Valentino, Lisa Di, "Conflict between Contract Law and Copyright Law in Canada: Do Licence Agreements Trump Users' Rights?" 2014-01-04, https://ssrn.com/abstract=2396028.

Yu, Peter K., "Customizing Fair Use Transplants", *Texas A&M University School of Law Legal Studies Research Paper* vol. 7, (1), 2018, 2018-

10-20, https://papers.ssrn.com/sol3/papers.cfm?abstract_id=3052158.

Yu, Peter K., "Digital Copyright Reform and Legal Transplants in Hong Kong", 48 *University of Louisville Law Review*, 2010.

Yu, Peter K., "The Confuzzling Rhetoric against New Copyright Exceptions", in Peter Drahos, Gustavo Ghidini & Hanns Ullrich (eds.), *1 Kritika: Essays on Intellectual Property 278*, Edward Elgar Publishing 2015,https://papers.ssrn.com/sol3/papers.cfm?abstract_id=2466544##.

四、案例

大连顺达房屋开发有限公司与瓦房店市泡崖乡人民政府土地租赁合同纠纷申诉、申请民事裁定书,最高人民法院(2016)最高法民申1223号。

"方正诉宝洁"案,北京一中院民事判决书(2011)一中民终字第5969号。

郭力诉微软案,北京一中院民事判决书(2006)一中民初字第14468号。

张敏诉腾讯案,广东省深圳市中级人民法院民事判决书(2013)深中法知民终字1096号。

Bowers v. Baystate Technologies, Inc., 320F. 3d 1317 (3rd Cir.2003).

Capitol Records, LLC v. ReDigi Inc., 2013-12-18, https://en.wikipedia.org/wiki/Capitol_Records,_LLC_v._ReDigi_Inc.

ElsmereMusic, Inc. v. National Broadcasting Co, Inc. S.D.N.Y.1980,482F. Supp.741,206U.S.P.Q.913.

Fisher v. Dees,794 F.2d 435 (9th cir.1986).

Klocek v. Gateway, Inc., 104 F. Supp. 3 d 1332 (D.Kan., June 16, 2000).

Kloth v. Microsoft Corp., 444 F. 3d 312 (4th Cir.2006).

Lasercomb America Inc. v. Reynolds, 911 F. 2d 970 (4th Cir.1990).

M. A. Mortenson Company, Inc. v. Timberline Software Corp., 970 P.2d 803 (Wash.App.1999).

MDY Indus. v. Blizzard Entm't, 629 F. 3d 928 (9th Cir.2010):938.

ProCD, Inc. v. Zeidenberg, 908 F. Supp.640 (WD Wis.1996).

UsedSoft v. Oracle, 2012-07-03, http://curia.europa.eu/juris/document/document.jsf?text=&docid=124564&pageIndex=0&doclang=EN&mode=req&dir=&occ=first&part=1&cid=2559113.

Vault Corp. v. Quaid Software, Ltd., 847 F.2d 255 (5th Cir.1988).

Vernor v. Autodesk, Inc., 555 F. Supp. 2d 1164 (W.D. Wash.2008).

Video Pipeline, Inc. v. Buena Vista Home Entm't, Inc., 342 F.3d 191 (3rd Cir. 2003).

五、报纸类

陈传夫:"公共资金资助的科研成果应实行开放存取",《光明日报》2014年6月23日。

贺齐:"违法转载4篇新闻稿件,今日头条被判赔10万元",《三湘都市报》2018年10月17日。

李钢,胡亚平:"广州日报起诉今日头条称侵权案胜诉率100%",《广州日报》2014年6月7日。

李陶:"欧盟版权制度改革触及谁的利益",《中国新闻出版广电报》2018年11月29日。

"全国人大常委会关于修改《中华人民共和国民事诉讼法》和《中华人民共和国行政诉讼法》的决定",《人民日报》2017年6月28日。

阮开欣:"从'谷阿莫'案看戏仿的版权限制",《中国知识产权报》2017年5月12日。

阮开欣:"《数字化单一市场版权指令》将完善欧盟版权制度",《中国知识产权报》2016年9月30日。

王俊美:"与时俱进做好知识产权法改革",《中国社会科学报》2016年12月30日。

王清:"英国'版权枢纽'门户网站:欧盟版权政策与法律改革的先行者",《中国新闻出版报》2013年9月17日。

王子辰:"欧洲议会版权法案限制互联网公司权利",《经济参考报》2018年9月14日。

吴明月、阮开欣："国际视野下的澳大利亚版权法修正案"，《中国知识产权报》2018年4月17日。

六、电子文献

阿里文学用户服务协议，2018年12月3日，http://www.aliwx.com.cn/about/yhfwxy。

爱奇艺PPS用户网络服务使用协议，2016年9月12日，https://www.iqiyi.com/common/loginProtocol.html。

百度网盘服务协议，2017年9月10日，https://pan.baidu.com/disk/duty/。

百度用户协议，2017年3月29日，http://bit.baidu.com/news/info/id/15.html。

百度云用户服务协议，2018年10月26日，https://cloud.baidu.com/event/app/userServicesAgreement.html。

查希："英媒：英国发布脱欧白皮书"，2018年7月12日，http://world.huanqiu.com/exclusive/2018-07/12476829.html。

"长尾理论"，2014年12月22日，https://baike.baidu.com/item/%E9%95%BF%E5%B0%BE%E7%90%86%E8%AE%BA/1002。

陈鉴林："版权法的合约凌驾性"，2016年2月4日，http://www.hkcd.com.hk/content/2016-02/04/content_3531400.htm。

抖音用户服务协议，2018年1月20日，https://www.douyin.com/agreement/。

豆瓣使用协议，2017年10月16日，https://accounts.douban.com/register。

段桂鉴："新媒体版权保护中的利益博弈与整合"，2010年8月23日，http://ip.people.com.cn/GB/136672/12520199.html。

发展权利宣言，1986年12月4日，http://www.un.org/zh/documents/treaty/files/A-RES-41-128.shtml。

姜旭、肖晟程："一份许可合同引发多起版权诉讼"，2018年10月19日，http://www.ncac.gov.cn/chinacopyright/contents/4509/387445.html。

蒋丰："日本版权保护'开口子'只因时代所迫"，2018年3月1日，http://www.sohu.com/a/224674847_570249。

"'今日头条'未经许可转载他们的新闻作品,版权之争",2017年1月7日,http://www.sohu.com/a/123594376_592234。

"科技公司呼吁英国政府加快版权和知识产权改革",2011年7月12日,http://www.lawtime.cn/info/zscq/gwzscqdt/2011071281257.html。

科学网:"第八届开放获取柏林会议在京举办",2010年10月25日,http://news.sciencenet.cn/sbhtmlnews/2010/10/237741.html?id=237741。

酷狗用户服务协议,2016年8月20日,http://www.kugou.com/about/protocol.html。

乐视影视会员服务协议,2016年8月20日,http://minisite.letv.com/zt2015/servicenew/index.shtml。

李明远:"中国数字出版产业年度报告发布累计用户规模达到18.25亿人",2018年7月27日,http://www.yangtse.com/app/ent/2018-07-27/593747.html。

李杨芳:"网络文学版权保护,平台责无旁贷",2018年10月23日,http://www.cipnews.com.cn/cipnews/news_content.aspx?newsId=111709。

梁斌:"拆封合同的比较法分析(上)",2018年3月3日,http://biyelunwen.yjbys.com/fanwen/falv/141769.html。

罗继盛:"港府修订版权草案扩大豁免范围戏仿讽刺免刑责",2014年6月12日,http://paper.wenweipo.com/2014/06/12/YO1406120011.htm。

〔美〕L. J. 麦克法兰:"人权的性质",王清勋译,2006年10月31日,http://www.humanrights.cn/cn/rqlt/rqll/xfrqxs/t20061031_170600.htm。

曼弗雷德·格伦德:"新经济自由主义及其政治实践",2003年9月14日,http://www.kas.de/wf/doc/kas_4074-544-1-30.pdf。

美国版权局:"提议对《数字千年法案》第1201条款进行适度修订",2017年6月30日,http://www.sohu.com/a/153487550_740311。

"美国统一计算机信息交易法",1999年7月28日,http://www.100ec.cn/detail--6058814.html。

美国国家卫生研究院（NIH）："国家卫生研究院资助项目科研成果的公共获取政策（Policy on Enhancing Public Access to Archived Publications Resulting from NIH-Funded Research）"，2005年2月3日，http://grants.nih.gov/grants/guide/notice-files/NOT-OD-05-022.html。

苗生明："努力践行检察官公共利益代表职责使命"，2017年11月5日，http://www.spp.gov.cn/llyj/201711/t20171105_204124.shtml。

欧麦尔·穆斯塔法·蒙塔利尔："人权具有普遍性，但在解决人权问题时要考虑到这个世界在政治、经济、社会和文化上的巨大多样性"，2006年10月23日，http://www.humanrights.cn/cn/rqlt/rqll/fzzgjrqg/t20061023_166459.htm。

欧盟信息社会版权指令，2008年2月16日，http://3g.51ip.com.cn/co/law/12031357091425_4.html。

iOS2015年3月苹果新的审核标准：iOS开发者计划许可协议，2015年3月11日，https://blog.csdn.net/jichunw/article/details/44202307。

起点中文网作家福利，写作也能让你收获财富，2018年10月16日，http://www.licaikd.com/hy/12.html。

《山东大学学报（医学版）》著作权转让合同，2018年10月19日，http://yxbwk.njournal.sdu.edu.cn/attached/file/20181019/20181019133422_475.pdf。

沈林："年收入10个亿，才给作者几十几百，垄断的知网'赚钱'太容易"，2019年2月21日，http://m.sohu.com/a/296305158_318740。

胜雅律："从有限的人权概念到普遍的人权概念——人权的两个阶段"，1992年4月20日，http://www.sxjy.gov.cn/Article/Print.asp?ArticleID=152。

书橱小说用户协议，2017年9月4日，http://www.shuchu.com/about/useragreement.aspx。

搜狐服务协议，2017年11月21日，http://i.passport.sohu.com/agreement。

搜狐社区-搜狐通行证注册，2012年8月5日，http://blog.sina.com.cn/s/blog_a29e4c6d01011pbq.html。

搜狗通行证，2000 年 8 月 5 日，https://account.sogou.com/static/agreement-2000.html。

苏锦梁：“程序公义应有之义”，2016 年 10 月 20 日，https://www.ipd.gov.hk/sc/intellectual_property/copyright/ 程序公义 _ 应有之义.pdf。

宿迟：“法院大幅提高侵权赔偿额 以后还会更高”，2016 年 11 月 10 日，http://finance.sina.com.cn/meeting/2016-11-10/doc-ifxxsmic5911451.shtml。

陶力：“起点中文网调整分成比例 作者最高可分八成”，2013 年 5 月 17 日，http://tech.ifeng.com/internet/detail_2013_05/17/25407438_0.shtml。

腾讯游戏许可及服务协议，2017 年 2 月 20 日，http://game.qq.com/contract.shtml。

王欢：“日本国会通过新《著作权法》书籍数据化降低搜索门槛”，2018 年 5 月 22 日，http://www.sohu.com/a/232428896_162522。

王新喜：“内容平台纷纷发力原创保护，能否重构秩序与规则”，2017 年 10 月 21 日，http://tech.ifeng.com/a/20171021/44724663_0.shtml。

习近平：“坚持走符合国情的人权发展道路，促进人的全面发展”，2018 年 12 月 10 日，http://www.gywb.cn/content/2018-12/10/content_5946517.htm。

夏乙：“赚钱绝不手软，定价看'市场承受能力'：学术圈一霸爱思唯尔又引众怒”，2018 年 8 月 18 日，http://www.sohu.com/a/248636040_610300。

香港特别行政区政府知识产权署：“特别需要版权豁免凌驾合约（contract override）条款吗？”，2014 年 12 月 20 日，https://www.ipd.gov.hk/chi/intellectual_property/copyright/n_qa7.htm。

"新自由主义（英国现代政治思想派别）"，2010 年 10 月 20 日，https://baike.baidu.com/view/79498.html。

徐家力：“律师与知识产权公益诉讼”，2015 年 7 月 10 日，http://blog.sina.com.cn/s/blog_3fe560cb0102vnia.html。

"英国采用新的私人复制例外规则"，2014 年 8 月 10 日，http://www.ipr.

gov.cn/article/gjxw/gbhj/om/yg/201408/1833485_1.html。

"英国私人复制规定被高等法院废止",2015 年 7 月 24 日,http://www.ipraction.gov.cn/article/xxgk/gjhz/gjdt/201507/20150700059561.shtml。

英国知识产权委员会:"知识产权与发展政策相结合",2002 年 9 月 30 日,https://www.docin.com/p-53702943.html?docfrom=rrela。

于潇:"最高检:积极探索知识产权检察监督职能整合",2018 年 4 月 25 日,https://www.chinacourt.org/article/detail/2018/04/id/3280852.shtml。

"正视新自由主义发展观(一)",2013 年 5 月 30 日,https://wenku.baidu.com/view/d45f4ff11fb91a37f111f18583d049649b660eeb.html。

知网数据库介绍信息,2014 年 12 月 20 日,http://kns.cnki.net/kns/brief/result.aspx?dbprefix=CJFQ。

中国图书馆学会:"中国图书馆学会关于网络环境下著作权问题的声明",2015 年 7 月 16 日,http://lib.chsnenu.edu.cn/pageinfo?cid=232。

朱堂良:"反对者太多,美国统一计算机信息交易法流产",2003 年 8 月 8 日,http://news.chinabyte.com/108/1720108_all.shtml。

最高人民法院:"最高人民法院印发《关于贯彻执行〈中华人民共和国民法通则〉若干问题的意见(试行)》的通知",2010 年 8 月 18 日,http://www.npc.gov.cn/huiyi/lfzt/swmsgxflsyf/2010-08/18/content_1588353.htm。

最高人民法院:"关于充分发挥审判职能作用为企业家创新创业营造良好法治环境的通知",2018 年 1 月 3 日,https://www.sohu.com/a/214314020_465968。